# 中小企業研究の継承と発展

## —日本中小企業学会40年間の軌跡—

（日本中小企業学会論集40）

同　友　館

# はしがき
## ―日本中小企業学会論集第40号の刊行にあたって―

日本中小企業学会第40回全国大会は，迷走台風14号が本州に接近する中，2020年10月10日・11日の２日間にわたり開催された。駒澤大学を開催予定校として準備を進めていたが，コロナ禍により学会初のオンライン開催となった。

今回の全国大会は40周年という節目にあたり，記念大会として位置づけられ，統一論題のテーマは「中小企業研究の継承と発展―日本中小企業学会40年間の軌跡」であった。これまで学会をけん引してきた会員が，それぞれの立場から日本中小企業研究の到達点と課題，今後の展望について報告を行い，若手や中堅研究者に継承していくことが狙いであった。

学会初日には，信金中央金庫 地域・中小企業研究所の協賛による国際交流セッションが開催された。そこでは「中小企業研究と中小企業政策の展開－日本と世界の視点から」を共通演題に，岡室博之先生（一橋大学）を座長として，特別講演では中小企業庁調査室長の関口訓央氏から「中小企業白書の分析から振り返る中小企業政策の展開」を，また，40周年記念報告として，三井逸友先生（横浜国立大学名誉教授）から「「世界の中の日本中小企業」（研究）の半世紀を考える」が報告された。さらに，国際交流報告としてAlexander Coad先生（早稲田大学）からはThe relationship between academic research and policy-making on innovation and entrepreneurship : some insights from international organizationsが報告され，河合憲史先生（上智大学）を中心に，オンラインによる会員との討論が行われた。

二日目の統一論題は３部構成となっている。第１部では堀潔先生(桜美林大学)を座長に，渡辺幸男先生（慶應義塾大学名誉教授）から「社会的分業構造と中小企業」が，港徹雄先生（青山学院大学名誉教授）から「日本型企業間分業システムの成果と限界」が報告された。続く第２部では，寺岡寛先生（中京大学）を座長として，足立文彦先生（金城学院大学名誉教授）から「アジアの経済発展と日本の中小企業研究－学会報告を中心に」が，黒瀬直宏先生（元嘉悦大学教授・アジア中小企業協力機構理事長）から「中小企業の発展性と問題性－複眼的中小企業論の主張」が報告された。さらに，第３部では池田潔（大阪商業大学）を座長に，太田進一先生（同志社大学名誉教授）から「下請け･企業系列を中心に」が，二場邦彦先生（立命館大学名誉教授）からは「日本の中小企業研究の到達点と課題」が報告された。

本書は，学会で報告された24本の論文を収録している。統一論題報告者に対しては，査読をしない形で進められたが，自由論題については例年通り査読を行っている。結果，統一論題７本，自由論題17本（査読受理論文は９本　報告要旨は８本）となっている。また，所収の中には，若手奨励賞準賞を受賞した庄司義弘会員（新潟大学（院））の論文も含まれている。

第40回全国大会では，プログラム委員長の堀潔先生（桜美林大学），大会準備委員長の長山宗広先生（駒澤大学），山下紗矢佳先生（武庫川女子大学）を事務局長とする本部事務局の皆さま，また，初めてのオンライン開催ということで，多くの先生や事務の方々にも大変お世話になった。さらに，多くの会員には座長，討論者，査読者としてご協力をいただいている。本書の編集作業では，編集委員長の太田一樹先生（大阪商業大学），編集担当の梅村仁先生（大阪経済大学），長谷川英伸先生（玉川大学）ほか，編集委員の各先生にご尽力いただいた。また，若手奨励賞選定では，若手選定委員長の本多哲夫先生（大阪市立大学）ほか，選定委員の先生方に大変お世話になった。これらすべての先生方ならびに関係者の方々のご尽力に心からお礼を申し上げる。

あわせて，学会の国際交流セッションに毎年協賛していただいている信金中央金庫　地域・中小企業研究所の松崎英一所長（当時）には，改めて感謝の意を表したい。また，出版に際しては毎回同友館にお世話になっているが，この場をお借りしてお礼申し上げる。

さて，本来であれば，この「はしがき」は会長が執筆することになっているが，全国大会開催の直前にご逝去された。佐竹隆幸先生は学会活動に熱い思いを抱かれていたが，ここに，学会活動に対する生前の多大なるご貢献に対して，改めて感謝の意を表したい。

2021年５月

日本中小企業学会会長代行　池田　潔
（大阪商業大学）

# 目　次



## 【統一論題：中小企業研究の継承と発展―日本中小企業学会40年間の軌跡―】



## 【自由論題】

## 【報告要旨】

# Japan Academy of Small Business Studies: 2020 Conference Proceedings

CONTENTS

## Articles



## Summary of Presentations

# 統　一　論　題

# 「世界の中の日本中小企業」（研究）の半世紀を考える

横浜国立大学名誉教授　三井逸友

日本中小企業学会は1980年に設立総会を開き，翌年が第一回の全国大会開催となった。以来丸40年が過ぎ，今回が記念すべき第四〇回全国大会である。学会の歴史とともに，私自身は中小企業研究者の端くれとして歩み，また，日本において長い伝統を有してきた中小企業研究の，さまざまな意味での「国際化」を直接経験することができた。この間の世界の変化と歩みは誠に大きなものがあったと言える。この個人的体験を手がかりとして，前後を含め「中小企業研究の半世紀」の持つ意味を懐古的に考えてみたい。

## 1．いま，世界の中での「中小企業存在」とは
## ―国連2017年総会決議と「中小·マイクロ企業の日」（MSMEDay）から

2017年４月に国際連合総会は毎年６月27日を「国際中小・マイクロ企業の日 MSME Day」に制定する決議を行った。このことは我が国ではあまり知られていないし，2019年に日本政府は，「中小企業基本法」が1963年に制定された７月20日を「中小企業の日」と制定している。このずれは，中小企業存在に対する関心と政策展開におけるタイムラグを象徴しているかのような観もある。

国連決議では各国政府のみならず，諸機関·諸団体，学界等がこぞって「中小·マイクロ企業の日」の行事や活動等に参加貢献することが期待されており，その意義は「持続可能な発展」に集約され，国連が近年強く求めているSDGs持続可能な発展目標の追求と不可分のものと捉えられている。しかもここではMSME＝中小・マイクロ企業という表現が用いられている。EU欧州連合はじめ世界の多くの国・地域ではSME=Small and Medium-sized Enterpriseという表現が定語として用いられており，これにあえてMicroという語をかぶせたことにも深い

意味があると言える（EUの定義でも，SMEのうちにmicro・small・mediumの３カテゴリーが定義されている)。我が国でも「小規模企業振興基本法」の制定以来，「小企業」「小規模企業」と「中小企業」一般との「二ないし三段構え」の定義づけが広まっているが，その点では世界の流れと軌を一にしている。ただ，米国にあっては1953年法以来small businessの言い方が一貫している。

こうしたカテゴリーの異同，関心や問題認識，性格理解の相違，またその変遷を含め認識を深めつつも，世界中が「中小企業」に対して特段の注意を払い，これをめぐる研究や政策実践などが進んだ時代として，この40年あまりを位置づけることが出来よう。

## ２．世界中で高まり広まる，中小企業（SME）をめぐる研究・議論と政策展開

世界中が「中小企業」存在への関心を共に抱くようになったのはそれほど昔からのことではない。中山金治氏が在外研究で英国に滞在した1970年代には「中小企業という言葉を耳にすることは殆どなかった」という。しかしそれから10年余ののち，筆者が英国に滞在した1980年代なかばは「中小企業熱中時代」の様相を呈していた。その直接のきっかけはオイルショック以来の欧州経済の停滞不振であり，ために深刻な社会問題化していた大量の失業者と雇用問題であった。こうした状況をとらえた時のサッチャー首相は自身のリストラ政策の責任もあり，民営化の促進，市場経済の活性化，そして雇用機会の確保拡大のために，「スモールビジネスが国を救う」という言説を大いに喧伝していた。とりわけ象徴的であったのは，ボルトン委員会報告（1971年）を契機に政府に設けられたSmall Firms Division（小企業部）が1985年に政府貿易産業省から雇用省に移管されたことである。その意図は，高失業率の状況を打開するため「失業者の起業推進」という政策を推進することにあった。1982年導入のEAS 企業開設手当制度は失業手当の受給者が起業すると一年間手当を支給するという制度で，ピーク時には年間11万人もが対象となった。

EASの実施に限らず，従来概して英国の経済社会では主要な存在と見なされなかった中小企業者を表舞台に置き，市場経済の担い手の役割を期待するとともに，資金面をはじめとしてさまざまな支援策と，起業方法や企業経営に関しての

学びと情報機会を拡充するという動きが80年代以降活発になった。しかもEASなどの支援で起業した事例は必ずしも短命に終わることなく，以降英国では顕著な開業率の上昇と企業数の増加が持続的に生じたのである。こうした動きは欧州全体に広まっていった。

EU欧州連合，その前身たるEC欧州共同体では，英国をはじめ多くの先進国でも経済の停滞と高い失業率に悩んでいた。そして大きなインパクトとなったのは，米国のBirchらの一連の研究で，米国を含め先進経済圏での経済動向を分析すれば，企業規模に反比例した雇用増が見られるという。さすれば，いままで関心の払われることの少なかったSME中小企業の存在にもっと目を向けようとの機運が80年代から90年代にかけ，欧州統合の質量ともの進化・拡大に伴う形で広まり，研究と議論，政策展開が進んだ。「共同体のための企業政策」（1988），「中小企業･クラフト部門のための統合計画」（1994）等の政策立案がこれを示している。そして象徴的な宣言となったものが，2000年のEU理事会決定「欧州小企業憲章」European Charter for Small Enterpriseである。21世紀欧州経済の戦略的展開の一環として，中小企業の理念的位置づけは欠かせないものとされた。小企業は「欧州経済のバックボーン」「雇用の源」「ビジネスアイディアを育てる大地である」と位置づけ，諸施策の立案実施においては「小企業と企業家精神のニーズにとって最良の環境がつくられるべき」とする[注1)]。

同じ年にOECD経済協力開発機構がボローニャで開催した中小企業関係拡大閣僚会議（47カ国参加）においても「中小企業政策憲章」を採択した。ここには多くの新興工業国・開発途上国も参加し，世界共通の中小企業への関心，政策理念を確認するものとなった。経済成長発展，雇用創出，地域発展，貧困との闘い等における中小企業存在の重要性不可欠性が確認され，グローバリゼーションやイノベーションを中小企業への機会とするとともに，「持続可能な発展と社会進歩への寄与」が記されたのであった。前後して，多くの国々で中小企業への関心が高まり，積極的な政策が多々展開されるようになったことを確認できる。インドでは従来から「小規模産業」への支援策を進めてきたが，2006年にはあらためて「マイクロ・中小企業発展法」を制定し，また政府にMSMEマイクロ・中小企業省を設置した。中国では2002年に「中小企業促進法」を制定，統一的な定義を図るとともに，中小企業の経営環境改善，健全な発展促進，就業機会拡大，国民経済と社会発展における役割発揮を強調している。

しかもこうした世界の動きを加速するものとなったのは，「日本的経営」への関心，そのなかでの中小企業存在への注目であったのも，同時代的な事実として間違いない。そこには中小企業観そのものの錯綜と交わり，ズレと共有共働の複合的な作用がある。なぜならば，なぜ「中小規模の企業」を企業一般と区別し取り上げるのか，何を期待しあるいは問題とするのか，この基本認識自体が決定的な意味を持つからである。

## 3．戦後日本の中小企業研究と中小企業政策

日本においては「中小企業」を巡る議論が先行して存在した。この語が広く人口に膾炙するようになったのは，第一次大戦期から昭和初期，1920年代前後であるとされる。経済発展と資本集中の傾向法則に反するような「小企業」の存在だけではなく，中規模層も含め金融難や恐慌の嵐に巻き込まれ，経営破綻と大量失業が招来され，「中小企業（工業）問題」が広く取り上げられることになった。さらに戦時経済体制での生産力拡大強化の要請がもたらした中小工業の合理化問題が注目された。

こうした経緯は戦後日本での研究と議論にも引き継がれ，欧米経済学での「企業成長論」「最適規模論」「不完全競争論」などの見地を応用しながら，また日本の資本主義発展の「独自性」「特殊性」を結びつける議論も多かった。その一つの集約点としては，日本中小企業学会初代会長を務めた山中（1948）などの「中小企業問題論」があった。「国民経済経営的構造」における「合理的自主的発展の抑止される経営的構造部分」としての中小企業の「過小過多」的大量存在，それらの地位や困難，「格差」が本質的「問題」としてあり，打開改善を図る「中小企業政策」が求められるのである。経済構造のはらむ問題状況を，マルクス経済学の競争と資本の集積集中の法則理解，また日本の資本主義発展の「特殊性」指摘（山田盛太郎ら），さらに独占段階での「収奪と支配」，「中小企業問題の定着」の構造論（伊東岱吉）などによって解釈する議論も盛んであった。そして，賃金や労働条件を巡る中小企業と大企業の格差構造を重視する「二重構造論」（有澤広巳，篠原三代平ら）が時流をとらえ，1963年中小企業基本法制定を軸に「中小企業近代化」の推進による「格差是正」を主眼とした政策が展開されるに至った。半世紀以上前に「中小企業の賃金格差」を「生産性格差」と結びつけ，構造の打

開を図る「近代化政策」が求められ，合理化と集約化・適正規模化が追求されたのである。

他方で，こうした「中小企業問題論」を疑問視し，高度経済成長とともに実際の中小企業は近代化と合理的発展を遂げているとする「中堅企業論」(中村秀一郎)，革新的技術と経営で急成長する新企業=「ベンチャービジネス論」(清成忠男) といった主張が新たに登場し，注目を浴びることになった。いまから見れば，これらの主張は経営成功事例の研究なのであり，構造的政策的な問題認識とすれ違っている感を拭えないが，「中小企業=ミゼラブルな存在」「二重構造の底辺」などといった世の観念に大きなインパクトを与えたことも間違いない。また，「企業成長」「競争優位」を実現する中小規模企業の存在を意識しながら，「産業組織論」の見地を用いて市場構造と競争，企業間関係と「収奪」「淘汰」問題等を理論化しようとする佐藤 (1976) の議論も登場した。高度成長以降，先進諸国の仲間入りをしてきている日本の状況をどのように普遍的な論理で見るのか，それが次第に問われていたと言えよう。

## 4．1980年代以降の世界的な研究と議論，新たな視点·方法

時代が大きく動いたのは1980年代からである。前記のように，欧米先進諸国では経済の停滞と失業問題の深刻化の中で，従来の経済体制と政策指向への疑問が高まり，そこから「中小企業の再発見」の機運が広まった。もちろん例外的であったのは米国で，1953年にはSmall Business Act 小企業法が制定されている。その背景には，一方で1930年代ニューディール以来の政策論争があった。こうした政策が不当に大企業を有利にしているという不満が広がり，「自由な市場経済」の原点，ひいては合衆国建国以来の理念を問うものとなった。また軍需を含む官公需が大企業に独占されているという声も高まり，反独占·競争促進と個人の独立·創意発揮の権利保障を目的とする小企業法が制定されるに至ったのである (寺岡1990)。これと同時にSBA米国小企業庁が設置され，今日に至るまで「小企業支援政策」を展開してきている。

それ故米国では中小規模の企業を巡る研究や議論が相対的に活発であったと言える。けれども，1980年代以降はさらに異なる視点観点からの議論が広く展開され，世界的なインパクトを及ぼすようになった。その一端は先に挙げたBirchら

の「雇用機会としての中小企業」の観点である。先進国共通して経済の停滞と長期失業問題に直面する中では，こうした観点は政策的に欠かせないものとなった。他方では，マーシャル的な「規模の経済」原理が現代の技術革新や産業組織の変化にそぐわないとして，「範囲の経済」「ネットワークの経済」などを重視する主張が広まり，大企業体制の時代不適合が指摘された。Williamsonらの「新制度学派」では「取引費用」を軸におき，中小規模企業を含む企業間中間組織形態の現実性を指摘した。これに重なり「ポストフォーディズム」＝脱大量生産体制の時代という観点が主張され，「柔軟な専門化」を新たな経済システムの姿とし，中小企業の「産業地域」集積に注目するPiore&Sabel（1993）らの議論が広く注目を集めた。

こうした経緯を踏まえ90年代から2000年代にかけては，単に中小企業の存在への注目に留まらず，それらがなしている地域的な集積，地域の経済社会との相互作用的な関係，さらにこれを基礎とするネットワークの広がり，「脱工業化」「高度情報化」の中での変容などへの関心が高まった。これにイノベーション・経営革新の必要と国際競争力の再編がからんでくる。代表的にはPorterの「産業クラスター」論，Florida「学習地域」論，Cokeらの「地域イノベーションシステム」論などの存在がある。これらの諸議論を通じ，人的能力とコミュニケーション，信頼と協調，学習と知識創造過程への関心，またこれを担う企業集積への期待が世界規模で広がった。そして90年代から2000年代にかけ，EU「RIS地域イノベーション戦略」などのかたちで政策的にも追求された。これは中小企業政策・地域政策・研究開発政策などの総合的複合的な展開という特徴を持っている（日本においては経産省の「産業クラスター政策」等に類似の取り組みを見ることができる）。

他方ではこの間「企業家論」のリバイバルともいうべき現象が起き，とりわけDrucker（1985）は行動様式としてのentrepreneurshipの今日性を唱え，リスクテイカー，イノベーターとしての企業家存在を主張した。これは，イノベーティブな活動や市場の競争を促進する企業家の役割等を指摘するAcs&Audretsch（1993）の議論にも通じる。Audretschは地域イノベーションシステムと企業家経営のかかわりを重視し，大学からのスピンオフ起業を念頭に説いている。これらの諸論は21世紀の起業家論の全盛につながるものである。

こうした諸論のうちでの「中小企業と企業家存在への注目」は他面で，「日本経済と日本的経営」への評価,「ジャパナイゼーション」の機運の広がりという性格も帯びていた。80年代は先進諸国への日本の「仲間入り」の時代であり,プレゼンスの拡大,欧米の企業を凌駕する日本産業の競争力の高さが世界から注目を浴びた。そして自動車産業におけるような,大手メーカーと中小の多数のサプライヤ企業とが高度な分業関係と強いつながりを長期継続的に形成してきた階層的産業組織が成功要因の一つと見なされ,取引関係と下請外注マネジメントを「学ぼう」という機運が醸成された(MITの自動車産業国際比較研究プロジェクト・Woomack et al.(1991)は典型と言えよう)。Schonberger(1982)も象徴的な著作であり,ある意味日本の中小企業存在が世界的な注目の的になった。これはまた,アジアなどの新興工業国や「新市場経済化」国においても工業化と先進国キャッチアップへの一つの先行モデルとして,日本の経験を「学ぶ」機運にもつながった。これらにあっては大規模投資や大工業に依拠した経済発展への試みが困難に直面するなか,代替的な道が求められる状況とマッチしていたのである。もちろん,「日本的システム」は中小企業の隷属的地位と低賃金利用だとするリビジョニストの批判論もあったことも見落とせない。

このように中小企業存在と役割をめぐる議論が世界的に活発となるなか,一方では前記のような「中小企業政策」が普遍的な課題として取り上げられ,立案実行されるようになった。他方では,これに相呼応するかたちで中小企業研究の活発化,研究交流や発表等のプラットフォーム的な存在の登場展開,成果の公開の機会がひろまり,OECDやAPECなど政府間や国際諸団体レベルでの情報交換と協議の場も持たれるようになった。

20世紀末にはこうした様々な機会・研究成果・諸議論・政策立案と実践・経営成果などのうえに,Storey(1994),Curran & Blackburn(2001)等総括的な研究書が相次いでまとめられ,大きな影響を及ぼすことにもなった。「英語母国」の有利性も作用しているが,当初から世界的なパースペクティブで中小企業存在を理解し,またその実態を丁寧に調査研究したことが根拠になっていると解釈できよう。

このように見てきた20世紀末の「問題意識」と取り組みの構図を図式化すれば,以下のように説明できる。「中小規模の企業」を企業一般と区別してとらえる,また「大企業」に相対する存在と位置づけることには何らかの「問題意識」がある。これが弱かった欧州諸国などではそもそも「中小企業を取り上げる」きっかけが長年乏しかったのである。それが日本の場合は，明治以来の殖産興業と近代化工業化の中で多数の小企業・中企業が生まれ輸出産業を支えてきた一方，経営の脆弱性・技術の前近代性・労働条件の悪さなどがまさに「問題」となり，「中小企業問題」に対する「救済的政策」が求められた。しかしまた，欧州でものちに経済の停滞と失業問題打開の切り札，産業競争力の回復の道として「中小企業の活力維持・発展」が期待されたのであった。これらは一見相反する政策理念のように見えるが，整理すれば「政策論」の基軸として一般化も可能である。つまり一方には，中小企業を生産力構成と産業化・経済発展の重要な支えとして，技術・経営向上と企業間関係・産業組織の維持発展を期する政策課題がある。雇用就業機会としての期待もこれに派生するところがある。しかしまた先進資本主義体制と競争的ないし独占的市場下では中小規模企業の相対的な不利，要素市場での困難や取引関係を巡る立場の問題が避けられず，市場のルールや経営資源調達への中小企業従事者からの是正要求が絶えない。そこに「中小企業政策」の必然性と二面性が見て取れる。米国の小企業法とSBAの活動にはその一典型が反映されている。ただいずれの国々でも一方の政策が前面に出て，それがもう一方の政策の契機を呼び覚ますような経過があり得る。

## 5．21世紀における到達点と論点はなにか

### (1) 21世紀中小企業研究の広がり

中小企業政策のみならず，経営や企業家などを研究議論する国際的な組織や学会・会議も近年相次いで設置開催されており，そのひとつ，ICSB中小企業国際協議会（International Council for Small Business）は1955年に設立された歴史ある組織で[注2]，米国に本部を置き，研究者・政策関係者・経営実践者・支援・教育機関関係者の組織とされる。2012年には筆者を代表として日本支部JICSBを確立し，またアジア組織ACSBも2013年に結成されている。また注目できるのはGEM（Global Entreperneurship Monitor）の活動である。各国の研究者や政策関係者らからなる組織で，entrepreneurshipにかかる国際比較の調査結果を毎年示し，極めて示唆的な指標となっている（とりわけ日本の指標値の低いのが見過ごせないインプリケーションである）。

近年は国際的な学会等の発表機会とともに，中小企業研究・企業家研究等にか

かるジャーナルも様々刊行され，代表的には*Small Business Economics, International Small Business Journal, Entrepreneurship Theory and Practice, Family Business Review, Entrepreneurship and Regional Development*などが知られており，ICSBの機関誌*Journal of Small Busiess Management*も最古の学術誌としてあげられる[注3]。これらへの投稿掲載が各国の研究者の目指すところとなり，中小企業研究の学術研究としての世界化を示している。

他方また，21世紀の状況下には中小企業研究にも様々な新しい社会経済理論や研究方法の及ぼす影響も顕著である。端的には情報機器やソフトの高度化・普及に伴い，計量分析等の深化・精緻化がすすんだ。またビッグデータの収集利用も容易になった。これらは企業経営や産業実態などの分析のみならず，政策効果の評価や立案にも積極的に応用されている。また，事例研究の精緻化がはかられ，多面的な観察や参与考察などを含むエスノグラフィックアプローチなども広まった。定性調査でのフォーカスグループ等の手法も特徴的である。他方，詳細な歴史的研究・原資料の発掘分析やオーラルヒストリーの記録応用，さらに研究対象と理解態様に対する言説（discourse）＝認識自体の客観化もなされる。「中小企業」・SMEというカテゴリーの区分認識そのものに重要な意味があるのだから，これは意識されねばならない観点である。

新たな理論的枠組みの登場とともに学際的な広まり・応用展開も近年目立つ。たとえば，時間と空間をへるなかでの動的な進化変容を重視する「進化経済学」evolutionary economicsの立場からも中小企業存在への関心が高まり，競争と資源配分，連携と相互依存，経路依存と進化過程，技術発展と学習などの観点から企業の有り様や行動をとらえようとする議論も活発になった。「行動経済学」behavioral economicsは人間行動の多義性を手がかりに新古典派的な市場経済観を批判し，人間学・心理学等の応用展開を図るもので，これも現実経済の中での企業行動をとらえる意味を有し，また経営方法や人材資源管理等にも実践応用される可能性がある。

こうした趨勢のもとで，個別企業経営を検討するにも新たな概念が多々登場し，とりわけ新規開業・起業家行動やイノベーションの推進を理解・比較するうえで用いられる傾向が顕著である。また社会経済的にも創業の「エコシステム」などといったかたちで，新たな視角が広く取り上げられる。ここでのエコシステム＝生態系とは自然界の生物・非生物各環境の間の相互依存的機能系を指すのではなく，社会経済的ないし人間関係的な環境条件を表している。すなわち市場と競争のみに原理を求めるよりも，諸主体のあいだの相互依存的な関係と共進化の過程を重視するものであり（Moore 1993)，「進化経済学」の発想を契機に広まった概念とも考えられ，Porterの「共通価値創造」の概念にもつながりうる。起業家にとっては，他者との関係、また政治的・制度的・社会的・文化的環境および経営資源供給の状況が事業の成否を左右するのである。

### （2）日本における2010年「中小企業憲章」制定の持つ認識論的意義

2010年6月，菅直人首相のもとで内閣は「中小企業憲章」を閣議決定した。このことは我が国での中小企業政策のみならず，中小企業経営のあり方，ひいては中小企業研究の担う意義にも大きな意味を持っている。「憲章」を巡る長谷川中小企業庁長官のもとの研究会（筆者も一員だった）はじめ様々な検討の場で出された意見の一つは，「我が国にはすでに中小企業基本法があるのだから，あらためて「憲章」といったものが必要なのか」という疑問だった。けれども，「憲章」制定の運動を続けてきた中小企業家同友会全国協議会（中同協）などの中小企業団体においては，「基本法」や様々な法制・施策があっても，我が国の現実は中小企業の存在意義を正当に評価するものとなっていない，それはバブル崩壊と金融再編・低成長経済の持続，さらに2008年リーマンショックで明らかであるという不満が高まっていた。金融再生法下でのリストラ策で中小企業の金融難が加速され，経営の持続困難の中で「金融アセス法」を求める運動が全国に広まり，その目標が「中小企業憲章」制定運動に発展した（中同協 2019)。そこには，2000年のEU「小企業憲章」，OECD「中小企業政策憲章」といった具体的な理念条文の存在が強く意識された。個別的な政策展開の必要性や課題確認にとどまらず，「中小企業（者）の存在意義」そのもの，「役割」や「可能性」，「課題」と諸方面の担うべき責務を明らかにする理念を国民的な合意のもとで共有したいという思いがあったと言えよう。

これはある意味，歴史の歯車の一回転を象徴する出来事であった。「中小企業という言葉さえ聞かれない」50年前とは逆の状況が，欧州など全世界に広がっている，では「中小企業政策の先進国」であったはずの日本の現状はどうなのか。足下では顕著な「中小企業の衰退現象」が進み，世界でも例外的な事態，とりわけ低迷する開業率と高水準の廃業率で企業数が継続的に減少している現実がある。しかも多くの経営者が悩んでいるのは人材確保の困難であり，中同協会員はじめ求人と人材育成活動に多大の努力を注いできている。そこで重要な手がかりとされたのは「経営理念」「指針」の策定，共有化と実践であった。そして欠かせないものは企業の社会的な存在意義であった。さすれば，その意義が国民的社会的に共有承認されていない，ここに大きな困難がある。

それゆえ，「中小企業憲章」の果たす意義は単に経産省中小企業庁の取り組むべき政策課題にとどまず，その経緯からして金融政策や労働政策，地域政策等にも深く関わるべきものである。しかしそれ以上に，若い世代の社会認識，職業意識や能力養成・キャリア形成等に深く関わる教育のあり方に対し，「自ら起業し企業家を目指す」選択と可能性を含め，中小企業の存在意義をもっと示していくべきではないのか，それが学校教育の場でほとんど考慮されていないのは日本くらいではないのか，問われねばならない。中同協などが「憲章」を具体化する課題として，全国都道府県や市町村で「中小企業振興条例」制定に尽力してきたことの意義も明らかである。地域を支える中小企業の健全な発展を支援するとともに，未来の世代に中小企業の重要さを伝えることに行政や諸方面の責務がある。

このように見てくるならば，今日の我が国における「中小企業研究」の担うべき重要な使命も自ずと明らかになるだろう。

## 6．社会性･人間性と生態系を意識した研究と議論の可能性は？

21世紀においては中小企業研究が世界的にいっそう活発となっており，関心や対象，議論の位置づけ等が細分化し，詳細な研究や政策評価などがはかられる一方，そもそも「なぜ中小企業を論じるのか」という原点的な問題意識が曖昧になっている感も拭えない。しかし現実の経済社会に目を転じれば，一方では従来の雇用労働と自営業者との境目が曖昧となり，「ギグエコノミー」などとされる働き方が「フリーランス」等の看板のもとに急拡大している。「シェアリング」と称する事業形態が画期的なもののように喧伝されるも，「元請け」は世界中で天文学的な稼ぎをあげ，労働法制や社会的な規制を免れ，まさに19世紀に戻ったかのような働かせ方が野放しになり，労働市場の「荒野への回帰」が生じている観がある。また，コンビニエンスストアチェーンの拡大下に，形式上は本部大企業と中小商店等とのFC「契約関係」・取引関係であるはずのものが，一方的な条件の押しつけ，過酷な店主らの労働と「しわ寄せ」状況を生み，社会的批判が高まる等の事態がある。「中小企業問題」と「不利是正」は過去のものとなったのではない。

他方ではまた，「日本は中小企業が多すぎる」，「中小企業を淘汰再編し高生産性経済に脱皮せよ」などという言説が横行し，この半世紀の日本での中小企業研究や議論，中小企業政策の実践と変遷，成果と到達点は何であったのかと唖然とする事態が生じている。こうした論は1960年代の「格差論」と「中小企業近代化政策」「適正規模化」の時代への逆戻り，また80年代リビジョニストらの「日本的経営批判」の蘇りでもある。それ以上に，我が国の中小企業が数的にも減少をたどっている中で「もっと減らせ」とはどのような結果を招くことになるのか，世界では雇用就業機会としての中小企業存在が重視されてきたことをどう考えるのか[注4)]。

いまいちど研究史に立ち返るならば，研究成果や議論は現実の中小企業存在そのものと，これにかかわる多くの人々の仕事と暮らし，社会全体の望ましい発展と諸問題の解決，また気候変動や資源枯渇，環境汚染，人口集中等の地球規模の課題への実践的な処方箋につながるべきだろう。国連2017年決議はそうした方向を世界中に示すものである。中小規模の企業であっても競争的市場経済のなかでの営利企業であることをなんら否定されず，効率性収益性成長性を伴うことが前提でも，それらの存在自体が人間社会全般のありように深く関わり，また不可欠でもあることを歴史は証明している。2020年からの世界的なCOVID-19パンデミックとかってない大混乱により経済活動と人間生活が困難に陥り，人類生存の危機が現実のものとなるなか，もちろん中小企業の存在も世界中で脅かされている。しかしまた，危機の先の人類の持続的生存と自然環境との調和を展望すれば，生存に必要な生産・分配・流通・交流・サービス等を多様なかたちで担い，多くの人々に仕事と稼得の機会を提供し続けてきた中小企業の存在意義をあらためて問うものである。

先にも引用した「エコシステム」の議論はあくまで比喩的な意味での用語法であるが，今日は経済主体・活動とまさに自然生態系との関係性，そこにある矛盾を否応なく問われる状況が地球規模で広がっている。単純化された議論や過剰な仮託は無力であるものの，半世紀前Schumacher（1973）の「スモールイズビューティフル」の語が問うた理念が普遍性を持ちうるのは，むしろ21世紀の今日かも知れない。諸環境の中での均衡ある共存と持続する再生産を可能にし，主体性，多様性（三井 1993)，人間性と人的能力，共同性と協働性のうちに望ましい経済社会を探るという視点を抜きに，グローバル経済と巨大経済単位・組織，途方もないカネの蓄積と投機の行方に左右され，大量生産大量消費に自己完結するような世界は，私たちの望んだものだっただろうか。IT・高度情報化は自由で分散的でフラットなネットワーク社会と個々人の自立をもたらしたのだろうか。国連決議にも示されるように，農林漁業などを含め小規模自営業と家族経営という前近代の遺物のように見なされてきた存在の今日性を世界中に再発見できるのはなぜなのか。

山中（1948）のあげた異質多元性の観点を問い直せば，新たな存在意義を見いだすことは可能かつ有効である。しかも，存在のはらむ問題性が予定調和的に解消されるものでもなく，様々な困難あればこそ中小企業者の組織や要求，中小企業政策の必要性も社会的普遍的である。「社会的結束」(EU政策)「市場の社会的構築」(Sabelら)「社会関係資本」(Putnam)，こうした概念が繰り返し確認されてきたことに，思いをいたすべきだろう。

**〈注〉**

1　ドイツ「手工業政策」のように特定職種業種などを対象とした政策の伝統が欧州諸国などでは見い出せる。しかし「中小企業」(small and medium-sized enterprise, kleine und mittlere Unternehm, petites et moyennes entreprises) 一般という規模的概念が普遍化し政策対象と位置づけられたのは1980年代以後の現象とできよう。
2　ICSBと並ぶ国際組織としてISBC (International Small Business Congress) があり，どちらかと言えば政府機関・中小企業団体等中心のカンパニア組織で，日本（中小企業基盤整備機構）が事務局を務めた期間も長く，毎年各国で世界会議を開いてきたが，近年活動停止状態に陥っている。
3　中小企業研究にかかる国際ジャーナルに関しては，関智宏（2020）で概要が紹介されている。
4　こうした「低生産性中小企業淘汰論」の誤謬について港（2021)，三井（2020）参照。

**〈参考文献〉**

1　Acs, Z. &Audretsch, D.（1993）*Small Firms and Entrepreneurship*, CUP
2　Bagnasco, A. &Sabel, C.（1995）*Small And Medium-size Enterprises*, Pinter
3　Curran, J. &Blackburn, R.（2001）*Researching the Small Enterprise*, Sage
4　中小企業家同友会全国協議会（2019）『中同協50年史』同会

5　中小企業総合研究機構編（編集代表・三井逸友）（2013）『日本の中小企業研究2000-2009』同友館
6　Drucker, P.（1985）*Innovation and Entrepreneruship*, Harper & Row（邦訳『イノベーションと企業家精神』ダイヤモンド社，1985）
7　港徹雄（2021）「中小企業は経済成長の足かせか？」『商工金融』2021年１月号
8　三井逸友（1991）『現代経済と中小企業』青木書店
9　三井逸友（1993）「構造改革と中小企業組合団体の役割」『中小企業と組合』第583号
10　三井逸友（1995）『EU欧州連合と中小企業政策』白桃書房
11　三井逸友編（1999）『日本的生産システムへの評価と展望』ミネルヴァ書房
12　三井逸友（2011）『中小企業政策と「中小企業憲章」』花伝社
13　三井逸友（2016a）「中小企業研究の課題と方法」『中小企業研究センター年報』2016年号
14　三井逸友（2016b）「中小企業と公益性」（現代公益学会編『公益叢書第四輯』文眞堂）
15　三井逸友編（2019）『21世紀中小企業者の主体形成と継承』同友館
16　三井逸友（2020）「中小企業にとっての真の「生産性向上」とは」『全商連附属・中小商工業研究所報　2019年１月～部会報告』
17　三井・長山宗広（2020）「対談　日本の中小企業研究　学会の国際化の道を拓く」『商工金融』2020年５月号
18　Moore, J.F.（1993）‘Predators and prey’ *Harvard Business Review*, No.3 Vol.71
19　Piore, M. &Sabel, C.（1984）*The Second Industrial Divide*, Basic Books（邦訳『第二の産業分水嶺』筑摩書房，1993）
20　Putnam, R.D.（1993）*Making Democracy Work*, PUP（邦訳『哲学する民主主義』NTT，2001）
21　佐藤芳雄（1976）『寡占体制と中小企業』有斐閣
22　Schonberger, R.J.（1982）*Japanese Manufacturing Techniques*, Free Press
23　Schumacher, E.F.（1973）*Small Is Beautiful: Economics as if People Mattered*, Blond & Briggs（邦訳『スモールイズビューティフル』講談社，1986）
24　関智宏編（2020）『よくわかる中小企業』ミネルヴァ書房
25　Storey, D.J.（1994）*Understanding the Small Business Sector*, Routledge（邦訳『アントレプレナーシップ入門』有斐閣，2004）
26　寺岡寛（1990）『アメリカの中小企業政策』信山社
27　Woomack, J.P. et al.（eds.）（1991）*The Machine that Changed the World*, Harper（邦訳『リーン生産方式が，世界の自動車産業をこう変える』経済界，1991）
28　山中篤太郎（1948）『中小工業の本質と展開』有斐閣

# 社会的分業構造と中小企業

慶應義塾大学名誉教授　渡辺幸男

## 序

本報告では，私のこれまでの研究方法を簡単に述べ，その具体的事例として，日本の機械工業の社会的分業構造としての山脈構造型社会的分業構造概念図の提示に至った経過を紹介したい。それゆえ，本報告では，中小企業学会の40年間の軌跡ではなく，私の研究について報告を行うことにする。

## 1．既存の社会的分業理解への中小企業視点からの再検討の必要性

(1)　私の研究方法は，マルクス経済学での市場と競争についての理論的枠組みを前提にして，自ら確認した中小企業の存立実態認識自体に沿って，中小企業の存立論理の再構築と，中小企業を中心にした，産業発展の論理化を行うものである。ある程度それに成功したと自負している。この方法による私なりの成果を，具体的事例を通し紹介していきたい。

私の研究方法により中小企業の視点から再検討することが必要かつ有効な事例を，多少なりとも具体的に示せば，既存の日本標準産業分類をはじめとする産業分類別理解を再検討とするということが，まずは挙げられよう。これは，実際の製造業，特に機械金属工業での中小企業の専門化の実態と，産業分類との齟齬の存在によるといえる。今一つは，機械工業での完成品生産大企業の視点からの社会的分業構造についての理解に関し，中小企業の視点からの再検討が必要であるということである。同じ社会的分業構造についてではあるが，大企業視点の既存の社会的分業理解を示す分業構造図と，中小企業視点の実態認識との間には齟齬が存在している。

それらの中小企業視点からの業種分類理解と社会的分業構造理解のまとめとして表現するものとして，社会的分業構造概念図の再検討が不可欠となる。すなわち，社会的分業構造の中での中小企業群の位置づけとしてのピラミッド型社会的分業構造理解から，山脈構造型社会的分業構造概念図による理解へと転化する必要性が存在する。

まずは，上記の２点について，多少具体的に中小企業の（存立）実態から見えた旧来の議論への疑問を述べることにする。

⑵　例の１の統計的事実と実態との乖離についてであるが，標準産業分類に基づく統計的事実は，当り前のことだが，あくまでも一定の統計整理上のルールに従って集計された統計上の数量的事実である。統計的には当然正しいもの，正しい数字であり，中小企業の存立実態の１面を示すものといえる。しかし，存立実態そのものではない。この点，中小企業を中心に社会的分業を考える際には，中小企業の存立実態から標準産業分類に従った統計的事実を見直すことが不可欠である。

例えば，日本標準産業分類で，機械金属工業関連の特定加工専門化中小事業所（企業）についてみると，特定の機械加工に専門化している事業所については，専門化しているのが特定の機械加工であるとしても，業種分類では，多様な完成機械の部品の部分加工を担当しているばあい，一定のルールに従って，担当する加工のうちで最も多い最終製品の業種に分類されることになる。例えば，マシニングセンター加工に専門化しているとか，普通旋盤加工あるいは研磨加工に専門化しているとかといった，専門化している加工内容によって分類されることはない。

それに対して，例えばプレス加工に専門化している事業所の場合，それぞれ加工を得意とする製品関連の部品分野が当然のことながらあるが，しかし，どんな製品の部品加工をしていても，金属製品製造業のプレス加工業種に業種分類され，加工している部品の最終製品が何か，何が一番多いかは，全く業種分類に反映されない。

すなわち，同じような機械金属工業関連製品の部品の特定の加工に専門化している中小企業であっても，日本標準産業分類上では，機械加工関連の特定加工に専門化した中小企業は，同じ加工のまま，受託する部品の最終的な組み付け先が変化するごとに，その属する業種が，中分類業種レベルで大きく変化しているようにカウントされることにもなる。すなわち，統計上は頻繁に中分類業種レベルでも業種転換している中小事業所が数多く存在するように見えるのである。

それに対して，プレス加工に専門化した中小企業の場合は，例えば，かつて東京城東地域に多く見られたように，金属玩具の部品の加工を行っている事業所が，精度の水準が全く異なる電気機械の部品の加工を行うようになっても，標準産業分類上は，全く業種の変化がないことになる。結果，ほとんど業種転換をしていないように見えることになる。

しかし，実態的には，特定機械加工に専門化した企業とプレス加工に専門化した企業との両者の間には，業種転換上の差異はほとんどない可能性が大きい。単なる，業種分類基準の違いによる統計上のいたずらの可能性が高い。特定加工への専門化という機械金属工業関連の多くの中小企業の存立実態を踏まえてこそ，この業種転換水準の大きな差異が，業種分類上のいたずらの結果であるということが，理解可能となる。

⑶　次に例の2についてであるが，ピラミッド型社会的分業構造は，完成品機械を生産する大企業から，そのサプライヤーの階層的構造を見た場合のものとしては，間違ったものではない。特定の完成機械の生産のためにサプライヤー層が多層的に存在することを示すものとしては，「正しい」図ということができよう。ただ，ピラミッド型の構造は，あくまでも発注側完成品機械工業企業から見た社会的分業構造であり，社会的分業構造の一面の「正しい」表現にすぎない。すなわち，ある完成品機械が，どのような階層的社会的分業構造の下で作られているのか，この点のみを正しく表現する社会的分業構造図であると言える。

しかし，2次や3次のサプライヤーの多くを構成する中小企業から見た場合，特定完成品機械生産とのつながり方は，異なって見えてくる可能性が大きい。2次や3次のサプライヤーは，必ずしも，特定完成品機械の生産につながる生産にのみ特化しているのではないこと，このことが見えなくなる。すなわち，ピラミッド型社会的分業構造図が示すものは，中小企業の視点から見れば，中小企業の存立実態の一面を示すものに過ぎないことになる。特に，2次や3次のサプライヤー層を形成する特定加工に専門化した企業群にとっての，市場や競争相手を示すものではない。すなわち，中小企業の再生産を規定する，社会的分業上の重要な存立実態の他側面を反映していないといえる。

⑷　以上をまとめれば，中小企業の社会的分業構造上の位置をきちんと実態に基

づいて把握するためには，既存の産業分類による統計上の結果をそのまま利用するのではなく，また，中小企業からの視点とは異なる視点で作成された概念図をそのまま採用するべきではないということが言える。そうではなく，改めて，そして中小企業の存立実態に基づいた上で，中小企業の視点に立って，既存の統計や概念図等を再検討することこそ，中小企業研究に求められる姿勢である。

## 2．私の中小企業研究の方法

⑴　１でも触れたように，私の中小企業研究の方法は，マルクス経済学の経済理論の基本的枠組みを踏まえ，実態把握を論理的理解へと昇華させ産業発展を理解する方法である。中小企業研究にとって，それらの有効性，必要性から，このような方法を採用した。その一端を２つの事例で示したつもりである。

⑵　国民経済の中での中小企業の存立を議論し，そのような中小企業を研究対象とするということから，私の研究対象となる中小企業は，多数で多様な中小企業層の全体となる。多数・多様な中小企業群による模索の重要性を認識し，重視しているゆえに，層としての中小企業に着目し，中小企業層の視点から，産業のダイナミズムを考える方法とも言える。特定のタイプの中小企業，例えば，中小企業全般ではなくベンチャー等にのみ注目し，そのような一部の企業群が産業の変革を主導するといった立場をとる研究方法ではない。

⑶　さらに，中小企業層について自らの目で見，足で稼いだ得た中小企業の「実態」に基づき，すなわち中小企業層について自ら把握したことに基づき，それを論理的に整理し，それにより，既存の議論を批判的に検討するという方法でもある。自身としては，「ただもの論（唯物論)」と自称している方法である。すなわち，マルクス経済学の経済理論での（国民経済の下での）市場と諸資本の競争という枠組みを前提に，中小企業を中心に中小企業の存立実態を踏まえ，産業の展開ないし発展を見ていくという方法といえる。

市場と諸資本の競争を，それぞれの国民経済の制度的・歴史的環境を背景に考察し，各国経済について，中小企業を中心において，各産業のあり方とその発展を考察する方法とも言える。中小企業からの視点を軸にし，裾野産業・基盤産業等を重視し，それをも通して産業を理解し，まずは，大都市東京の城南地域や城東地域の機械工業零細企業の存立論理でこのような方法を試みた。結果，東京の零細企業にとって，極めて変化の激しい需要に対応し，相対的に高い受託工賃を実現することを可能とするものとして，「仲間取引」の存在が極めて重要なことを発見し，確認した。

さらに，それを，戦後日本の機械工業を中心とした下請系列取引関係についての理解に応用し，戦後の独自な取引環境こそが，下請系列取引というそれまでなかった取引関係を機械工業等の下請関係に生じせしめたことを発見，確認した。次いで，日本の機械工業の社会的分業構造の理解に適用した。その結果，日本の機械工業の社会的分業構造を山脈構造型社会的分業構造として把握する議論となった。これらが，拙著『日本機械工業の社会的分業構造』（有斐閣，1997年）に結実した。

## 3．私の研究事例 「（日本の）機械工業の社会的分業構造の理解」

⑴ 繰り返しになるが，日本の機械工業の社会的分業構造を，私は，「中小企業の存立する市場と競争相手」の視点から理解するように努めた。すなわち，それまでの多くの研究が依拠していたような，特定の完成品機械分野の大企業にとっての下請分業構造として，中小企業群を見るのではなく，まずは，中小企業それ自体の存立実態が，具体的にどのようなものであるかを見ることから始めた。その結果，「機械工業」では，機械金属工業の製品が多様なだけではなく，素材生産から部材生産そして完成品生産に至る川上から川下まで，その流れが錯綜しており，完成機械ごとに社会的分業を括れるような形で，機械工業の社会的分業は存在していないということが確認された。これこそ，実態を通して，その存在から確認したことの最重要な点と言えるかもしれない。

⑵ この状況は，完成機械分野ごとにみていた旧来のピラミッド型の社会的分業構造概念図では説明不能ないしは表現不能なことである。ピラミッド型として表現することで，社会的分業を担う（中小）企業の存立の場（市場）とそれぞれの競争相手について誤解が生じる可能性が大きくなる。たとえば，特定の完成機械用の完成部品をもっぱら（企画開発し）生産供給する企業については，それらの社会的分業を当該完成品機械分野と一体となったものとして把握しても，誤解を招くことは生じない。しかし，多様な製品に供給可能な，特定加工に専門化しているような（中小）企業については，特定機械分野にのみ繋がっているかのよう

に表現することは，その存立する市場と競争相手について，誤解を生じる可能性が強いことになる。

実態を踏まえ，錯綜した取引関係の存在を表現しようとするならば，誰が誰と競争しているかを論理的に提示することが可能な概念図が必要となる。それこそ，私が提起した山脈構造型社会的分業構造概念図であった。

## 4．ピラミッド型社会的分業構造概念図と山脈構造型社会的分業構造概念図

(1) いわゆるピラミッド構造型の社会的分業構造図について，実態を踏まえた詳細な図の典型的な事例としては，以下のような図がある。

**図1　自動車（乗用車）工業における分業構造**

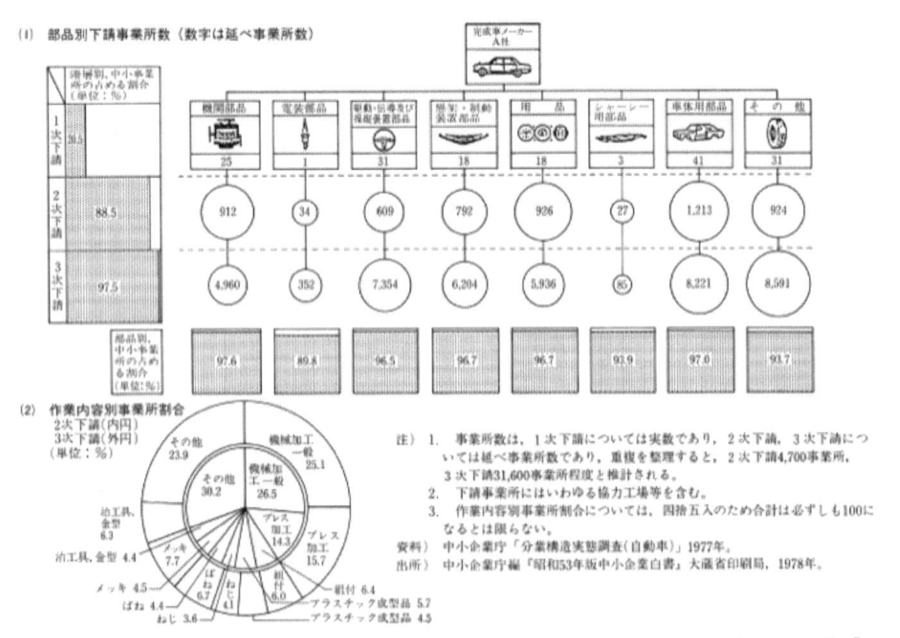


注：なお，上記の図1は，拙稿「もの作りと中小企業」（渡辺幸男・小川正博・黒瀬直宏・向山雅夫共著『21世紀中小企業論（第3版）』有斐閣，2013年の第6章151ページ）から転用した。

これは，特定完成品機械大企業（分野）を核に，当該完成品機械が生産されるための社会的分業構造を表現した図で，『昭和53年版中小企業白書』に掲載されていた。そこでのサプライヤー層の調査は，極めて綿密かつ丁寧に行われ，精度の高いものとなっている。

この『白書』の本文では，本図は以下のように説明されている。「自動車（乗用車）工業を・・・みると，下請企業が親企業と相互依存の関係を持ちながら緊密にかつ多層の協力関係を形成していることが示されている。すなわち，親企業1社の下に一次下請171事業所，二次下請延べ5,437事業所及び三次下請延べ41,703事業所が分業体制を構成している。・・・このように自動車工業における分業構造は網目状の様相を呈している」（同書，167ページ）

A社の（社会的）分業構造として，完成車メーカーからの視点により，完成車生産に至る階層的な社会的分業構造が描かれている。それゆえ，他の完成機械等の分野とのつながりの存在や可能性は全く言及されておらず，階層的な社会的分業構造全体が乗用車工業（それもA社1社）に包摂された形で描かれている。そこでは，本図で言われている2次や3次の下請（中小）事業所（企業）の多くについて，特定加工への専門化している姿が明示的に描かれている。しかしながら，それらの特定加工専門化（中小）企業が乗用車工業以外の産業企業との取引を保有している，あるいは取引可能であるという機械金属工業の基盤産業的認識は示されていない。乗用車工業の中にあくまでも包摂されている存在として描かれている。これらの特定加工に専門化している中小企業群は，乗用車という完成品生産単位で存在しているかのように描かれ，そのように認識されても仕方がない形の図でもって描かれている。

これは，基本的に最終完成品を生産する巨大完成品機械メーカーの側からのみ社会的分業構造を見ていることから生まれ，このように見えてしまうことがほぼ必然的に生じてしまうとも言える。世界最大の単品巨大市場である乗用車生産企業からみれば，全ては乗用車に向かっている川上工程ということになり，乗用車のため（だけ）に加工専門化（中小）企業も存在すると，認識されてもおかしくないし，それを反映した図とも言える。

実際，私自身，当初は（実態調査を本格的に行い，多様な製品分野とつながりを持つ小零細企業層の存在を知るまでは），このような社会的分業構造として，機械工業各製品分野の社会的分業構造を認識していた。

⑵　このピラミッド構造型の社会的分業構造概念図に対し，実態調査を行うことにより，根本的な疑問が生じたのである。特定加工に専門化した小零細企業群についての自身による実態調査を踏まえ，これら上記の図に描かれている特定加工専門化（中小零細）企業にとっての「市場と競争相手」を見るならば，当該（中小零細）企業が専門化している加工をおこなっている企業群全体が競争相手であり，市場は，完成品単位で存在するのではなく，当該企業が専門化した加工ごとに存在していることが見えてきた。

機械金属工業の種々なる完成品の生産の中で必要とされる特定加工に専門化した企業群，特に種々の機械加工に専門化した（中小）事業所（企業）が，業種分類上の恣意的な分類事情によって，特定完成品のみの社会的分業構造の階層の中下層を形成するかのように示されているのが，ピラミッド型社会的分業構造把握である。また，これは機械加工専門化事業所（企業）が専ら業種分類上の恣意的な理由のために，特定加工に専門化していることではなく，最も多くを受託している特定製品の業種に分類され，完成品機械ごとに業種分類されていることによると認識される。同時に，機械金属製品向けにプレス加工部品を供給したりメッキ加工を行っている事業所（企業）は，どのような製品向けが主力であるかには関係なく，専門化している加工で業種分類されてしまうことになる。先の白書の図で２次や３次の下請企業として特定加工に専門化している事業所のうち，プレス加工等に専門化している事業所は，乗用車向けだけの生産に特化していても，業種分類上は，自動車部品の細分類業種どころか機械工業関連の中分類業種に分類されることなく，中分類24の金属製品製造業に分類され，機械工業分野の１つとしての自動車生産に特化していることは，業種分類上では完全に無視されることになる。

それゆえ，中小企業の視点からの専門化と市場と競争の関係を，改めて概念図化して示す必要が生じた。そこから私のいう山脈構造型社会的分業構造概念図が生まれたのである。これによって，これまで底辺産業として，あるいは基盤産業として言われてきた小零細企業群が，何故，一国経済の機械金属工業全体にとっての「底辺」であり「基盤」であるのかも，より明らかにされた。これに，多様な取引関係のあり方が加わったのが，次ページに示した私の最終的な概念図，図２となる。

この図で言わんとしていることの１つは，機械工業の各製品生産分野さらには

**図２　山脈型社会的分業構造の概念図**

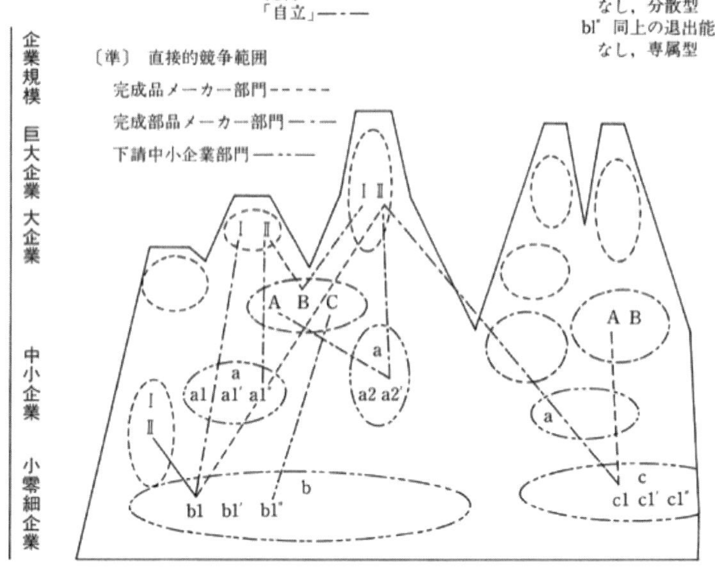


出所：拙著『日本機械工業の社会的分業構造』
有斐閣，1997年，159ページ

注：なお，上記の図２は，拙稿「もの作りと中小企業」（渡辺幸男・小川正博・黒瀬直宏・向山雅夫共著『21世紀中小企業論（第３版）』有斐閣，2013年の第６章154ページ）から転用した。

特定完成品向けの完成部品生産分野は，それぞれ自立した産業分野を形成している。しかし，同時に，汎用部品生産企業群や特定加工専門化企業群については，機械工業さらには機械金属工業全体に層としては供給しているということであり，逆にいえば，層として機械金属工業全体によって共同利用されている，ということである。それゆえ，特定加工専門化企業は，自社が主として関わっている特定完成品機械向けの同じ加工に専門化した企業と競争しているだけではなく，他の製品向けの同様な加工に専門化している企業とも競争していることになる。

また，特定加工専門化企業の多くは，特定製品の部品等の部分加工を行うだけではなく，多様な製品向けの部品について同様な加工を受託加工可能であり，実際に受託している。さらには，需要の変化に応じて，業務内容を大きく変えることなく，全く異なる機械製品や金属製品向けの生産に従事することが可能である。工業統計表等の業種別集計では，このような行動は中分類ないしは小分類業種レベルでの特定加工専門化事業所（企業）の業種転換として表現されてしまうことも多い。しかし，この場合の業種転換は，主要取引先が変わり，その取引先が生産する完成機械としての製品が大きく変わっただけであるかもしれないし，さらに場合によっては，もともと多様な完成品機械関連の加工を受託していた企業が，その受託の製品間での受託金額割合が多少変化したことを表現するに過ぎない可能性もある。いずれにしても，特定加工に専門化した事業所（企業）の業務内容はほとんど変化していないことになる。この点をも表現した概念図なのである。

他方，同じ特定加工に専門化し，完成機械メーカーないしは完成機械部品メーカーから特定加工を受託している事業所（企業）であっても，機械加工ではなく，プレス加工やメッキ加工に専門化している事業所（企業）は，先にも触れたように，業種分類上での扱いが全く異なっている。これらの事業所（企業）は，もともと専門化している加工に従って業種分類され，主として携わっている部品がどの完成機械に使用されるかによっては業種上では分類されない。そのため，こちらの側は，業種分類別でのカウントでは，当該事業所がたとえ特定の完成機械関連の部品加工に専門化していても，当該完成品の業種に属する事業所としてカウントされないことになる。また，受注先企業の主要製品が大きく変化しても，当該加工専門化事業所（企業）の業種分類には，全く変化が生じない。

例えば，自動車部品だけのプレス加工あるいはメッキ加工に専門化している事業所（企業）は，他の完成機械がらみの加工を行っていなくとも，自動車部品の機械加工に専門化している企業が分類される「3113自動車部分品・附属品製造業」には分類されることはない。そうではなく，中分類業種も異なる「2451アルミニウム・同合金プレス製品製造業」や「2452金属プレス製品製造業（アルミニウム・同合金を除く）」，また「2464電気めっき業（表面処理鋼材製造業を除く）」といった細分類業種に分類され，どのような製品の部品を加工しているかについては，業種分類上では全く反映されない。

上記の山脈構造型社会的分業概念図は，まさに，1990年代半ばの私のパソコンでの図形作成能力の限界が露呈している図であるが，この図で言いたいことの主要な点の一方は，上記のことである。

この図そのものは，上記の点以外に，下請系列取引関係のあり方を，特定企業間そのもの同士の関係として見るのではなく，受託生産をしている中小企業の側から見た受託先企業との取引関係としても，同じ企業が異なる取引関係を異なる受託先企業と結びうるということを示す図でもある。すなわち，下請系列取引関係は，受託する企業側が企業全体として１つの受託先企業に包摂されるような関係ではなく，１つの受託企業でもいくつかの関係を異なる受託先企業との間で形成可能だということを示すものでもある。

この後者の点については，本稿では具体的に何故であるか議論することはできなかったが，本図が取引関係の図示していることもあり，この点にも言及した，

## ５．結論

実態調査を通して得た具体的な存立形態の情報を論理的に整理し，それを踏まえ既存の機械工業での社会的分業についての概念図を，中小企業の視点から書き直すことで，機械工業の基本的なあり方についての認識を，より正確に提示することが可能となる。あるいは実態を知らない人が，図を見て誤解した理解に陥ることを避けることが可能となる。このように言えよう。

このような方法と認識が，中小企業学会に属する研究者諸氏にとって，ごく当たり前のことであり，今更，私が強調し，報告する必要がないならば，これに越したことはないといえる。研究職をかなり前に退いた年寄りの単なる繰り言ということになり，聞き流してもらえれば良いと考える。

そうであれば，このような形で，私がかつて痛感した中小企業研究における問題点を踏まえ，中小企業の実態にきちんと基づき，中小企業の視点で論理的に中小企業を軸に見た産業のダイナミズムを把握すべきであるという考えを，再度強調する必要はないであろう。しかし，私には残念ながら，中小企業研究の現実は，そうは見えてこない。どうであろうか。

また，できれば，私のこの社会的分業構造についての，本論での主張を，中小企業の実態を踏まえて正面から批判していただければ，リタイアした元研究者としては，最高の幸せであるが，いかがなものであろうか。そのためにもと考え，私のブログ「渡辺幸男の晴耕雨読日誌」（http://sei-ko-u-doku.blogspot.com）に

本論考の一部を掲載した。そこにコメントをいただければ幸いである。

## 付論　中国産業発展理解への応用

また，このような理解を通して，改革開放後，2000年代の中国の産業発展を見た時，その潜在的可能性を理解することができた。すなわち，機械工業の基盤的部分が，技術的には遅れているが，すでに幅広く自生的に存在し，それを活用することで，中国での新市場の発掘に長けた起業家による新規創業企業が，自らが発見し開拓しようとする中国市場にとっては新製品である市場に容易に参入可能である理由を理解することが可能となった。

中国では，個別の企業の技術水準は，同時代の日本の特定加工専門化企業群と大きく異なっていたが，機械金属工業にとっての基盤をなす特定加工専門化企業群が，多様に多数存在し，相互に競争していた。それゆえ，完成機械や完成部品について，独自の市場を開拓しようとする起業家にとって，自らの企画する製品を具体化するための要素技術を，国内で安価に入手することができたのである。これが，ある時代までは，改革開放下における中国の機械工業発展を軸にした内生的な産業発展をも可能にし，容易にしたものといえる。このような発見を中国での調査を通して実現できたのも，上記のような機械金属工業の社会的分業構造についての理解を，日本での実態調査を通じて得ていたことによると言える。なお，私の中国の内生的産業発展とそこでの中小企業に関する理解については，拙著『現代中国産業発展の研究』を参照していただきたい。

**〈参考文献〉**

1　中小企業庁編（1978年）『昭和53年版中小企業白書』大蔵省印刷局
2　渡辺幸男（1997年）『日本機械工業の社会的分業構造―階層構造・産業集積からの下請制把握―』有斐閣
3　渡辺幸男（2016年）『現代中国産業発展の研究　製造業実態調査から得た発展論理』慶應義塾大学出版会

# 日本型企業間分業システムの成果と限界

青山学院大学名誉教授　港　徹雄

## はじめに

私が企業間分業システムの調査研究を始めた1970年代から80年代にかけては，経済制度に焦点を合わせ研究する新制度派の経済学者によって企業組織や市場制度についての優れた研究成果が次々と刊行された時代でもあった。なかでも私が強い影響を受けたのはKenneth J. Arrow, The Limits of Organization（1974），Oliver E. Williamson, Markets and Hierarchies（1982）であり，今井賢一・伊丹敬之・小池和男『内部組織の経済学』（1982）であった。また，企業間のパワーや統制に関してはJeffrey Pfeffer and Gerald R. Salancik, The External Control of Organization 1978等から多くの示唆を受けた。

こうした先学の著書を理論的基盤として，私は日本型企業間システムを多角的に解明することを主要研究テーマとし多くの論考を発表してきた。そして私の30余年にわたる研究活動の集大成として，2011年に『競争力基盤の変遷』（日本経済新聞出版社）を刊行したのである。

## 1．日本型企業間システムと企業間組織の生産性

日本型下請生産システムの特徴の第一は，多段階の生産システムによって直接取引する企業数の少数化である。また，第二の特徴は，企業間の長期継続的取引関係が確立されるとともに，下請企業が特定の親企業の統制（コントロール）を受容する，準内部的な取引関係である。こうした企業間取引システムの特徴が，その「企業間組織の生産性」（Inter-firm Productivity）とどのように関連しているのかを解明することが本節の目的である。

### 1）階層的取引構造と少数企業間取引による情報負荷軽減効果

まず，第一の特徴である「階層的生産システムの編成による直接取引する下請企業の少数化」について概観し，そうした特徴が日本型下請生産システムの高い成果，すなわち企業間組織の生産性の高さにどのように寄与しているかを検討しよう。

高度組立型機械工業の場合，各完成品メーカーに総計で数千から数万社にも及ぶサプライヤーがその生産に関与している。例えば，自動車工業では，米国のGMが直接取引するサプライヤーは12,500社にも及ぶ（『工場管理』1982年７月号）。これに対して，日本の完成車メーカーA社の場合は総数では４万７千社の下請企業を擁するが，これらのサプライヤー群は１次～３次の階層に分けられており，A社が直接取引する下請企業数は168社にすぎない。また，１次下請１社が擁する２次下請企業数は平均32社であり，２次下請企業では平均77社の３次下請企業を擁している（『昭和53年中小企業白書』p.168-169)。このように日本産業では階層的取引構造を編成することによって，各段階の親企業が直接取引する下請企業数を数十から数百に限定していた。

少数間取引がもたらす経済効果の第一は，取引に必要な情報伝達・処理費用の縮減である。情報伝達方式がアナログ型である場合，情報伝達コストは情報量に対して費用は逓増する。従って，多段階構造にして各階層における情報伝達相手を少数に限定することによる情報伝達コストの節減効果は大きい。とりわけ，日本企業のように取引が厳密な契約ではなく「暗黙の合意」(Tacit Agreement)によって制御されるケースが多い場合，取引の不確実性を減らすためには緊密なコミュニケーションが必要であったからである。

また，日本では，取引企業との緊密な情報把握によって取引リスクを分散する傾向が強く。他方，英米のサプライヤーは，多数の顧客と取引することによって取引リスクを分散する傾向があり，中小のサプライヤーでも数百の顧客と取引関係にあることも少なくない（港徹雄1992年)。

このような日本企業の取引慣行や取引リスク縮減方法は情報負荷を高めるものであり，情報伝達コストを縮減する企業間取引システムを生みだす誘因となった。

### 2）資源依存と準内部的取引制御

市場的取引（資源配分）は「見えざる手」によって遂行される。したがって，市場的取引においては，価格形成に介入し，取引契約締結後に発注数量や発注価格などの契約内容を変更することはできない。このことが市場機構を通じた企業間取引の取引費用を増大させる要因となっている。こうした取引費用を縮減するためには，取引相手先企業に対して内部的取引に準じたコントロール能力を発揮しうるパワーを確保しなければならない。出資によって相手先企業の株式の過半を所有する子会社であれば，所有権（Ownership）に基づいたコントロール権の行使は可能である。しかし，こうした親会社―子会社の関係は「所有によるコントロール」であり，我々が分析の対象ではない。

我々の関心は，資本の所有関係が全くないか少数株主である親企業が，どのようにして準内部的なコントロール能力を確保しているのかを解明することにある。第1表からも明らかなように，親企業からの資本の受け入れている下請企業比率は1982年の22.9％をピークに減少し，2018年調査では6.9％にまで低下している。親企業からの出資比率は明らかではないが，20％未満の少数株主が過半と考えられる。

**表1　主力納入先からの出資受入れ関係（%）**

| | 1970 | 1976 | 1982 | 1988 | 1994 | 2000 | 2005 | 2012 | 2018 |
|---|---|---|---|---|---|---|---|---|---|
| 資本の受入あり | 15.0 | 18.4 | 22.9 | 18.7 | 19.0 | 13.8 | 9.0 | 7.6 | 6.9 |

出所：商工中金調査部・商工総合研究所編『中小機械・金属工業分業構造実態調査報告書（第1～第9回）』

このように我が国の下請生産システムでは，親企業からの出資によって下請企業が内部組織化されるのは稀である。下請企業はその戦略的経営資源を親企業に依存しており，そうした依存によって親企業の指示を権限のあるものと認知し，それに服する準内部化が一般的である。私はこうした関係を「所有なきコントロール」と命名し，これが日本の下請生産システム統御の本質であることを強調してきた（港徹雄　1990年）。

日本の下請生産システムにおける親企業の下請企業に対する強力な統制力は，下請企業の発展が親企業の持つ相対的に希少な経営資源に依存してきたためであり，親企業の下請企業に対する統制の程度はその戦略的経営資源への依存の程度によって規定されると言えよう。

①　売上高依存度の変化

下請企業が特定の発注企業（親企業）に依存する最大の資源は販売チャネルである，とりわけ，日本では特定の取引先に販売額の過半を依存する，専属・準専属型下請企業の比率が他の先進工業諸国に比較して極めて高くなっている。

**表２　主力納入先への売上高依存度別企業構成比（%）**

| | 1970 | 1976 | 1982 | 1988 | 1994 | 2000 | 2005 |
|---|---|---|---|---|---|---|---|
| 1. 75%以上 | 37.4 | 36.3 | 37.6 | 33.1 | 29.1 | 22.3 | 21.3 |
| 2. 50～75% | 17.5 | 22.9 | 26.9 | 23.9 | 23.3 | 23.6 | 21.9 |
| **1.2.の小計** | **54.9** | **59.2** | **64.5** | **57.0** | **52.4** | **45.9** | **43.2** |
| 3. 25～50% | 21.0 | 19.4 | 25.1 | 27.9 | 27.8 | 30.1 | 31.4 |
| 4. 25%未満 | 24.1 | 21.3 | 10.4 | 15.1 | 19.9 | 24.0 | 25.4 |

出所：商工中金調査部・商工総合研究所編『中小機械・金属工業分業構造実態調査報告書（第１～第７回）』

我が国の受注型（下請）企業のうち主力納入先（親）企業１社にその売上高の50% 以上を依存している企業比率は1970年から1994年まで一貫して50%をこえている。そして，この比率は1982年には64.5%と下請企業全体の３分の２近くにまで達しており，この時期において親企業の下請企業に対するパワーは最大に達したと推測される。その後，2000年以降には大幅に低下し2005年には43.2%となっている。

②　金融的依存度の変化

下請企業の親企業への依存形成の第二の要因は資金面での依存である。

**表３　親企業から金融的支援を受けている下請企業の比率（%）**

| | 1970 | 1976 | 1982 | 1988 | 1994 | 2000 | 2005 |
|---|---|---|---|---|---|---|---|
| 資金面の支援あり | 29.3 | --- | --- | 7.8 | 8.7 | 6.5 | 4.9 |

出所：商工中金調査部・商工総合研究所編『中小機械・金属工業分業構造実態調査報告書（第１～第７回）』

金融的支援は日本経済が大幅な資金余剰状態に転換する1970年代中頃までは，下請企業が親企業に依存する重要な経営資源の一つであった。実際，この資金的支援を受けている下請企業の比率は，第３表に見られるように1970年には29.3%もあり，企業間分業システム編成の初期段階での親企業のパワー形成要因であった。ところが，第一次石油ショック後の1974年以降には日本経済は設備投資主導の経済成長が終焉し，資金不足経済から資金余剰経済へと大きく転換した。この結果，1970年代後半以降では金融支援は依存形成のパワー資源としての役割を急速に低下させている。

③　技術的依存の変化

日本の企業間分業システムにおいて親企業への依存を形成させる第三のパワー資源は技術的資源の供与である。技術人材や技術開発資金など技術的資源の乏しい中小企業にとって，親企業からの技術資源の供与は依存形成の重要な要因である。

1976年時点の調査（商工中金調査部，1977年）では，技術開発を行っている下請企業の内「自社開発体制」は36.8%にすぎず，　親企業からの技術支援に「全面依存」している下請企業は23.7%，「親企業の指導と自社開発」は36.4%であり，親企業からの技術指導に依存している企業は合わせて60.1%に達している。

**表４　受注型企業の技術開発体制　（複数回答　%）**

| | 1988* | 1994 | 2000 | 2006 | 2012 | 2018 |
|---|---|---|---|---|---|---|
| 親企業からの技術指導 | 33.6 | 26.2 | 18.7 | 21.1 | 18.1 | 15.9 |
| 親企業と相互協力による開発 | 47.1 | 37.0 | 34.1 | 31.0 | 28.6 | 25.2 |
| 自社単独実施 | 37.6 | 67.9 | 72.8 | 71.4 | 71.0 | 70.6 |

出所：商工中金調査部・商工総合研究所編『中小機械・金属工業分業構造実態調査報告書（第４～第９回）』

ところが1990年代中頃以降では，親企業からの「技術指導」「親企業との相互協力」ともに緩やかであるが低下し続けており。下請企業が受注する加工工程では，下請企業での技術蓄積は相当進展したものと判断される。この結果，2000年以降では70%以上の下請企業では，技術開発を単独実施しており，親企業への技術的依存は低下している。

3）信頼財醸成と取引費用節減

取引特定資産（Transaction Specific Assets）は特定の取引先向けの加工生産にとってのみ有用で，他の受注生産には転用できないものであるため，非常にリスクの高い投資である。米国の製造業では，特定資産投資を必要とする課業をサプライヤーに発注する場合，特定資産投資費用は発注者側で負担するケースが一般的である。

これに対して日本の下請生産システムでは，長期継続取引によって醸成された信頼財（Trust Value）の蓄積を前提に，下請企業は親企業から明示的な発注量の保証がなくても，親企業からの特異的な受注に対応するためその取引にのみ有用な特定資産への投資を積極的に行ってきた。

アナログ制御が主流の1980年代までにおいては，生産工程の自動化レベルを引き上げ，生産性を向上させるためにはこうした取引専用資産投資が不可欠であった。下請企業が積極的に取引特定資産投資を実行したことで，日本の中小製造業の自動化率が高まり，品質管理水準と生産性の向上が実現した。

企業間の信頼に基づく取引は，多くの労力を必要とする複雑な契約書作成費用を大きく節約させた。また，機会主義行動のリスクが高い取引特定資産投資を促進させる効果も大きかった。さらに，設計段階から特定のサプライヤーとの取引確定させる早期発注（early sourcing）を可能にし，サプライヤーの知恵を盛り込んだ「承認図」発注（浅沼萬里1997）も促進させた。このように，信頼は取引費用が大きく本来は企業間分業が困難な領域において取引費用を縮減し分業の利益を得させたのである。

### 4）競争力基盤としての下請分業システムの変遷

日本の企業間分業システムによって実現された，生産技術革新（プロセス・イノベーション）の高さ，継続的な生産性向上と価格低減効果が，日本産業の国際競争力強化にどのように貢献してきたのかについては，既にいくつかの拙稿で明らかにしてきた（港徹雄2011，2013）。したがって，本稿ではごく簡単に紹介するに留める。製造業10業種につき，各業種の大企業の平均外注比率と，その業種の輸出特化度（輸出額シェアー/国内生産シェアー）との回帰分析を行なった。その結果，両変数の相関係数は1971年には r＝0.6662と緩やかな相関が認められる程度であったが，81年には相関係数は r＝0.7128と高まり，1987年には r＝0.8496と高い相関関係が認められた。このことは，1980年代には「外注利用度の高さ」＝「企業間の分業度の高さ」がその輸出競争力の大部分を説明する至ったことを意味している。

こうした輸出関連業種の輸出特化度と外注比率との高い相関，また，当該業種における下請企業比率の高さは，90年代に入ると急速な低下を示している。すなわち，外注比率と輸出特化度との相関係数は1998年にはR＝0.7098と20年前の水準にまで低下している。

## 2．情報技術革命と企業間生産性の低下

1990年代以降，輸出業種ばかりではなく，日本の中小製造企業はその事業所数と雇用数において大きく後退している。すなわち，中小製造企業全業種の事業所数は1983年の44.3万カ所をピークに2016年には18.7万カ所となり，半分以下にまで減少している。また，従業員数では1991年の818.8万人をピークに2016年には508.1万人に，310万人，率にして38％減少している（データ出所：商工総合研究所2019)。1990年代以降に日本の中小製造業，とりわけ，輸出関連中小企業の大幅な後退は，1990年以降に本格化した3D・ICT 革命によって，1970年代から進展した日本型生産システムの競争優位性が低下したことが最大の理由である。

### 1）高密度情報伝達コスト低減効果の終焉

日本型下請分業システムによって実現された企業間生産性の高さは，基本的には情報伝達コストがその情報量に対して費用逓増的である場合においてである。

ところが，1990年代に入ると，デジタル型の電子情報システムが飛躍的に発展し，パソコンレベルで巨大容量のデータ通信を瞬時にほとんど追加的費用負担なし実行可能となった。このようなデジタル型情報伝達はその伝達される情報量に対して強い費用逓減性を有している。このため，費用逓増型情報伝達を前提とした日本型企業間分業システムの費用縮減効果は根底から覆されることとなった。

### 2）取引特定資産投資効果の消滅

情報技術革新による日本型下請生産システムの優位性低下は，第二には，下請企業による取引特定資産投資効果の低下である。1980年代末までは，３次元の自動加工を実行するためには巨額の設備投資を必要とする多軸のマシニング・センター（ＭＣ）が必要であった。そのＭＣも90年代以前では加工精度や加工速度が十分ではなく，３次元加工自動加工が可能なMCの利用は，大企業でも非常に限られていた。とりわけ，中小企業がMCを導入することはなく，独自に工夫をし

た専用工作機械群（取引特定資産）を連結させて，受注した特異形状の３次元自動加工を実行し，生産性と加工品質を向上させた。

ところが，1990年代以降になると，マイクロ・プロセッサーの飛躍的進歩とそれを活用する設計ソフトウェアの発展，さらにはＭＣ価格の急落と加工精度の大幅な向上とによって，３次元での設計・製造（CAD/CAM）が容易に実現できる3D･ICT革命の時代を迎えたため，前述の取引資産投資の経済効果は霧散した。

『第９回中小企業機械・金属工業の構造変化に関する実態調査』の「主力納入先の自社への発注理由」を問う設問に対して，「取引実績による信頼関係」を挙げた企業比率は，2018年には73.5％と，1994年の第５回調査以降一貫して70％以上を維持しており，信頼関係が依然として企業間取引の基幹をなしていることを示唆している。他方，「専門技術，特殊な加工設備を持っていること」ことを受注理由に挙げた回答企業比率は1994年の40.7％から一貫して低下しており，2018年には27.2％となっている。この設問の「専門技術，特殊な加工設備」は取引特定資産とも考えられるから，90年代以降の回答比率の低下は，3D･ICT革新によって取引特定資産の役割が低下していることを示唆するものとも解釈できよう。

**表５　主力納入先の自社への発注理由（％）**

| | 1994 | 2000 | 2006 | 2012 | 2018 |
|---|---|---|---|---|---|
| 取引実績による信頼関係 | 78.1 | 77.7 | 78.4 | 77.1 | 73.5 |
| 専門技術，特殊な加工設備の保持 | 40.7 | 39.5 | 33.3 | 30.2 | 27.2 |

商工総合研究所編『中小機械・金属工業分業構造実態調査報告書』（第９回）

3D・ICT 革命によって，ミクロン・レベルでの精密加工が半熟練工でも可能となったため，長期雇用による熟練形成の必要性を低下させた。このため，日本型雇用の特徴であった長期継続的雇用慣行は揺らぎ，非正規雇用数を増加させ，雇用不安を高めている。

さらに，階層的下請構造によって各下請企業が分担する生産工程が狭い範囲に限定されることによって，小零細企業であってもその技術領域を深く掘り下げ，生産工程革新を達成することができたことが我が国機械工業の国際競争力の主要な要因の一つであった。ところが，3D・ICT 革新は，コンピューター・ソフトによって生産工程の最適化や高度な品質管理を新興工業諸国でも容易に実現させ，プロセス・イノベーション効果を代替するようになった。これにより日本産業の国際競争力を相対的に低下させた。

従って，日本産業の国際競争力を回復するためには，「製品の革新」(product innovation) 能力を高める必要がある。このため中小企業が高度技術人材を活用できるような技術支援政策が望まれる。

### 3）情報革命による規格化・標準化の進展と下請システム

情報財の重要な経済特性として，圧倒的な規模の経済性がある。例えば，巨大規模のソフトウェアを開発するためのコストは巨額になる。しかし，これを複製するコストは極めて低い。このため，情報財はその規格を「公的標準化」(de jure standard) ないし「事実上の標準化」(de fact standard) することによって，その利用数を最大化し，物的財では考えられないような巨額の利益が獲得可能となる。

今日では，電子機器を中心に多くの技術規格が確定され，部品間を結合させるインターフェースも標準化されている。こうした規格化・標準化が進展する90年代以前では，部品メーカーは完成品メーカーの仕様書に従って独自規格の製品を供給していた。このため，完成品メーカーは部品供給メーカーを変更する場合には「切り替え費用」(switching cost) を必要とした。ところが，部品規格が統一され，そのインターフェースも標準化されるようになると，こうした切り替え費用は不要になるため，メーカーはサプライヤーを容易に変更できるようになり，価格競争も激しくなった。この結果，サプライヤーは取引関係の不安定化と部品価格の下落に直面し，その経営の不確実性が高まっている（港徹雄2013年８月)。

さらに，電子部品の規格化によって，それまで労働集約的な電子基板組立作業は完全に自動化された挿入機（insert machine）によって代替され，基板組立下請企業は1990年代までにはその存立基盤が消滅した。

規格化・標準化が進展した産業では，最適生産規模を急拡大し，製品差別化の余地を縮小したため製品価格が急落した。このため，21世に入ると大手の電機・電子製品製造企業でも経営が破綻した。他方，機能電子部品（ディバイス）を生産する企業は，規格化・標準化の恩恵を受けてその市場規模が拡大したため成長を持続している。

### 4）自動車のＥＶ化と分業システムの転換

持続的発展目標（SDGs）を達成するために，我が国政府をはじめ主要国政府は，2035年までにガソリン車の生産・販売を停止し，温室効果ガスを排出しないＥＶなどに切り替えることを宣言している。

ガソリン車のＥＶ車への切り替えや自動車の自動操縦化は，地球環境保護や自動車事故の撲滅にとって不可欠なものであるが，同時に，自動車工業の電子工業化をも意味している。この結果，現在自動車に使われている機械部品の30％が不要になると指摘されており，そうした機械部品を製造する部品メーカーとその傘下の下請企業は，今後20年以内に業種転換を迫られることになろう。

さらに，電子部品を多用するＥＶ生産では，部品の規格化とインターフェースの標準化が進展し，自動車製造が容易となり異業種からの新規参入が増加するため市場競争は一段と厳しくなることが予想される。

こうした自動車生産の根本的な構造変化は，今後10数年以内に確実に現実化し中小部品サプライヤーの存立基盤にも多大の影響を与えるものであり，そうした構造変化への備えが急がれる。

## ３．規模別・職種別賃金格差が企業規模を規定する

私がいま最も懸念しているのは，日本経済の低生産性の元凶は中小企業の過多性にあり，生産性の低い中小企業を最低賃金の連続的な引上げ等によって淘汰し，その従業員を給与の高い大企業で再雇用することで生産性を高めるという，D.アトキンソン成長戦略会議委員の現実離れした主張が，中小企業政策形成に強い影響力を発揮していることである。

拙稿「中小企業は経済成長の足かせか？　アトキントン『説』の考察」『商工金融2021年１月号』において，アトキントン「説」の，中小企業数増加が日本経済の生産性（GDP）成長率を停滞させているとする主張が根底から誤っていること明らかにした。本稿では，拙稿の一部を補足するとともに，本稿の主題である企業間分業システムと賃金雇用構造との関連性について論じる。

中小企業の生産性の変動の多くは，中小企業の経営問題に起因すると言うよりもマクロ的な経営環境変化によって惹起させられている。また，中小企業の生産性が大企業に比べ大幅に低いのも，中小企業経営者の経営努力不足や設備投資意

欲の低さというミクロの問題というよりも，中小企業が置かれた取引環境によってもたらされたのである。

日本の企業間分業システムでは，大企業は付加価値率が高い工程を担当し，中小企業は付加価値率の低い工程を分担することが一般的である。こうした分業の在り方は1950年代から活発に議論されてきた「二重構造問題」と深く関わっている。すなわち，日本経済はその経済成長率に対して相対的に資本が不足しており，資本調達力の高い大企業は付加価値率が高い資本集約的な生産工程を担当し，資金調達力の弱い中小企業は付加価値率の低い労働集約的な生産工程を分担するという企業間分業の枠組みが出来上がったのである。こうした企業間分業の役割分担が一旦ビルト・インされると，資金余剰経済に転換しても下請中小企業は低生産性工程以外の受注を獲得するのが困難となる。

大企業が高生産性工程に特化し，下請企業が低生産性工程を担うと言う企業間分業システムは日本では一般的であるが，先進経済諸国では特殊な分業形態と言える。

米国の大企業が，付加価値率が低い工程をも内製化し，垂直統合度の高い生産システムを採っているは，その賃金構造が要因となっている。第一に，米国では企業規模別賃金格差が小さく，外注による生産コスト低減余地が小さいこと（表６－１参照）。第二に，米国では同一企業内でも生産労働職と技術職・事務職との間で大きな職種別賃金格差が存在しているためである。米国の製造業で働く従業員の週給の中央値は1,058ドル（2016年値）であるのに対して，生産工程従業者では週給は668ドルと製造業全従業者の中央値に比べ40％近く低くなっている（『2019年通商白書』第1-2-1-3-4図及び第1-2-1-3-5図）。

他方，日本の場合，企業規模別が小さくなるにつれ賃金は減少しており，1－29人規模の小零細企業の賃金は従業員500人以上の大企業の50％強に過ぎない。こうした賃金格差は，70年代以降には縮小化傾向がみられたが依然として大きな格差が残されている（表６－２参照）。他方，日本企業の職種別賃金格差は生産労働者（男子）の平均月給が273.5千円であり，管理・事務・技術労働者（同）の平均は393.5千円に比較して30％低い水準に止まっている（『2019年　賃金構造基本統計調査結果概況』）。

アトキンソン氏は，生産性の低い中小企業を淘汰し，高賃金の大企業の雇用規模を拡大することによって日本経済の生産性を高めるべきと主張されている。し

**表６－１　米国の企業規模別賃金格差**（全産業　500人以上=100）

| | 0-4人 | 5-9人 | 10-19人 | 20-99人 | 100-499人 | 500以上 |
|---|---|---|---|---|---|---|
| 1988年 | 90.8 | 71 | 75 | 78.3 | 80 | 100 |
| 1998年 | 89.1 | 71 | 76 | 81 | 85.5 | 100 |

データ出所『アメリカ中小企業白書2001』同友館

**表６－２　日本の企業規模別賃金格差**（全産業　500人以上=100）

| | 5－29人 | 30－99人 | 100－499人 | 500人以上 |
|---|---|---|---|---|
| 1990年 | 58.6 | 70.1 | 81 | 100 |
| 2019年 | 53.1 | 64.9 | 77.8 | 100 |

データ出所『2020年労働統計要覧』

かし，上述のように中小企業は大企業の低生産性部門の生産を代替しているのであり，こうした低生産性工程を大企業に戻して大企業の雇用規模を拡大するには，大企業内の生産労働者の賃金を引き下げるか，またはその利益率を低下させることが必要となる。このいずれもが大企業の生産性を低下させるものである。したがって，アトキンソン氏の主張がいかに非現実的であることは明らかであろう。

## ５．結語

下請中小企業の生産性を高めるには，その受注価格が数量・重量基準によるのではなく，その加工物に体化された知的資産価値を反映した価格形成に変革してゆくことの重要性を強調しておきたい。

経済産業省『素形材産業取引ガイドライン』（平成29年）には，下請企業が「鋳造部品の性能向上のため，軽量化（5.8Kg→4.1Kg）を実現，この軽量化実現のため，鋳物の薄肉化や中空化などのより高度な鋳造技術が求められるが，取引価格が重量ベースであったため，鋳造部品の取引価格は軽量化後に，67％に減少してしまった」という問題事例が紹介されている。こうした価格決定方式は全く不合理であり，下請中小企業の技術開発意欲を挫くものである。こうした下請価格決定方式が完全に払拭されない限りは下請企業の生産性向上は望むべくもないが，そうした改革を実現することは容易ではない。それは米国では購買責任者（Purchasing Manager）は専門職であり，発注部品に体化された知的資産の効用を十分に評価して独自に価格設定を行う権限を有している。これに対して，日本企業の購買責任者は任期数年の社員が担っているため，その任期中に購入価格の引き上げにつながるような取引制度変更を望まず，先送りにされるからである。したがって，下請取引慣行の抜本的な改革ためには，発注企業の経営トップが強いイニシアティブを発揮するしかない。

こうした観点から，2020年5月に経済産業省の主導で『未来を拓くパートナーシップ構築推進会議』が開催され，次の2項目からなる「パートナーシップ構築宣言」が公表された。

1．中小企業・小規模事業者への「取引条件のしわ寄せ」を防止するとともに，下請取引の適正化を進める。2．サプライチェーン全体での付加価値向上の取組や，規模・系列等を越えたオープンイノベーションなどの新たな連携を促進すること。

この「宣言文案」をもとに発注企業が自主的に宣言文を作成・公表することになり，直近のデータでは936社がこの宣言文を作成し公表している（出所：https://www.biz-partnership.jp/）。

この「宣言」が多くの大企業によって実行され，下請取引慣行の抜本的改善と知的連携活動が活発化することを期待したい。

**〈参考文献〉**

1　浅沼萬里（1997）『日本の企業組織　革新的適応のメカニズム』東洋経済新報社
2　デービッド・アトキントン（2019年）『国運の分岐点』講談社
3　Arrow K.J., The Limits of Organization. 1974.　村上泰亮訳（1976）『組織の限界』岩波書店　pp.16～17
4　中小企業庁『昭和53年度中小企業白書』
5　藤本隆弘（2012年）『ものづくりからの復活』　日本経済新聞出版社
6　速水佑次郎・港徹雄 編（1992年）『取引と契約の国際比較』創文社
7　Hart O. D.（1988）“Incomplete Contracts and the Theory of the Firm”, *Journal of Law, Economics, and Organization*, 4. pp.119-140.
8　港徹雄（1990）「依存関係と下請生産システムの変貌」『商工金融』pp.3-18
9　港徹雄（1985）「下請システム編成機構に関する一試論」日本中小企業学会編『下請・系列と中小企業』同友館
10　港徹雄（2009年１月）「パワーと信頼を軸とした企業間分業システムの進化過程」『三田学会雑誌』慶応義塾大学

11　港徹雄（2011）『競争力基盤の変遷』日本経済新聞出版社
12　港徹雄（2013年）「中小企業は3D・ICT 革新に適合しうるか」『日本産業の再構築と中小企業』日本中小企業学会編『日本産業の再構築と中小企業』同友館
13　港徹雄（2021年１月）「中小企業は経済成長の足かせか？アトキントン「説」の考察」『商工金融』
14　Peffer J., & Salancik G. R., (1978) *The External Control of Organization: A Resource Dependence Perspective.* Harper & Row
15　Rindfleisch A., & Heide J.B., (1997) "Transaction Cost Analysis: Past,Present, and Future Applications. *Journal of Marketing* Vol.61, pp.30-54
16　商工中金調査部（1971）『下請中小企業の実態』（第１回中小機械・金属工業実態調査報告書）
17　商工中金調査部（1977）『下請中小企業の現況』（第２回中小機械・金属工業実態調査報告書）
18　商工中金調査部（1983）『下請中小企業の新局面』（第３回中小機械・金属工業実態調査報告書）
19　商工中金調査部（1989）『新しい分業構造の構築を目指して』（第４回　中小機械・金属工業実態調査報告書）
20　商工中金調査部（1995）『第５回　中小機械・金属工業実態調査報告書』
21　商工中金調査部・商工総合研究所（(2001)『第６回　中小機械・金属工業の構造変化に関する実態調査』
22　商工中金調査部・商工総合研究所（2006）『第７回　中小機械・金属工業の構造変化に関する実態調査』
23　商工中金調査部・商工総合研究所（2019）『第９回　中小機械・金属工業の構造変化に関する実態調査』
24　Williamson O.E. (1975) *Markets and Hierarchies.* 浅沼・岩崎訳（1990）『市場と企業組織』日本評論社。
25　Williamson O.E. (1985) *The Economic Institutions of Capitalism: Firms, Market, Relational Contracting.* The Free Press

# アジアの経済発展と日本の中小企業研究

―学会報告を中心に―

金城学院大学名誉教授　足立文彦

## 1．はじめに

日本中小企業学会40年間の軌跡を標記のテーマで論ずるにあたり，学会の若手研究者の研究に資することを願って，アジアないし国際関係の統一テーマで学会が開催された年を便宜的に時期区分として援用しつつ，学会報告の要旨をリビューした報告をさせていただく。

## 2．国際化と地域中小企業（1981年　第1回大会）

ここでは，1970年代に進行した円高，石油危機，NIEsの追い上げといった三重苦の下での地域中小企業の対応の検討が中心となる。

### 2．1　国際化と地域中小企業の対応

**池田**［1］（著者名［論集巻号］以下同）は，伊那地域の電子部品工業について，コストダウンと高品質化を目指した生産の自動化と下請けの淘汰および事業転換といった再編成が進む一方で，親工場の韓国やシンガポールへの工場進出が進みつつあると指摘した。**高田**［1］は，南大阪の綿・スフ織物業を事例に，国際競争力の比較劣位業種が，中国や台湾，韓国，タイ等の追い上げに遭って，輸出減少・輸入増加に直面し，その矛盾が賃金格差の拡大，零細経営の圧迫という形で，産地の底辺層に集中する様子を明らかにした。桐生輸出織物工業を取りあげた**小林靖雄**［1］は，途上国の追い上げと欧米諸国の輸入規制に直面した桐生産地では，品質・デザイン・納期・販売努力などの非価格競争力を強化し，多品種少量

生産で海外市場を開拓して，地域経済の機械金属工業への転換を支えたと述べる。**太田**［1］の綿スフ織物の産地類型の研究も，NIEsの追上げで輸出が減り，輸入が激増する中で，産地は中・高級品化，高付加価値化，商品開発を余儀なくされ，中・下級輸入品の浸透が上級移行を目指す国内産地間競合を激化させたとする。**西村**［3］は，瀬戸のノベルティ（玩具・置物など）産業を取りあげ，台湾の外資導入・輸出振興政策に呼応して，業者が資本・技術・設備を台湾に移転し，かつての日本から欧米への輸出が，台湾からの輸出に置き換わったことを明らかにしている。**細川**［8］は，明治後期以来の歴史のある香川県白鳥町の手袋産地の第二次大戦後の環境適応過程について，第１の転機：1971年のニクソン・ショック後の輸出の減少と内需転換およびカバン・袋物・ニット衣料への「脱手袋化」，第２の転機：1980年代の賃金の高騰と従業員の高齢化に伴う，先駆的企業の海外生産（韓国・台湾・中国）と輸入，ゴルフ，スキー手袋等のOEM生産，第３の転機：プラザ合意後の一層の円高の下での産地生産の減少と海外生産の強化，輸入の増大，といった三つの転機を指摘している。円高下で製品輸入が急増したアパレル産業について，**村社**［8］は，輸入形態として，日本企業が企画開発し，現地企業に生産を委託する開発輸入が主流であり，一部に，直接投資により子会社を設立して輸入する傾向も増加しており，東南アジアにおける繊維ビジネスのオペレーションセンターとしての香港の機能が高まっていると指摘する。結果として，わが国では世界的ブランド品の欧米からの輸入，量産・普及品の東南アジアからの調達，多様・高級・短サイクルのファッション性の高い商品の国内生産という，製品差別化型国際分業体制が構築されることになった。

### ２．２　プラザ合意と産業構造調整

1985年のプラザ合意を境に，急激な円高に向かったことについて，この激変を予想し，中小企業観の転換の必要を説いた**佐藤**［3］がある。1963年に中小企業基本法が施行され，それから20年を経た時点で「日本中小企業問題の到達点と研究課題」を整理し，遅れて工業化を開始した「後進資本主義国日本特有の中小企業“問題”論」ないしキャッチ・アップ型中小企業問題論からの脱却が必要であると主張し，西欧諸国と途上国が，日本中小企業の達成した「成果」を評価する世界的視点が必要と述べた。事実，当時 NIEs 諸国は，中小企業の育成に乗り出し，モデルとして日本型下請分業システムの移入に取り組みはじめたのである。

その後，1987年の全国大会は，プラザ合意を契機とする急激な円高に対する産業構造調整問題を集中的に討論する場となった。わが国の産業構造は，それまでの輸出偏重型から，国際分業重視，つまり，内需拡大，輸入拡大，海外生産重視型へと転換せざるをえなくなったのである。

**村上**［7］は，国際経済学・開発経済学の立場から，積極的産業構造調整を主張した。そこでは，国際経済の構造的不均衡を招いた生産・輸出重視の経済政策と，その結果作り上げてきた「フルセット型」生産構造を打破し，消費・輸入重視の経済構造への転換を主張する。そのためには中小企業を中心とする比較劣位部門の保護を否定し，先端技術産業やサービス産業などへの事業転換を推進すべきであり，さらに進んで国際的な立地転換，すなわちNIEs, ASEAN 諸国への直接投資による，雇用創出，技術移転，輸出化に貢献すべきであるとする。**井上**［7］は，産業構造調整と雇用問題の視点から，比較優位部門の，貿易摩擦対策としての欧米移転と，比較劣位部門の途上国移転が進み，正規労働力の縮小と非正規労働力の増大という形で雇用問題が深刻化していると指摘する。**坂本**［7］は，急激な円高の下での産業構造調整を，「開かれた協調型の国際社会」への移行と見る立場から，下請け企業に影響を及ぼす諸変化を，①コストダウンの推進，②非価格競争力の強化，③生産の海外シフト，④現地調達率の増大，⑤輸入品の増大，⑥国際分業の拡大，の６点にまとめている。**森**［7］は，円高の影響が中小企業に段階的に波及する様子を，①輸出契約の停滞と外注単価の切り下げ，②既存海外工場における第三国向け生産の拡大，③海外進出企業による製品輸入の増大（ブーメラン効果）に区分した。**河崎**［5］は，「産業調整と中小企業」を地場産業に対するアジアの追い上げの視点から読み解き，地場産業が再生と（サービス業への）事業転換を図っていると述べる。**加藤**［4］は，海外進出する中小企業が業界では上位層の企業であることを指摘し，アジア進出企業の現地経営環境の変化を，低賃金労働力確保から，現地及び周辺市場への販売強化へとまとめ，その際に直面する諸問題の解決を検討している。**高田**［6］は，輸出中小工業の国際分業の進展とその対応を自転車・同部品工業の事例によって示す。すなわち，1960年代初めから80年代半ばまでに次の三つの変化があった。①仕向け地が東南アジア向けから北米及び欧州向けにシフトした。②完成車比率が激減し，部品の比率が高まった。③部品についても労働集約的で高度の技術を必要としない部品は台湾での生産が進み，国内では技術集約的機能的中枢部品の生産特化が進んだ。70年代の円高過程で，台湾自転車産業は，日本からの技術移転を進め，輸入代替と輸出化を進めた結果，東南アジアの低・中級車市場で日本製品を駆逐し，欧米向け高級車については，必要に応じ日本から輸入した機能的中枢部品を組みつけた完成車を輸出した。

## 3．世界の中の中小企業（1989年　第9回大会）

第9回大会では，「発展途上国と日本中小企業」，「先進工業国と日本中小企業」，「日本型下請システムの海外移転可能性」の三つの柱が設定された。

### 3．1　発展途上国と日本中小企業

**足立［9］**は，1985年のプラザ合意後の円高対応過程でのNIEs，ASEAN・4，および中国経済の躍進を，以下のように図式化した。第一局面では，円の独歩高となり，日本から韓国・台湾への直接投資が進み，そこからの工業製品の対米輸出増加が韓国・台湾の労働市場のひっ迫による賃金の高騰と対米ドル為替レートの上昇を招いた。第二局面では，日本・韓国・台湾からASEANの中でも比較的投資環境の良いタイとマレーシアへの直接投資が進み，輸出工業化が進んだ。第三局面では，対米ドル為替レートの下落した中国，フィリピン，インドネシアへの投資が進んだ。この間，第一局面では，欧米市場で日本に代わりNIEs製品のシェアが上昇し，第二局面では，NIEsとASEAN，中国から日本への製品輸入が増加し，第三局面では，日本企業の海外進出に伴う，日本の中間財・資本財供給基地化が確認された。

国際経済環境の変化の下での国内下請け中小企業の対応について，**村社［10］**が，大阪の機械関連下請中小企業の事例を使って，手際のよい総括をしている。まず1985年の急激な円高以降の親大企業の経営戦略の変化として，内需主導型成長への展開と，製品の高付加価値化，多角化，生産の国際展開の本格化がある。このような経営戦略の下で，外注下請け政策には，①VA・VE指導の強化による“コストと品質のつくり込み”，②内需対応の「看板方式の導入」や「情報ネットワークの構築」，さらには“承認図”発注への下請け中小企業の参画要請があり、③グローバルな視点からの下請独自の顧客・市場開拓の要請がある。

### 3．2　日本型下請システムの海外移転可能性

**中村**［1］が日本の製造業における下請制生産を，「垂直的統合と市場利用との中間形態である」として，これを「準垂直的統合」と性格づけたことは，その後の国際比較研究における重要な視点の一つとなった。また日本型下請システムの欧米への海外移転可能性を検討した池田の一連の研究は，アジアにおける日本型下請システムの移転を考える上でも示唆に富んでいる。**池田**［2］［4］は，わが国の量産型機械工業（自動車とテレビ）の国際競争力を支える下請構造について，英国との比較を行い，①外注依存度の高さ，②親企業によって組織化された重層的下請構造，③専属的にサブアッセンブリィを担当する下請企業の存在，などによる分業生産効率の高さをあげる。さらに**池田**［5］は，日本型下請システムの末端には，重点下請工場が労働集約的組み立て作業の農村工業化を図ったことがあるとし，このようなシステムの海外移転は容易ではないと指摘した。この点については日本自動車産業の米国進出事例を検討した**高橋**［9］**と池田**［9］も問題意識を共有している。また**池田**［12］［14］［18］によれば，ローカルサプライヤーが日本的経営や生産技術，製品技術を吸収するために日系企業との合弁関係や技術提携を結ぶケースが増え，その動きが中小企業にもおよびつつあるという。

アジア，北米，欧州に進出した機械・同部品企業の経営動向や部品調達・外注利用状況のアンケート調査を実施した**河崎**［9］によれば，海外では「現地外注」，「内製化」，「日本からの持ち込み」を使い分けており，円高と進出先政府の要請により現地企業からの調達努力が行われている。現地企業に技術指導，原材料支給，設備貸与などを行い，将来的には日本の「協力会」的な組織を設立したいという意向を持つ企業が多い。

## 4．新しいアジア経済圏と中小企業（1993年　第13回大会）

アジアをテーマとした最初の大会であり，この大会以降，特定国や特定テーマに関する優れた研究報告がなされるようになった。

### 4．1　アジアで直面した諸問題とその解決

**足立**［13］は，日本企業，特に経営資源の乏しい中小企業がアジアで直面する諸問題を指摘した。①言語の壁：双方にとって外国語である英語でのコミュニ

ケーションは難しい。②人種・宗教・文化の壁：日本人は，多民族・複合社会での生活や経営に不慣れである。③学歴社会の壁：東南アジアの高学歴エリートはホワイト・カラー志向が強く，生産現場への関心が乏しい。④同族経営の壁：合弁のパートナーは同族経営であることが多く，要職を一族が独占する。⑤商業資本の壁：設備投資や公害対策などに関心が乏しく早期の配当を求める。⑥ミドルの壁：同族以外の者の昇進の余地が乏しく，優秀な若手が離職して，ミドルが不足する。⑦ジョッブ・ホッピングの壁：定着率が低く，わずかの俸給の差で他社に引き抜かれる。⑧親会社の壁：日本人駐在員が本社と現地パートナーや従業員の板ばさみになる。さらに**足立**［14］は，中小企業の海外進出成功の条件を，準備段階と生産開始後に分け，以下の諸要因を指摘した。進出の準備に当たっては，①意志決定は，社長の陣頭指揮のもと全社一丸となって行う。②必要な情報の入手に当たって，自社の諸条件を勘案した情報を，自らの努力で入手する。③派遣する人材は実務能力の優れた者を早めに選抜し準備させる。④現地のパートナーは，人格が優れ，事業意欲に富み，業界事情に精通する人物を選ぶ。生産開始後は，①双方の信頼関係を基礎にトラブル対策に取り組む。②生産及び経営管理につき，担当者の日本研修を行い，現地化の努力をする。③品質・コスト・納期について競争優位の確保と維持に努める。関連論文として，**村松**［11］は，パートナーとの信頼関係及び職務遂行能力の高い人材を派遣することの重要性を指摘し，**米倉**［19］は，社長の海外志向性とリーダーシップの重要性を強調する。**伊藤**［15］は，宮崎県の企業の事例研究から，国内での成長発展こそ，国際化の先行要件であるとし，窮迫型の国際化の問題点を指摘している。

### 4．2　フルセット型産業構造から「アジア大での分業構造」へ

**石野**［14］［15］は，価格破壊の背景にあるアジアからの低価格製品の輸入元がNIEs からASEAN・中国にシフトしていることを示し，海外生産シフトによって，フルセット型産業構造が，ハーフセット型に転換しつつあるとし，中小企業が「アジア大での分業構造」の中に，共生の道を見出すべきであるとする。**福島**［18］は，アジア大の産業構造と地域経済圏が形成されつつあるとの認識の下で，中小企業の構造再編を促進し経済民主主義の確立を主張する。これに対し，**植田**［18］は，国内生産の縮小によって，下請けとの長期継続的な取引関係自体が崩壊の危機に瀕しているとし，中小企業の自助努力の重要性を指摘する。

### 4．3　台湾の中小企業と中国経済

**劉**［14］は，台湾の対米貿易黒字に起因する通貨切り上げと中国の改革開放の進展で，対中貿易・投資が活発化し，台湾の技術と資金による中国市場の開拓が進んだことを明らかにした。**苗**［15］は，台湾の中小企業が中国への直接投資を行う「三来一補」方式に注目する。すなわち，原材料・部品・サンプルを供給（三来）して，中国側は加工賃を受け取り，輸入した技術・設備の代金を製品で返済する補償貿易（一補）を行うのである。**松永**［14］は，台湾経済発展の担い手について，発展の過程で家族経営から近代企業に移行が進むが，家族経営の地位の低下は相対的であり，実数は企業者数，従業者数，生産額，付加価値額ともに増大しており，ここに台湾経済の活力が表れているとする。家族経営の労働集約（低賃金），資本節約（高い資本生産性）的性格は明らかであり，家族経営と企業経営の組織特性の違いを生かした分業体制に台湾経済発展のカギを見出す貴重な研究成果である。

### 4．4　中国およびASEANの事例

**清成**［13］は，中国の地域経済の構造変化の検討を通じ，高成長の沿海地域に対して地域格差是正のための内陸郷鎮企業による草の根の工業化の重要性を指摘する。日中合弁服飾企業における技術移転を検討した**欒**［21］は，余剰人員を整理した上で工程別分業を徹底した紳士服の生産技術を移転し，日本側は日本市場での多品種少量化に伴い，スーパーから百貨店，専門店へと高級化を実現し，中国側は，製品の20％を国内市場に投入する権利を行使してグループ企業としての成功を収めたと述べる。この間，延べ1,000人近くの研修生を日本に送っている。**松岡**［21］は，参入が容易で企業数の多い重慶のオートバイ産業における部品取引について，重要部品を内製する日系メーカー以外は，外製部品に依存して組み立てに特化しており，部品メーカーも専属的ではなく平均16社に納入しているという。**村上**［21］によれば，ミノルタの情報機器部門の広東省進出に際し，中小サプライヤー6社が，親企業からの要請なく同省に進出し，日本の進出企業が共同で設立したインキュベーター施設への入所によって初期投資を節約するなどの経営努力により，現地ではミノルタ以外の同業他社への納入にも成功したという。他方，海外での利益を日本に還元して，国内で設備投資や研究開発を行った結果，電気，自動車，医療などの他産業への納入拡大に成功し，売上高・従業

員数を維持しており，後述する「空洞化」議論に一石を投ずる優れた先行研究である。**小林**［13］は，タイとマレーシアの自動車産業の展開とローカルサプライヤー育成の現状を比較検討し，日系および欧米系の主要メーカーが進出し，商業車を優先する税制の下で，部品の国産化が進むタイに比べ，市場規模の制約が大きいマレーシアではマレー人優先のブミプトラ政策の影響もあり，部品メーカーの育成が遅れていると指摘する。1987年からドイモイ（刷新）政策を採用し，新たな外国投資法を制定・施行したベトナムへの関心は高く，**丹野**［16］は，95年のASEANへの加盟，米国との国交正常化などによって，今後，輸入代替工業化と輸出志向工業化が並行して進む中で，わが国企業にとってのビジネス・チャンスは大きいとみる。これに次いで関心が高まっているミャンマーの投資環境について**増田**［16］は，経済政策の不安定，二重為替問題，産業インフラの遅れ，民主化の遅れなどのマイナス要因を指摘する。

### 4.5　金型の技術移転問題

日本，韓国，台湾のプラスチック金型産業を取引関係と技術特性の視点から比較検討した**江頭**［22］によれば，日本では最終製品メーカーが成型品メーカー，大手金型メーカーと「デザイン・イン」の長期継続的取引関係を形成し，技術専門化や受注分野の特化が進んでいる。このため最終製品メーカーの海外移転と金型の海外調達は，国内金型メーカーの大幅な受注減につながる。これに対し，国内金型市場が狭小な韓国や台湾のメーカーは，輸出や中国への進出など，市場動向に応じて受注先業種を求め販路を確保しようとし，営業力を備えた新規取引確保のためのCAD/CAM導入にも熱心である。**斉藤**［24］は，政府や民間による金型の技術移転事例を紹介し，深刻な事例として，海外進出した金型ユーザーが，国内におけるメーカーからユーザーへの図面の無償添付の慣行を利用して，海外の同業者に流用し，アジア全域に拡大したという。金型工業会の訴える事態の深刻さを受け止めた経済産業省も大手金型ユーザーの指導に乗り出したが，中小メーカーにとって国際特許の申請や訴訟維持費の負担は重荷であり，改善のめどは立っていない。日本では典型的な中小企業性業種である金型製造業について，**兼村**［28］は，中国には従業員1000人以上の民営金型メーカーが存在することに注目し，まったく新しいビジネス・モデルの存立条件を明らかにしている。

## 5．アジア新時代の中小企業（2003年　第23回大会）

アジアをテーマにした10年ぶりの大会であり，バブル崩壊後の「失われた10年」に呻吟する日本経済とは対照的に，順調に躍進するアジア経済，とりわけ中国経済における中小企業を取りあげた報告が多い。

### 5．1　温州モデルを中心に

**渡辺**［23］は，温州市の産業発展の４つの特徴に注目する。①民営小零細企業及び，国有や集団所有制企業の請負から出発した民営企業が担い手である。②温州人起業家が地元の資本で起業し，必要に応じ域外から技術者と現場労働者を確保した。③金属加工業者は安価な国産機械を用い，軽工業関連の小企業は地元で開発された簡便化機械を使用し，成長大企業は最新鋭の輸入機械を用いた。④歴史的に温州人が持っていた綿打ち直し職人の行商ネットワークが市場展開の鍵となった。**駒形**［24］は，渡辺の論点に加えて，計画経済期に公有部門で形成された技術的蓄積の利用の上に，改革開放期の増大する中低級品の国内需要向け生産を可能にする技術や産業機械の供給が実現したことを強調し，温州の起業家が，計画経済期の「技術的原始的蓄積」を活用したと指摘する。

いくつかの事例を紹介しよう。**伊藤**［30］は，浙江省義烏の雑貨卸売市場が，世界規模での卸売りの中抜きを可能にするまでに成長した理由を，超多品種安価柔軟供給にあるとし，そこに至る経過を，①行商の伝統に立脚した70年代の闇市，②県政府の支援による80年代の雑貨卸売市場の整備，③90年代に入っての中国最大規模の雑貨卸売市場の形成，と説明する。**林**［32］は，90年代に入り義烏の商人の生産者化が顕著であるとし，市場ニーズの変化に迅速に対応しつつ，膨大な海外需要を満たすために，自ら生産に参入し，外部の生産機能も利用する業態が生まれたと説明する。同様の例として，**顧**［26］は，中国最大の化繊織物生産地である紹興を取りあげる。水上交通の結節点に1988年に立地した紹興軽紡市場（テナントビル式卸売市場）の増築と拡張の歴史を指摘し，この間に，卸売業者が単なる流通から脱皮して，原料メーカー，織布メーカー，染色加工メーカーなどを組織化して産業資本化し，最終的には自社製品の企画開発へと進み，商業集積を歴史的基盤とする産業集積へと高度化したのである。**陳**［31］は，もう一つの事例として，瑞安市の自動車補修部品産業の発展をあげる。上海のOEM 部品

（組付け部品）を中心とする「完成車主導型」に対する，地場系民営補修部品生産企業が主導する「独自発展型」の事例である。ここでも全国を旅する養蜂商人によるトラック補修用部品市場の商機発見，地縁・血縁ネットワークを利用し，所有制改革により独立した職人を雇い入れての起業といった展開が見られる。

温州モデルの金融的側面について，**陳**［24］は，私営企業がタブー視されていた頃から民間金融が行われ，改革開放後に他地域に先行する躍進を支えたとする。同様に，**姜・辻田・西口**［33］は，2010年代に温州で発生した民間金融危機を，かつて温州経済を隆盛に導いたソーシャル・キャピタルが，投機的な活動を惹起し，負の側面が顕在化したものと説明した。

**陳**［28］は，『人民日報』の記事を丹念に整理し，1990年代以前の中国における中小企業政策前史を明らかにした。

### 5．2　自転車から電動二輪車へ

**駒形**［26］は，体制移行と産業発展の事例として，天津自転車産業を取りあげ以下の論点を整理している。①中国は産業の国際移転によらず，改革開放以前にすでに世界最大の自転車生産国であり，上海はその中心の一つであった。②1980年代まで上海での自転車生産を独占した国有企業集団は，雇用維持・福利厚生などの制度的桎梏により民営企業との競争上の不利を免れなかった。③1990年の参入規制緩和によって民営企業の参入が進み，国有企業集団から人材の流出が相次いだ。④国有完成車メーカーが構築した地域内外の部品調達網は，成長する地域の自転車産業をささえた。この流れの中で**駒形**［30］は，電動二輪車産業にも先発工業国にはない中国独自の産業発展の姿を見出す。日本の電動アシスト車に啓発され，複数のメーカーがフル電動二輪車の生産・販売に乗り出したのが1990年代で，2010年前後には年産3000万台近くまで増加した。その背景には，公共交通の整備の遅れとオートバイの代替需要があり，運転免許不要で量産向きの規格が採用され，専業メーカー以外にも自転車，オートバイ・メーカーの参入が相次いだことがある。近年，生産と生産地の集中が進み，一部に電動四輪車への進出が見られるという。

### 5．3　日本企業の中国進出，その他

上述の調査研究をもとに**駒形**［33］は，中国に拠点を持つ日本の製造業につ

き以下の５点をまとめている。①日本の国内調達コストよりも低く，整備されたインフラや厚みのあるサプライヤー群が利用できる。②対日供給の生産拠点として利用するには，厳しい生産管理が必要である。③高度な技術により非価格競争力を維持し，先進国市場に供給する場合，中国に進出する必要はない。④タイムリーに進出して中国市場で高い評価を確立し，経営の現地化を進めれば，事業機会の拡大につながる。⑤中国市場の質的向上の機会をとらえ，現地での試作や，調達先中国企業の技術･技能の指導を行う日系製造業には事業機会が開けている。

**丹下**［31］は，中国市場を開拓した，消費財メーカーの事例研究によって，マーケティング戦略成功の要因を三つ指摘している。①他社に先行してニッチ市場に高付加価値商品を投入する。②日本と同一製品を投入し，それをブランド名・商標などで強調する。③流通にも積極的に関与する。**増田**［23］は，中国における知的財産権をめぐる紛争に言及し，時にはコアコンピテンスのブラックボックス化が必要と提案する。また，必ずしも海外進出だけが選択肢ではないことを念頭に，**北嶋**［23］は，国際分業の進展に即して国内産業集積の再構築を検討する二つの枠組みとして，競争優位の維持に努め，集積内イノベーション・システムの構築を図る競合モデルと，貿易投資を基礎とする企業間連携や公的機関の支援・情報交換の仕組み作りを重視する協働モデルを提案する。

## ６．アジア大の分業構造と中小企業（2013年　第33回大会）

「アジア大の分業」を可能にする日本の中小企業の比較優位について**寺岡**［29］は，改正中小企業基本法は知識集約化による非価格競争力の強化に活路を求めているとしている。これを長期の産業発展史の文脈に置き換え，**港**［32］は，グローバル規模での3D・ICT 革新時代に入って，熟練技能や生産管理技術がデジタル技術によって代替され，わが国の競争力の維持が至難であると指摘する。このような産業競争力の低下を**太田**［32］は，日本企業の経営戦略やビジネス・モデル構築の遅れと，アジアの現地企業の成長という，サンドイッチ現象として説明する。根底には，擦り合わせ型からモジュラー型への転換の失敗と技術管理の失敗，グローバル市場のニーズを無視した高機能高価格商品へのこだわりがある。

### 6．1　途上国向け製品・技術の開発

**清**［32］は，広大な潜在市場のある低所得国の自動車産業において，日本的過剰品質を見直し，現地の２次・３次メーカーからの低価格部品の調達を可能にする「深層現調化」を進める動きが，日本の２次・３次サプライヤー群に及ぼす影響に警鐘を鳴らしている。**大橋**［37］は，途上国農民が共同出資で購入可能な小型籾摺り精米機を開発できれば，農民の所得向上，労働の軽減，家内手工業の振興につながると考え，農業機械を生産する日本の中小企業にBOP（Bottom of the Pyramid）ビジネスへの参加を呼び掛けた。

### 6．2　「空洞化」論議

1990年代には空洞化の懸念を表明していた『経済財政白書（経済白書）』は，2010年代には海外直接投資を経済活性化の手段ととらえるようになった。

**浜松**［32］は，一連の「空洞化」論議に触発されて，諏訪地域から海外に生産進出している中小企業を調査し，①国内で企画，設計，開発，量産立ち上げを行い，海外でグローバル受注を実現する。②海外で取引を開始した顧客の国内拠点から受注する。③配当，技術使用料などの利益を移転する。といった三つの要因が，国内拠点の業績向上をもたらすと指摘する。**山藤**［33］も，白書や政府報告書を利用して，これら三つの要因を確認している。**藤井**［33］は，海外直接投資が国内の業況の改善につながることを，進出の主目的別に統計的に確認し，副次的効果として，①異なる経営環境の下で仕事の進め方を見直し，②余剰経営資源の配置を柔軟に見直し新製品の開発につなげ，③内外の相乗効果を狙ったビジネス・モデルを構築すること，の三つをあげている。**兼村**［36］［38］は，長野県の中小企業39社のデータを収集して，進出先で開拓した納品先企業から国内でも受注し，さらに製品開発の支援業務を国内で受注する効果を再確認している。また，進出企業が現地で新事業を展開する条件として，「未充足需要」への「気づき」があり，そのような分野での日本からの輸入に代わる現地生産をあげる。**森岡**［33］は，海外進出が進んでいる電子部品および輸送用機械製造業について，海外進出しない理由を，テキストマイニング分析により定性的に分析し，電子部品については「少量多品種生産」，輸送用機械については「小回り，特殊，特化」に見出している。この点について**粂野**［35］は，上伊那地域で海外進出しなかった下請け中小企業は，創業以来の中核的技術を活用し，顧客の困りごとに対処す

る形で域外需要を取り込みつつ空洞化に対処してきたことを明らかにしている。一方，従来，統計的検証なしで論じられてきた撤退要因について，**丹下・金子** [35] は，アンケートデータを用いて仮説検証を行い，海外拠点の業況が悪く，親会社の出資比率が低いほど，撤退が発生しやすく，撤退には海外拠点の管理体制も影響していることを明らかにした。**関** [32] [34] は，タイへの進出を検討する中小企業にインタビューし，集積内企業の海外視察やビジネス・マッチングへの参加をはじめ，進出予定先の信頼できるコンサルタントの利用を薦めている。

### 6．3　労働力の問題

**関** [37] は，「ヒト」の国際化とマネジメント・プロセスの問題を取りあげ，外国人労働者の雇用増加に伴う顧客企業の多国籍化，現地従業員の満足度を高める経営目的の「国際」企業化，それにふさわしい技術の教育・指導方法，現地の労働集約と日本の資本集約の両生産方式の相互学習などへの配慮の重要性を指摘する。日系企業にとって，現地人材の昇進の扱いは慎重を要する問題であり，この点について，かつて**林** [14] で，アイテム―ライフサイクル型分業形態の決定メカニズムを検討し，生産移転初期の熟練技能労働が，製品の標準化につれて単純労働に代替される過程を明らかにした**林** [33] [35] は，日系企業は現地人材の登用が遅く，優秀な人材を引き付ける魅力に乏しいという問題について，「早すぎる登用」と「実力に応じた登用」という概念を用いて，短期的には，マニュアルの作成や資格等級制度の整備によって責任分担を明確化し，知識の専有を評価しつつ，長期的には，個人レベルの多能工化によって問題対処能力を高め，チームレベルでQCサークルや部門横断的プロジェクトへの参加を通じ，現地人材を納得させる育成・登用のシステムを構築すべきであるとする。加えて，「当該人材が成長機会を実感できる状況を生み出す」という，インセンティブとモチベーションに関わる重要な論点を提起している。

日本における外国人労働力の雇用について，**竹内** [38] は，外国人雇用確率が高いのは，従業者数が多い企業と，売上高が増加傾向にある企業であり，海外の企業や消費者と取引のある企業は，外国人を正社員として雇用する確率が高く，正社員へのオファー賃金が高いと外国人を正社員として雇用する確率が高くなり，低いと技能実習生を雇用する確率が高くなることを示す。技能実習制度は，低生産性中小企業の温存につながる。

### 6．4　個別国の研究事例

**Kan［25］**は，中央アジア移行経済諸国の中小企業についての萌芽的研究であり，カザフスタン，ウズベキスタンなど，開港場を持たない内陸国の市場経済化のためには，市場インフラの整備が必要であることがわかる。

**三浦［37］**は，「タイ料理」というナショナル・ブランドを有するタイのチリソース製造・販売業者を取りあげ，創業以来60年に及ぶブランド戦略，ASEAN域内販売促進と工場進出，人材育成の熱意を明らかにしている。

**前田［33］**によれば，計画経済から市場経済への移行と低開発からの脱却を目指すベトナムは，インフラの未整備，裾野産業の未成熟，自由貿易体制への適応など，困難が多いが，近年は中国の賃金高騰と政治リスクの顕在化，タイの人件費高騰などを背景に，日本企業の生産移管が進みつつあり，日本側の官民を挙げての支援を受けて，日本への留学や，日本での就労ブームが起こっている。

**弘中［37］**は，マレーシアに進出した金属・機械産業の中小企業４社が，進出当初の最大の納入先であった日系企業の撤退や事業縮小に直面して，苦境打開のために行った顧客開拓の努力とその成果を，以下の３点にまとめている。①顧客の要求にこたえるために，製品技術，製造技術，生産管理技術の応用能力を強化した。②特定顧客への売り上げ依存を脱し，同業他社や世界的企業との取引を実現した。③新たな業界の顧客開拓により特定製品のライフサイクルの影響を軽減した。背景として，国内市場規模は大きくはないが，歴史的・地理的・言語・民族・文化的条件が，欧米市場を始め，中国，インドなどへのアクセスのよさとなっていることがわかる。

**山本［32］**によれば，シンガポールでは，1990年代後半のアジア通貨危機や中国のWTO加盟といった環境変化で電機産業が停滞し，代わって医療機器産業が台頭した。背景には，アジア市場の中心に位置し，人種の多様性が周辺市場の開拓や，医療機器に求められる治験と生産の近接を可能にし，マレーシアから，優れた人材を積極的に誘致してきたことがあげられる。政府の政策立案・実行能力も優れており，中小企業にとって恵まれた参入・経営環境を提供してきた。

［後記］紙幅の制約で原稿を４割ほど圧縮した。元の原稿を希望する会員にはメールでファイルを送らせていただく。(adachi.fko@gmail.com)

# 中小企業の発展性と問題性

## —複眼的中小企業論の主張—

アジア中小企業協力機構理事長　黒瀬直宏

## 1．複眼的中小企業論

私は，中小企業を大企業への従属や低収益などの問題性から捉える戦前来の問題型中小企業論と，高度成長期以降有力となった，中小企業を経営の発展性や国民経済への積極的役割から捉える積極型中小企業論は，共に中小企業の本質に関する部分理論であり，「中小企業は固有の発展性を内在させているが，その発現を妨げる固有の問題性も課せられている。そのため発展性と問題性の統一物になる」とする複眼的中小企業論が中小企業の本質を正しく捉えると考える。「複眼的」とは中小企業の発展性と問題性を１つの理論的枠組みで「統一理解」する意図を示す。この理論の骨子は次のとおりである。

### (1)　市場競争の根幹は情報発見競争，場面情報の重要性

中小企業の本質を議論するため市場競争とは何かを考える。企業は種々の点で競争しているが，根幹となるのは情報発見競争である。自然発生的分業に基づく市場システムでは，昨日までの需要が今日は他の製品で満たされ，昨日までの価格が新技術の出現で今日は受け入れられないかもしれない。販売とは，売り手が社会的に妥当と考えて設定した価格で商品を貨幣と交換することだが，成功するとは限らない。商品は売れなくては商品ではないが売れるとは限らず，販売は「商品の命がけの飛躍」（Marx1962, p.120, 訳p.141）である。

企業は販売の不確実性を低下させるため需要と技術に関する情報の発見に向かい，投資など他の経営活動はその情報に従う。情報発見活動は１回限りの過程ではない。情報発見は新たな製品や技術となって市場を変化させ，それが他企業の

情報を不完全化し，情報発見活動をまた引き起す—という相互強制過程として永続し，経営活動の起点であり続ける。このため，情報発見活動こそが市場競争の根幹である。ハイエクは，競争を競争なしには誰にも知られないような事実を発見する過程としたが（Hayek1978,p.179），競争の本質を適確に表現している。

生産・販売の実践者である企業の情報発見活動は，実践中の出来事に基づく「その場その場で発生する情報」＝場面情報（今井・金子1988,p.44）の獲得が中心となる。そうならざるをえないだけでなく，これが販売の不確実性を減らすのに一番役立つからである。顧客の一言から新たな需要に気づき，思いもかけぬ失敗から新たな加工法を思いつくというのが場面情報の例である。本から得た情報はそれを書いた人はすでに知っているし，その本を読む人は皆知る。それに対し，場面情報はそれ自体としては意味のない出来事の背後にあるものを一瞬に察知すること，つまり暗黙知（ポランニー2003,p.48）によって得られたものだから，言葉で制限されない創造的な，独自の内容を持ち，「新しいこと」の源泉となる。このような，人が気づいておらず，「新しいこと」を可能とする情報こそが販売の不確実性を減らすのに最も有効である。

「新しいこと」を行うのを企業家活動と呼ぶと，企業家活動の中核は場面情報発見活動に他ならない。ただし，ここでの「新しいこと」とはシュンペーターの描く英雄的企業家による創造的破壊ではなく，市場で形成される需要・技術の基本トレンドの周辺での「新しいこと」である（したがって市場の参加者と少し違うことを行うのが企業家活動である）。なぜなら，基本トレンドとかけ離れたところでは販売は極めて不確実だからである。市場の基本トレンド周辺での場面情報発見活動（企業家活動）が情報発見競争の核となる。

### ⑵ 中小企業の企業家活動に関する有利性：中小企業固有の発展性

場面情報の発見に関しては分散認知の原理に基づく「中小規模の経済性」が働く。認知活動は個人の頭の中での孤立した記号操作ではない。人は他の人や記号システム（文献など）と知の共有ループを形成し，他の知を自分の知と統合しながら，孤立した個人では不可能な認知を行っている。つまり，認知活動の主体は個人だが，それは個人を部分として含む，知の共有ループで結ばれたシステムとして遂行される（西山1997,pp.18-31）。これが分散認知の原理である。

以下では私たちの文脈に即し知の共有ループを情報共有ループと言い換える。

中小企業は大企業より企業内においても企業の外とも情報共有密度の高いループを形成し，従業者一人当たりの情報産出量（情報生産性）を高められる。

企業内の情報共有ループは経営幹部の持つ情報を一般従業員が共有するマクロ・ミクロ・ループ（これにより従業員は主体的に情報発見活動を行なえる），一般従業員の持つ情報を経営幹部が共有するミクロ・マクロ・ループ（経営幹部の情報発見活動を促進），一般従業員同士が情報共有するミクロ・ミクロ・ループ（従業員それぞれの情報発見能力を高める）としてモデル化できる。構成員が少ない中小企業では全員が同時に同じ場所に居ることができる身体的近接性のため，不定形な場面情報の共有に不可欠な「フェース・トゥ・フェース」という「リッチな情報媒体」（Lengel and Daft1988）を主要情報媒体にできる。また，事業組織が単純だから部署間の壁はなく，企業全体に関する共通の解釈基盤の形成も容易である。このため，コミニュニケーションを阻害する内部障壁がなく，構成員はいわば精神的にも近接している。この２つの近接性のため，中小企業では３つの情報共有ループにおいて構成員の強い結合度に基づく高密度の情報共有が可能となり，これを基に大企業より効率的に場面情報を発見できる。

企業は顧客や他企業とも情報共有ループを形成している。中小企業は地域内の身体的に近接した顧客を対象にしていることが多く，「フェース・トゥ・フェース」を使いやすい。また，大企業は大規模システムに適合した需要しか相手にできないが，システムより人間が優位の中小企業では顧客の都合を優先でき，顧客と精神的にも近接できる。このため顧客との結合度を強められ，需要情報など効率的に場面情報を発見できる。また，中小企業は外部経済獲得のため地域産業集団として存在していることが多く，他企業と身体的，精神的に近接しており，強い結合により自身では得られない異種の情報を獲得できる。

生産に関する「規模の経済性」は経済性の一種でしかない。場面情報発見活動（企業家活動）に関しては，中小規模のもたらす「近接性」により分散認知の原理が有効に働き，情報共有の有利性に基づく「中小規模の経済性」が生じる。これが中小企業に固有の発展性をもたらすのである。

ただし，この経済性は自動的には生ぜず，経営者自身の情報発見活動，情報共有ループ構築に必要な民主的な人間関係形成，従業員を納得させうる戦略など，経営者能力に強く左右されることに留意すべきである。

中小企業は場面情報を基盤に次のような発展をする。場面情報は独自性が強いだけでなく，特に技術情報に関しては専有度も高いから，中小企業はその蓄積により情報の専有性に基づく参入障壁（情報参入障壁）を構築し，過当競争から免れる「独自市場」を獲得する。商品生産者にとって販売の成功とは社会的に妥当と考え設定した価格を市場でも認められることだから，販売の確実度は商品生産者の価格形成力で表現される。中小企業は「独自市場」の形成で価格形成力をつけつつ発展するのである。また，「独自市場」は，需要が多様で変化が激しく，規模の経済性の発揮が困難な一方，企業家活動の重要性が特に高い需要多様分野で構築しやすく，ここが中小企業発展の舞台となる。

### ⑶　大企業体制と中小企業問題の発生

しかし，中小企業が大企業体制下にあることが，企業家活動による中小企業の発展性を抑制する。大企業体制とは，資本の集積・集中を高度に進め，高い市場集中度と高い参入障壁を持つ独占的市場構造を形成した寡占大企業が，中枢産業部門を占める産業体制である。大企業体制下では大量需要を擁する中枢産業部門の寡占大企業が経済全体の拡大再生産の速度や方向をリードし，中小企業の大きな経営環境を形成する。さらに，以下の市場での行動が中枢産業部門を起点とする取引関係や各種市場での競争関係を通じ中小企業に強く影響する。

巨大な生産システムを構築し，巨額の固定費を抱える寡占大企業にとって「販売の不確実性」はより重大化している。だが，寡占大企業は「販売の不確実性」を低下させるのに，情報発見に加え新たな手段を手に入れた。「不確実性」をもたらす市場の変化そのものを管理することである。この行動が次のように中小企業の資本蓄積を妨げる中小企業問題を引き起こす。

①収奪問題：寡占大企業は独占的市場構造を基に，販売の２つの不確実要因，価格と需要を管理する。価格に関しては販売寡占を基に寡占大企業が協調して市場価格を社会的平均以上の利潤率を得られる水準に引き上げる。また，購買寡占の力で購入価格を引き下げ，市場価格が下がったとしても十分な利潤が得られるようにする。需要に関しては，大々的な販売促進活動や消費者の目先を変える製品変更政策により「消費者の自由裁量を企業にとって耐えうる限界内に押しとどめておく」（ガルブレイス1972,p.285）。この需要管理により価格管理力も高まる。

価格管理は寡占大企業の中小企業への販売価格の引上げ，中小企業からの購入価格の引き下げ，いわゆる中小企業における「原料高・製品安」問題として現れる（理論的には大企業より大きな中小企業の相対価格—販売価格／購入価格—の低下というべき)。これは中小企業の生産した価値が奪われることだから収奪問題と呼ぶ。なお，価格関係を通じない収奪もあるが，指摘だけにとどめる。

②**市場問題**：寡占大企業は既存市場での設備投資には慎重である。供給増加で寡占大企業間の価格協調が崩れる危険があるからである。そのため利潤拡大のためには寡占大企業が存在しない他分野にも進出する。これは同時に「販売の不確実性」を低下させる手段でもある。事業が一市場分野に限られるならば，価格・需要を管理しても，製品ライフサイクルやその製品特有の景気循環の影響を脱することはできないが，市場を多角化すれば，各市場の販売変動は相殺され，「販売の不確実性」は低下するからである。

市場多角化には製品多角化と地理的多角化がある。寡占大企業は製品多角化の一環として，寡占大企業が存在していない中小企業分野へ進出し，大量生産による低価格で中小企業から市場を奪うことがある。また，まったくの新産業部門にも進出し，その関連分野で中小企業向けの市場を創り出す一方，交代的に衰退する旧産業に関連する中小企業の市場を縮小する。また，地理的多角化は輸出市場への進出から始まるが，輸出増加により為替レートが上昇すると輸出中小企業の国際競争力が低下する。地理的多角化が海外直接進出へ進むと，分業関係の国際化を通じ国内に向けられていた発注が海外へ流出し，国内中小企業の受注は縮小する。以上に，需要減少の際に中小企業への外注比率引き下げ（内製化）により中小企業の市場を奪うことも加わる。中小企業は次に述べる経営資源問題も抱えているので，市場縮小に対応できない。寡占大企業の行動により，中小企業の市場が縮小するのが市場問題である。収奪問題が中小企業の生産した価値を奪うのに対し，中小企業の価値実現の機会を奪うものである。

③**経営資源問題**：寡占大企業は以上で述べた市場管理の実行やその土台となっている巨大大量生産システム構築のため，大量の資金を必要とする。一方，金融部門で生まれた寡占銀行は資金需要が大量で，大きな預金源でもある寡占大企業との関係を密にしようとする。利害の一致した両者は単なる取引関係を超えて資本的・人的結合に基づく企業集団の形成にも進む。寡占銀行との関係を緊密化した寡占大企業は金融市場での需給関係の影響をあまり受けることなく，優先的に資金供給を受けることができる。このため，中小企業への資金供給は寡占大企業の資金需要によって左右される。中小企業は収奪問題により内部資金を蓄積でき

ないことも加わり，資金難に陥る。

中小企業は収奪問題により賃金支払い能力が乏しく，収奪をカバーしようとして労働時間も長くなる。また，寡占大企業は強力な販売促進活動を通じ企業情報の発信を続け，需要を獲得するだけでなく，人々のその企業への所属欲求も引き起こす。これらにより中小企業は寡占大企業に労働力を奪われる。

中小企業の労働力不足には仕事量に見合った従業員を確保できない量的不足と中核労働者が不足する質的不足がある。中核労働者とは変化への柔軟な対応力を持つ若年労働者，熟練技能・技術開発・マーケティング能力を持つ専門人材，マネジメント能力を持つ管理人材，企業存続に必要な経営後継者などである。量的不足は不況期には緩和するが，質的不足は不況期でも続く慢性的問題である。

以上の，大企業に経営資源を優先吸収され，中小企業が経営資源不足に陥るのが経営資源問題である。これは中小企業の価値の生産能力を抑制する。

### (4) 中小企業は発展性と問題性の統一物

以上の中小企業問題を課せられているため，中小企業は企業家活動による発展性の発揮を抑制される。重要なことは，中小企業問題は中小企業の企業家活動そのものを廃絶するものではないことである。中小企業問題があっても場面情報の発見に関する「中小規模の経済性」はなくならず，また，企業家活動に適している需要多様分野もなくならないからである。そのため，中小企業は企業家活動の有利性からの発展的作用と中小企業問題からの発展抑制作用による「二重の制御」（ポランニー2003,第Ⅱ章）を受け，「発展性と問題性の統一物」になる。

「二重の制御」は階層秩序における下位層が自分自身の秩序原理と上位層の秩序原理に同時に制御されることで，どの階層秩序でも見られる。この「二重制御の原理」が市場における階層的競争構造―中小企業同士の企業家的競争の上に中枢産業部門の寡占大企業同士の，市場管理的手段を使う非企業家的競争が行われていること―でも働いているのである。

ただし，「発展性と問題性の統一物」といっても発展性と問題性が対抗し合う動的な統一であり，両者の力関係により「統一物」の姿は変化する。すなわち，中小企業は競争により，問題性を打破し発展性を十全に発揮する「企業家的中小企業」，発展性と問題性を共に抱える「半企業家的中小企業」，問題性に押しつぶされ，発展性を消失した「停滞中小企業」に分化する。「発展性と問題性の統一物」

という中小企業の本質は，競争を通じ中小企業発展の多様性として現象する。

以上のように中小企業の発展性と問題性は，共に，商品生産者が等しく抱えている「販売の不確実性」に根源があり，かつ「二重制御の原理」で結合しており，こういうものとして両者を「統一理解」できる。この理解に立つと，中小企業を発展性あるいは問題性においてのみ捉える積極型，問題型中小企業論は部分理論とせねばならない。

## 2．高度成長期以降の中小企業の発展性と問題性

次に，この複眼的中小企業論を戦後中小企業史に適用するが，紙幅の都合で高度成長期以降を取り上げる。なお，以上では中小企業問題は寡占問題という点を明示するため「中小企業」に対し「寡占大企業」を対置したが，非寡占大企業も中小企業問題と無縁とは言えず，中小企業問題は寡占大企業を筆頭とする大企業セクターが起こす。そこで，以下では「寡占大企業」に替え「大企業」を用いる。

### ⑴　高度成長期（1955～73年，実質GDP年平均成長率9.3%）

大企業は朝鮮戦争特需をきっかけに資本蓄積を急速化し，1955年の戦後復興達成をもって大企業体制は復活した。だが，この時期の重化学工業の国際競争力は劣弱で，産業基盤は戦前と同じく軽工業だった。1950年代半ば以降，大企業は大量生産型重化学工業の導入を一斉に開始，60年代央には最新鋭の大量生産型重化学工業を基盤とする大企業体制が形成された。この戦後的特徴を持つ大企業体制を「戦後大企業体制」と呼びたい。

この大企業体制は，強力な国際競争力と殆どの重化学工業製品を国内で生産する国内完結型生産体制を柱に「輸出・設備投資依存」拡大再生産システムを内包していた。輸出部門が輸出拡大のために設備投資→設備を供給する部門でも設備投資→その部門に設備を供給する部門でも・・・というように生産手段生産部門が国内に揃っているため設備投資の連鎖が起きる。それにより雇用が増え消費財需要が増加すると消費財生産部門でも設備投資がおき，これも生産手段生産部門間の設備投資連鎖を引き起こす。日本はこの仕組みで73年まで高度成長を，減速経済期（74～90年）にも他先進国以上の成長率を実現した。

高度成長は戦後復興期（1945～55年）に深刻化していた中小企業問題を緩和し

た。中小企業市場の拡大が中小企業の相対価格上昇を可能にし，収奪問題は後退した。産業の新旧交代で市場を失う中小企業も現れたが，重化学工業化は中小企業にも新市場を生み出したため市場問題も後退した。一方，経営資源問題は悪化した。中小企業は，大企業への融資集中機構の形成で資金不足に陥ったが，特に問題になったのは，中小企業が高度成長により労働力需要を大きく増やした大企業に労働力を奪われ，賃金の急上昇にも直面したことである。

以上の変化は中小企業に革新を促した。中小企業市場の拡大を企業家活動の追い風にし，労働力不足・賃金上昇を近代化の機会に転じた中小企業が発生した。その代表が戦前には見られなかった「量産型中小企業」で，重化学工業大企業部門の上・下流の需要多様分野を中心に現れ，この期の代表的発展中小企業（時代毎に変化する需要や技術の基本トレンドに沿った企業家活動で発展した，その期の中小企業の発展を代表する企業）の主流をなした。合理的工場内分業と専用機の体系で武装し，戦後復興期の代表的発展中小企業の「輸出中小工業」（労働集約的な社会的分業生産システムで強い輸出競争力を発揮した軽機械工業）を大きく上回る量産性を実現，中小企業ながら規模の経済性による発展を本格化させた。産業の重化学工業化時代にふさわしい中小企業である。

また，1960年代後半，従来のミゼラブルな零細企業と異なり，専門能力を持ち，能力発揮を目的に開業した「高能力型零細企業」が現れた。この中には「量産型中小企業」への成長途上の企業もあったが，重化学工業内での高加工度化を背景に，独創的な製品や高加工度品を開発する「高能力型零細企業開発型」もあった。「量産型中小企業」は技術的には専門性を獲得していたが，販売は大企業の外注に依存するなど，「独自市場」の開発には至っていない「半企業家的中小企業」だった。それに対し，このタイプは需要情報に敏感に反応した製品・技術開発で「独自市場」構築に成功した「企業家的中小企業」だった。

以上のような企業を先頭に，中小企業は戦後復興期の大宗だった低賃金を基盤とする「停滞中小企業」から技術を基盤とする企業へ脱皮した。後発資本主義国特有の低賃金基盤がもたらす「二重構造」は解消し，中小企業問題は近代的中小企業を前提とする先進国型へ移行した。

### ⑵ 減速経済期（1974～90年，実質GDP年平均成長率4.1％）

1973年のオイルショック・物価急騰で発動された総需要抑制策をきっかけに，

旺盛な設備投資が生み出した設備過剰が一挙に顕在化し，74年にマイナス成長を記録，以後，他先進国より成長率は高かったものの，減速経済が定着した。市場拡大の鈍化に対し，60年代後半に市場集中度を高め，独占的市場構造を強化していた大企業は，市場管理行動を積極化した。投資の需要弾力性を低め，生産量拡大でなく価格引き上げによる利潤獲得を狙い，購入寡占による仕入れ価格引下げにも注力した。特に下請単価に関しては，74・75年不況をきっかけに強力に引下げを進めた。以上のため中小企業の相対価格は低下し，収奪問題が悪化した。

また，大企業は74・75年不況による売上減をカバーするため内製化により下請市場を縮小した。本業の売り上げ鈍化による市場多角化の一環として中小企業市場への進出も頻発した。円レートは73年の変動為替相場制移行により一挙に上昇したが，大企業はME 化投資により輸出競争力をかえって強化，それによる累次の円高が中小企業の輸出市場を奪った。こうして，市場問題も悪化した。

経営資源問題のうち，資金難については，減量経営を進めた大企業の「銀行離れ」により大企業への融資集中が解消し，改善した。ただ，その恩恵を受けたのは一部の優良中小企業だった。有効求人倍率は低下し，中小企業における量的な労働力不足は解消したが，質的不足は継続した。

中小企業問題は資金難には改善が見られたものの，総じてこの時期から悪化が始まり，以後深刻化し，今日に至ることになる。

一方，この時期，中小企業問題悪化に抗し，中小企業の企業家活動も活発化した。所得水準上昇とこの期に始まったME 技術革新は60年代後半から進んでいた産業の高加工度化を産業構造変化の基本トレンドに変えた。高加工度化は企業家活動に適した多品種少量生産分野を拡大し，また，毎年のように加工精度の引き上げが必要になるなど中小企業に技術開発を求めた。これらを背景に唯一性の強い加工・製品の開発を経営の要とする「開発志向型中小企業」が出現し，この期の代表的発展中小企業となった。このタイプは，高度成長期の「高能力型零細企業開発型」と共通の質を持つが，それより広範囲に現れ（小規模層を含む各種規模，下請企業を含む各種業態で出現），中小企業発展の方向は，量産型中小企業に見られた量産性（低コスト）の追求から差別性（高付加価値）の追求へ変化した。

「開発志向型中小企業」の特徴は，第１に現場発の技術情報に基づく専門的技術と開発課題を探し出す需要情報など，情報資源が充実していることである。特に技術に関しては，量産型中小企業が大企業の指導に依存する部分が大きかったのに対し，自前の技術を確立し，大企業から技術的に独立した。第２に，ME 技術を積極的に導入し，製品･技術開発や多品種少量生産の効率化に役立てている。第３に，労働力不足への直面が，民主的な人間関係観に立つ組織運営を促し，情報共有を柱とする共同体的な企業家活動が広まった。第４に，74・75年の不況をきっかけに，市場開拓のため戦略的ネットワーク（共同受注や製品開発など，特定の目的を持って異種の経営資源を持ち寄っている中小企業グループ）を組み，他企業の経営資源を利用しあうようになった。

「開発志向型中小企業」にもいくつかのタイプがあり，技術開発，需要開拓の両面で企業家活動を十全に展開し，「独自市場」の構築に成功した「企業家的中小企業」が少なからず現れたが，多数派は大企業の技術開発を補完するタイプで，販路は大企業に依存し，「独自市場」構築には至っていない「半企業家的中小企業」だった。したがって，この時期における代表的発展中小企業の到達点は，技術面での大企業よりの自立，市場面での大企業依存と総括できる。

### ⑶　長期停滞期（1991年以降，1991～2018年実質GDP年平均成長率1.0％）

1990年代に入り大企業体制の変容が始まった。日本の中核産業，大量生産型機械工業はアメリカ発のICT 革新に出遅れ，累次の円高にも襲われ競争力を大きく低下，生き残りのため生産拠点を中国へ移転した。そして，ICTにより生産技術を急速に高めた中国企業と中国生産拠点からの輸入により東アジア大での分業関係も形成し，日本の国内完結型生産体制は東アジアベース生産体制へ歴史的転換を遂げた（生産の東アジア化）。

国際競争力の低下した国内大量生産型機械工業は，利潤創出を他国の経済拡大や円安に頼る受身的な輸出と労働コスト・外注コスト切り下げに依存せざるを得ず，日本の「戦後大企業体制」は「輸出・設備投資依存」拡大再生産から「受身的輸出・コストカット依存」拡大再生産に転換，1990年代以降日本経済は成長力を失い長期停滞に陥った。

経済停滞を引き起した生産の東アジア化は，中小企業問題を直接悪化させる作用も持った。その根源は市場問題の悪化である。大企業による生産の東アジア化が国内中小製造業の市場全体を縮小し，さらに大企業の国内中小企業への集中発注と内製化が中小企業の中でも小零細企業の市場を奪った。1990～2018年，従業者99人以下の出荷額は減少に転じ，特に，９人以下では90年を100とし18年に37,

10～19人では66と未曽有の市場縮小となった。

中小企業市場の縮小が収奪問題も激化させた。大企業は市場の縮小した中小企業に対し，「中国価格」を梃子に生産上の根拠なしに下請単価を切り下げ，下請企業がいよいよ応じられなくなると発注を中国に切り替えた。下請企業の食いつぶしであり，中小企業の近代化を進める機能もあったかつての下請制は変質した。一般価格でも相対価格の悪化が時と共に進行した。経済の長期停滞，中国製品流入により販売価格は低下し，新興国の急成長やアベノミクスによる円安で仕入価格は上昇したが，中小企業の販売価格は大企業より大きく下落，仕入価格は大きく上昇，結果，相対価格は大企業より低下し，その差は時と共に広がった。

経営資源問題のうち労働力不足に関しては中核労働力の不足が続いたが，特に深刻化したのが経営後継者難で，廃業増加の一因となった。さらに，生産年齢人口減少による労働力不足が2013年以降深刻化し，労働力の量的不足も発生した。また，減速経済期に好転した資金難が再発した。市場問題，収奪問題が中小企業の内部金融を苦しくすると共に，1997・98年の金融危機における金融行政（金融機関への「早期是正措置」導入と「金融検査マニュアル」の策定），98・99年の株価低迷と07・08年の世界金融危機おける大企業の間接金融依存が借入難も引き起こした。減速経済期に好転した資金難は根本的には解決されていなかった。

中小企業問題のかつてない悪化により，中小製造業は開業の減少，廃業・倒産の増加により長期継続的に減少を始め，特に小零細企業（19人以下）は2014年には1986年の53.0%に激減した。長期停滞期の中小企業問題は，従来，中小企業問題の圧力があっても増加してきた中小企業をついに減少に追い込んだ。

だが，寡占大企業の市場管理行動は中小企業の企業家活動を抑制する（この期には全体としては中小企業の革新は停滞した）が廃絶はしない。減速経済期に出現した「開発志向型中小企業」はまだ大企業の開発を補完するタイプが多かったが，進化も始まった。そういう企業の第1の特徴は，市場縮小打破のため，個々の顧客との情報受発信による「ワン・トゥ・ワン・マーケティング」を展開するようになったことである。これはマーケティング能力の不足という日本の中小製造業の宿痾を克服する歴史的な動きである。これにより需要面での「場面情報」発見活動も有効に展開し，市場面での自立化（「独自市場」の構築）に向かっている。第2に，減速経済期に始まった中小企業の戦略的ネットワークが，市場縮小に立ち向かうため種々のパターンに発展し，より多くの企業が形成に参加するようになった。第３に，これも減速経済期に拡大し始めたことだが，情報共有的組織運営をマネジメントの柱と位置づける企業が増え，発展している中小企業の共通の特徴になった。第４に，国内市場が縮小する中，大企業に頼ることなく主体的に輸出開拓や海外直接進出をする中小企業も現れている。その武器になっているのは価格競争力ではなく，差別化された製品や加工技術であり，いわゆるグローバル・ニッチ企業として発展している。

「開発志向型中小企業」のこのような進化により「独自市場」構築で価格形成力を獲得，産業の高付加価値化も進めている「企業家的中小企業」も増えている。大企業が日本経済を牽引する力を失っている今日における希望の光である。

#### ⑷　経済民主主義に向けて

アジア中小企業との直接的競争関係に入り込んだ日本の中小企業で今後発展しうるのは，「企業家的中小企業」に限らざるを得ない。また，多くの「企業家的中小企業」が生まれることが経済の長期停滞から抜け出す道でもある。今問われているのは，そのような中小企業の増加を阻害する中小企業問題解決のため，いかに大企業体制を改革するかである。戦後の中小企業政策は「中小企業庁設置法」（1948.8.1施行）の制定により本格化するが，同法は「健全な独立の中小企業」は経済力集中を防止し，かつ企業を営もうとする者に公平な機会を確保するから中小企業の育成，発展を図るとしている。これは多数者に経済力が分散している経済を創りだそうとしているのに他ならない。多数者が主人公になっている経済を「経済民主主義」と呼ぶことにする。戦後の中小企業政策は究極の目的を「経済民主主義」の実現に置き，そのために独立の中小企業を発展させるとしたのである。今，この理念を復活させ，「経済民主主義」を損なう大企業体制を改革し，「開発志向型中小企業」のような独立中小企業を目指す企業を一社でも増やすことが，中小企業と日本経済の再興につながると考える。

## ３．先行研究との関連

「中小企業は発展性と問題性の統一物」という複眼的な中小企業本質論とそれが戦後中小企業史の中でいかに現れているかを述べ，今日時点（2018年頃）での中小企業問題と中小企業発展の到達点も明らかにした。以上の論述は黒瀬（2018）

に基づいている。拙著（以下，本研究）の先行研究との関連は次のとおりである。

複眼的中小企業本質論は新古典派経済学の静態的競争概念と対極的なマルクス，ハイエクの過程論的な競争概念を土台にした上，２種の中小企業理論を引き継いでいる。第１は，戦後，伊東（1957），北原（1957），中村（1961）らのマルクス派中小企業論が展開した中小企業問題論である。これは，それまでのマルクス派研究と違い，日本資本主義の後進的特殊性からでなく独占資本主義一般の性格から中小企業問題の発生を説明するものだった。佐藤芳雄は産業組織論を援用しこの中小企業問題論を寡占大企業が支配と競争を通じていかに中小企業に問題性をもたらすかという「競争論的アプローチ」によって発展させた（佐藤1976)。本研究は寡占大企業の市場での行動を北原（1977）に依拠し，より広範に捉えることにより競争論的アプローチを拡大，中小企業問題が「収奪問題」，「市場問題」，「経営資源問題」として現れることを明らかにした。

第２は，1960年代以降，問題型中小企業論から転換した中村（1964），清成（1970）が提起した積極型中小企業論である。積極型中小企業論はそれまで無視されていた中小企業の発展性に光を当てたが，発展性の根拠を理論化していなかった。本研究はこれを中小企業の「場面情報」発見活動（企業家活動）に関する有利性に求めた。

なお，積極型中小企業論の理解に関しては瀧澤（1992）が有益だった。

中小企業の発展性と問題性を同時に視野に入れるべきと提起したのは佐藤（1981，1983）で，複眼的中小企業論の扉を開いた。同様の問題意識を持っていた筆者はこれに後押しされ，中小企業の発展性と問題性を別々にではなく「統一理解」できることを理論的に明らかにした。その際ポランニー（2003）で示された，階層秩序における「二重制御の原理」が「統一理解」に有効であった。なお，ポランニーの暗黙知理論は本研究の重要概念である「場面情報」の本質が暗黙知にあることを明らかにしてくれた。

本研究後半の戦後中小企業史に関しては，1970年代までをカバーした中村他（1981）しか利用できなかった。そのため，井村喜代子の戦後日本経済論（井村2000，2005）を土台に，一から戦後中小企業史を構築するほかなかった。

かつては，中小企業の本質研究が中小企業問題論や中小企業存立条件論などとして活発に行われた。だが，近年の中小企業研究はあれこれの経営論的研究に拡散し，本質研究は空洞化してしまった。本質研究と一体化しているのが史的研究であり，本質論への関心が失われれば，中小企業史への関心も失われる。本研究はこのような中小企業研究の現状批判でもある。

**〈参考文献〉**


1　ガルブレイス, J. K.（1972）『新しい産業国家』都留重人監訳，河出書房新社
2　Hayek, F. A.（1978）*Competition as a Discovery Procedure*; in New Studies in Philosophy, Politics, Economics and the History of Ideas, The University of Chicago Press, Chicago
3　伊東岱吉（1957）『中小企業論』日本評論新社
4　今井賢一・金子郁容（1988）『ネットワーク組織論』岩波書店
5　井村喜代子（2000）『現代日本経済論・新版』有斐閣
6　井村喜代子（2005）『日本経済――混沌のただ中で』勁草書房
7　北原　勇（1957）「資本の集積・集中と分裂・分散―中小工業論序説―」慶応義塾経済学会編『三田学会雑誌50巻７号』
8　北原　勇（1977）『独占資本主義の理論』有斐閣
9　清成忠男（1970）『日本中小企業の構造変動』新評論
10　黒瀬直宏（2018）『複眼的中小企業論：中小企業は発展性と問題性の統一物　改訂版』同友館，（初版2012）
11　Lengel, R.H., Daft, R.L.（1988）*The Selection of Communication Media as an Executive Skill*, The Academy of Management EXECUTIVE
12　Marx, K.（1962）*Das Kapital*, Karl Marx-Friedlich Engels Werke, Band 23, Institut für Marximus-Leninismus beim ZK der SED, Dietz Verlag, Berlin（岡崎次郎訳『資本論』マルクス・エンゲルス全集23巻，大月書店，1965）
13　中村秀一郎（1961）『日本の中小企業問題』合同出版
14　中村秀一郎（1964）『中堅企業論』東洋経済新報社
15　中村・秋谷・清成・山崎・坂東（1981）『現代中小企業史』日本経済新聞
16　西山賢一（1997）『複雑系としての経済』日本放送出版協会
17　ポランニー,M.（2003）『「暗黙知」の次元』高橋勇夫訳，筑摩書房
18　佐藤芳雄（1976）『寡占体制と中小企業』有斐閣
19　佐藤芳雄編（1981）『ワークブック中小企業論』有斐閣
20　佐藤芳雄（1983）「日本中小企業問題の到達点と研究課題」，慶應義塾大学商学会編『三田商学研究26巻５号』
21　瀧澤菊太郎（1992）『現代中小企業論』放送大学教育振興会

# 下請け・企業系列を中心に

同志社大学名誉教授　太田進一

## 1　はじめに

この報告のテーマの設定であるが，学会の統一論題の報告者の一員として指名され，次にみるとおり，学会の過去40年の統一論題のテーマから，比較的，統一論題として多かった「下請け・企業系列」関連の報告を思い立った。また，私個人の研究の経緯からも，これまでの研究の回顧と展望について私なりに探求する必要があると考えたからである。

本稿では，２節において，過去40年間の統一論題を範疇（グループ）化し，３節において，下請制や系列制の論争において，産業と地域の対象の異なりが，論争の相違をもたらしたことを考察している。「産業比較」「地域比較」「国際比較」の方法論を提起した。下請制では，自動車産業，電気産業，精密機械産業，繊維産業などにおいて発展を見ているが，ことに自動車産業での発展が顕著である。学会では自動車の下請制について池田氏，清氏，佐伯氏などの研究が牽引してきたことを紹介している。さらに，４節において，世界的な政治・経済の大勢が地球環境の温暖化阻止へと向かい，今後は電気自動車（ＥＶ）へと推移することを，必然的な流れとしてとらえている。５節では，京都で発展した企業を紹介し，「電動アクスル」を開発した企業をＥＶ化の流れの一環として紹介している。

## 2　これまでの全国大会40回分の統一論題の回顧

これまでの日本中小企業学会の統一論題を分類すると，次の通りになる。学会論集の第１号から最近の第38号に至る統一論題（日本中小企業学会.1982－2019），その後の２年分は学会の『会報』を参考にして，分類すると次の通りである。この分類基準や範疇分けは，人により異なると推測され，あくまでも私個人の基準によるものである。

①中小企業の経営・承継・起業９件，②産業構造・企業間関係・下請け７件，③中小企業の国際化６件，④中小企業の技術・情報・革新５件，④中小企業と地域経済５件，④中小企業問題・研究・存立基盤・役割・労働５件，⑤中小企業政策３件，以上40件。

中小企業を対象とした研究なので，それぞれの専門領域は多岐にわたる。私自身が研究の出発点にあたり，「境界領域の学問」としての認識から出発した（太田進一1987)。実際，専門領域は，経済学，経済政策学，商学，経営学，国際経済学，流通論，労働経済学，社会福祉，地理学，都市工学，等々，広範囲に及んでいる。その意味では，日本中小企業学会の特徴は，①学際性，多面性である。

また，②実態を対象に理論化を図る方法論が多くを占めている。その点で，他の学問や学会のように，理論や抽象を，具象や実態において検証するという方法をとる研究者が少ないという特徴がみられる。

また，日本中小企業学会の研究者の一部は，同時に，日本学術振興会第118委員会のメンバーでもあり，戦前から現在に至る多くの研究業績が，有斐閣叢書（1953～1984）として刊行された（第Ⅰ～第ＸＶ巻）（田杉.1953～水野外.1984)。廃刊後は雑誌『商工金融』（1965～2020）に引き継がれてきた経緯がある（一般財団法人商工総合研究所.1965-2020)。その研究業績の特徴も，学際性，多面性を特徴としている。また，この委託研究によって，中小企業研究の水準が引き上げられてきた経緯がうかがえる。

ほかにも，関連した学会，日本ベンチャー学会，関西ベンチャー学会の研究業績，ICBS，欧米やアジアに存立する中小企業の研究機関や学会，例えばスイス・サンクトガレン大学中小企業研究所，アメリカの中小企業研究機関，英国のSPRU（サセックス大学院科学政策研究所）等々，枚挙にいとまがないが，これらの研究成果の影響も大きい。さらに，国内では，地方調査機関全国協議会（地全協)，参加の調査機関，例えば九州経済調査協会などの中小企業の調査研究の成果も大きい。

## 3　下請制・企業系列制を中心に企業間関係研究を振り返る

ここでは，これまで日本中小企業学会において，統一論題として比較的，件数の多かった，「産業構造・企業間関係・下請け」（7件）を中心として，これまでの論議を振り返ってみたい。

周知のとおり，日本においては，最初は資本の節約として「下請制度，企業系列」が進展してきた。日本中小企業研究の出発点は，戦時協力工業として制度化されてきた「下請制・企業系列」であった[注1)]。

下請け制については，「小宮山・藤田」論争が，系列制については「藤田・小林」論争が，それぞれ戦前・戦後の中小企業研究者を巻き込みながら展開された。そこでは，論争の背景となった産業と地域は異なっていた点に注意しなければならない。藤田氏は大阪や福井などの関西を中心とした問屋制の残存していた繊維や機械金属を対象としていた。小宮山氏は，当時すでに関西に較べて工業発展していた京浜工業地域において，下請け制の発展していた機械金属を主体に，対極として都市スラムの労働に依存していた問屋制工業，家内工業であるマッチ工業を対象としていた。このような両氏における産業と地域における対象の異なりは，理論化の過程で，直接的，間接的に影響を与え，問題意識でもずれを生じさせ，小宮山氏が下請制工業の近代性を，藤田氏が下請制の本質において商業的支配を，各々主張されることとなった（太田進一. 1987）。

他方で，藤田・小林論争では，戦後の企業系列化の現象をめぐって，藤田氏が氏自身への下請制把握に関する研究者による批判を意識して企業系列を積極的に評価し，逆に下請制の小宮山理論を支持する小林氏は，下請制論に固執して企業系列化を批判することとなった。対象を一致させて議論しないと，現象をめぐる評価も違ってくるのは当然のことであろう。

やがて，日本の高度経済成長に伴い，自動車産業や電気産業，精密機械産業，繊維産業などにおいて，産業の発展とともに，重要な裾野産業として「下請制」「系列制」が形成され，発展してきた。

自動車産業では，混流生産下でのジャスト・イン・タイムシステム（JIT）に伴う，1次下請け（ティア1），2次下請け（ティア2）の構造の解明や，規模拡大による従来の専属下請けから，親企業の多数化の実態が明らかにされた。また，経済摩擦を通じて，日本の自動車完成品メーカーの進出，自動車部品メーカー，下請け企業の現地への進出と現地生産の実態が描かれた。

他方では，トヨタグループにみられる，㈱デンソーやアイシン精機㈱のように，トヨタ系列を超えた自動車部品の供給，世界の自動車メーカーへの供給，といった自動車部品メーカーとしての成長もみられるようになった。

JITがリーン生産として世界に普及していくとともに，他方では，日本の下請け制や系列化が欧米やアジア等で，ファミリー政策として普及していき，日本的経営を通じた日本の自動車完成品メーカーの強みも，世界の自動車メーカーへのその普及により，国際競争力も相対的に低下してきた。これまでの自動車産業での下請け・系列化に関しては，池田正孝氏（池田正孝・中川洋一郎.2005），清晌一郎氏（清晌一郎.1996）などの研究業績がみられる。最近のＥＶ自動車に関する研究業績では，佐伯靖雄氏（佐伯靖雄.1996，2015，2018）の研究業績がみられる。

下請企業や系列企業の動向に戻ると，電気産業においても，同様に階層的な下請け・系列戦略が展開されてきた。自動車産業と同様に，下請けによる親企業の多数化や，他産業への受注等の現象が確認された。しかし，薄型テレビなどにおける韓国や中国企業の低価格戦略に日本企業が敗れ，家電産業においても，近年，日本の完成品メーカーは国際競争力を急激に低下させている。親メーカーの東芝やシャープの業績悪化に伴い，下請けの再編成が進展している。

他方で，精密機器産業におけるカメラ産業は，日本企業はデジタルカメラの開発などで，欧米のカメラ企業を牽引してきたが，最近の携帯電話やスマートフォンなどにおけるデジカメ付き販売によって，カメラ産業そのものに先行きの見通しに明るさが見られない。さらに，新型コロナウイルス感染症（COVID－19）による経済活動や消費活動の停滞も大きく影響を与えている。このような状況下で，部品企業や下請け企業も大きな影響を被っている。

## 4　電気自動車（ＥＶ）への必然的な流れ

低成長経済への移行，環境問題の激化に伴い，自動車の排ガス規制や低燃費化が進展し，ハイブリッド車やＥＶ化が顕著になった。これまでの３万点にも達する自動車部品点数の削減が明確化してきた。ことに，電気自動車（ＥＶ）の登場により，次のような自動車部品は削減ないしは消滅していく運命にある。エンジン周辺機器の部品，あるいは，ステアリング，ブレーキ部品などが削減されるとみられる。具体的には，シリンダブロック，コンロッド，ピストン，カムシャフト，カム，バルブなどのエンジン部品である，また，燃料系，吸・排気系，潤滑系点火装置などのエンジン周辺機器である。さらに，油圧式パワーステアリング，油圧機器，倍力装置，マスタシリンダなどのステアリング，ブレーキ部品である（藤坂浩司．2018年２月）

それに伴い，これまで自動車産業にのみ供給してきた自動車部品メーカーや下請け企業は，脱下請け化による独自製品の開発や，自動車産業以外の産業への受注の獲得へと展開を始めた。

だがその半面で，後述するような，電気自動車の駆動機関である「電動イーアクスル」などの新たな部品（構成部品）や，充電部品や水素充填部品なども登場してくる。

今後の大きな流れは，地球温暖化の防止から，$CO_2$や排気ガスを排出しない自動車の生産へと向かわざるを得ない。1997年の「京都議定書」では，二酸化炭素，メタン，フロンガスといった温室効果ガスの総排出量の削減が決定され，2050年までに総排出量を半減させることが決定された。さらに，2016年には，「パリ協定」により，2020年以降の地球温暖化対策が決定された。

ことに，2020年に入って，新型コロナウイルス感染症（COVID-19）対策による経済活動や日常生活への影響から，経済復興を環境対策による「グリーン・リカバリー」によって始めようとの動きが出始めている。まさに「石油時代の終わり」が宣言されつつある。英国の石油大手のＢＰは９月14日発表の報告書で「石油消費はコロナ危機以前の水準には戻らないかもしれない」と語っている。化石燃料から，再生可能なエネルギーや，電気自動車（ＥＶ）への転換の動きなどが加速化していくと想像できる。石油は2050年までに半減すると予想しており，大きく見積もっても今後20年間は横ばいとみている。

また，アメリカの株式市場で歴史的な交代劇がみられた。石油大手のエクソンモービルが米国を代表するダウ工業株30種平均の構成銘柄から外された。新たに顧客情報ソフト開発のセールスフォース・ドットコムに代わった。米国の成長を牽引する代表株とは，みなされなくなったとも判断できる。脱炭素やデジタル化を象徴するとも思える背景には，再エネやＥＶの普及，水素の活用などで，石油産業がいずれは停滞するとの見通しがなされている。

2050年に温暖化ガス排出量を実質ゼロにする目標を掲げている欧州連合（ＥＵ）は，脱炭素の動きを強化する。21年から７年間の予算（総額1.82兆ユーロ）の３割を気候変動対策に当て，コロナ復興を加速させようとしている。米国の大統領選の民主党候補のバイデン氏は，２兆ドルの環境投資を約束している[注2)]。

現実に，電気自動車（ＥＶ）への動きを中心に各国の動向をみると以下のとおりである。ICVであるガソリン車やディーゼル車は，酸素と反応して二酸化炭素と水を生成するが，不完全燃焼して，有害な一酸化炭素，窒素酸化物，PM2.5を発生させる。そのようなことから，2016年あたりからガソリン車，ディーゼル車の販売禁止の動きが出てきた。

まず，2016年２月に，ノルウェーで，最大政党である労働党が2030年に新車すべてをゼロエミッションにすると声明を出した。その後，与党連合を構成する中道右派と野党連合を構成する中道左派が，2025年にすべてのガソリン車・ディーゼル車の新車販売を禁止すると発表した。その後，ノルウェー気候大臣が禁止はしないが，ゼロを目指すと改めて宣言した。この動きは，北欧諸国へ波及し，スウェーデン，オランダで，2030年以降に，ガソリン車･ディーゼル車の販売禁止，ハイブリッド車の販売禁止へと与党で議案を通過させ，環境大臣が同様に発言した。さらに，ドイツ，フランス，イギリスでも，2030年，2040年，2035年と両車種の販売禁止措置の年次に違いはあるものの，ＥＶ車への舵取りがなされている。スペイン，アイルランド，アイスランド，スロベニアでも，同様の措置が政府により発表された。スペインは2040年以降としたが，他の３か国はいずれも2030年以降とした。また，都市部においても，年次は異なるものの，2025年，2024年，2025年，2030年（最多で５都市）から，独自にガソリン車やディーゼル車，ハイブリッド車などの通行禁止措置が取られることとなった（EVsmart.2020年２月５日）。

中国では，現在，２種類の規制がかけられており，NEV 規制とCAFC 規則である。前者が2021年以降に適用される。NEVは，New Energy Vehicle 新エネルギー車のことで，BEV（電気自動車），PHEV（プラグインハイブリッド車），FCV（燃料電池車）が含まれる[注3)]。NEV 規制は，中国内にて台数が３万台以上を生産，または輸入する企業に対して，特定の比率以上のNEVの販売台数を課すことになる。CAFC 規制は，企業平均燃費を規制し，自動車の生産・輸入台数が2000台以上の企業が対象である。該当する企業は，CAFC 規制のみを順守すればよい（ビジネス+IT.2020年６月16日）。

クレジットをポイント形式で管理され，NEVクレジットは，原則，翌年への繰り越しはできない。しかし，企業間での取引はできる。CAFCへの等価転用も可能である。CAFCクレジットは，３年先まで繰り越しでき，かつ企業間での取引も可能である。NEVの生産を多くするほどCAFC規制の基準が緩和される。CAFCクレジットの計算方法は，CAFC目標値－CAFC実績値×生産台数（または輸入台数），である。

中国では，2019年12月に，2025年までに新車販売台数の25％，2035年には60％を新エネ車にする政策を発表したが，補助金の削減により新エネ車が販売台数を大きく減らしており，目標の実現が困難との見方がある（EVsmart.2019年12月18日）。

いずれにせよ，欧州や中国，アメリカ，インドなどでは，電気自動車（ＥＶ）への大きなうねりが感じられる。今後は，徐々に電気自動車の時代を迎えると考えられる。

## ５　企業城下町と下請け企業，地方企業

日本には，上記の自動車産業にみられる豊田市，電機産業にみられる日立市，建設機械にみられる小松市のような企業城下町や，地方特有の企業が形成されてきた。それらの地域は，中核企業を中心に，下請け企業や部品企業，材料企業などの関連産業，付属産業が外延的に発展を見ている。

京都は，中小企業の伝統産業の産地として形成されてきたにもかかわらず，その地場技術から新たな先端産業やベンチャー・ビジネスを生み出してきた。その成り立ちから見ると，豊田市や日立市，小松市のような企業城下町とは発展の経緯が異なった都市である。伝統と革新が共存する街なのである。環境変化や経済発展に対応して，企業成長してきた経緯がみられる。

例えば，西陣織物関連産業である金銀糸箔の福田箔粉工業㈱は，世界初の電磁波シールド用銅箔やプリント配線板用電解銅箔などを手掛けている。友禅産業のプリント技術の応用から発展した㈱SCREENホールディングスは，半導体・液晶製造装置のメーカーである。京焼・清水焼の技術を応用して，人工骨を開発した京セラ㈱は前身を京都セラミックと言い，電子部品メーカーであるが，今日は

KDDI，auのＩＴ企業としても活躍している。㈱村田製作所は，京焼の技術の応用によりセラミックコンデンサを手掛け，今日は電子部品メーカーとして発展している。また，オムロン㈱は，前身を立石電機と言い，アラカンの撮影所跡地の建物を利用し出発した。撮影所のプロデューサーシステムの導入により，電気部品であるリレー制御機器を手掛け，今日では制御機器，電子部品，社会システム，ヘルスケアと多岐に渡っている（田中敏夫.2013）。（JETRO.2015）。

精密小型モーターの起業から出発した日本電産㈱は，その後，モーター一般へと事業を広げるとともに，近年は，中国工場において，ＥＶ自動車用の駆動モーターの開発に成功している。

同社は，図１にみるとおり，電気自動車（ＥＶ）用の駆動モジュールである「電動アクスル（イーアクスル）」を５機種開発済みである。2020年１月中旬に，新規に開発した出力500kwのイーアクスル「Ni200Ex」，50kwの「同50Ex」，これまでにすでに発表済みの70Kw「同70Ex」と100kwの「同100Ex」，150kwの「同150Ex」と，合わせて市場に供給できる体制を整えた。50kwのイーアクスルで「軽自動車タイプ/Aセグメント」を，70kwで「A/Bセグメント」を，100kwで「B/

**図１　セグメント別のＥＶ用駆動モーターの開発**

出所：『日本経済新聞』2020年２月25日。

Cセグメント」を，150kwで「C/Dセグメント」を，200kwで「D/Eセグメント」をカバーしている。200kwを超える大型のＥＶには，前後輪に１つずつ，２個のイーアクスルを搭載することで400kw出力の大型ＥＶにまで対応できることになる。これは「世界の98%の車両セグメントを網羅している」という。すでに，５機種すべてを自動車メーカーから受注しており，今後の量産体制については，ＥＶの発売時期に合わせた，2020年に100kw品を，22年に50kw品を，23年に200kw品を供給できる体制を組んでいる。

受注は，中国自動車メーカーからはもちろん，ヨーロッパの自動車メーカーからも受注しており，日本の全自動車メーカーからも引き合いが来ており，系列外の取引である「脱系列」が現実化しつつあると語っている。

自動車メーカーが同社に関心を寄せる理由は，図２にみるとおり，次の３つである。①開発スピードが速い，②小型・軽量化に優れている，③コストが低いこと，である。

通常は，自動車部品の開発には，３～４年かかる。日本電産では，最初に手掛けた150kwの製品の開発では，１年半で開発し，２年で量産している。中国企業

**図２　同社が自動車メーカーから関心を寄せられる理由**

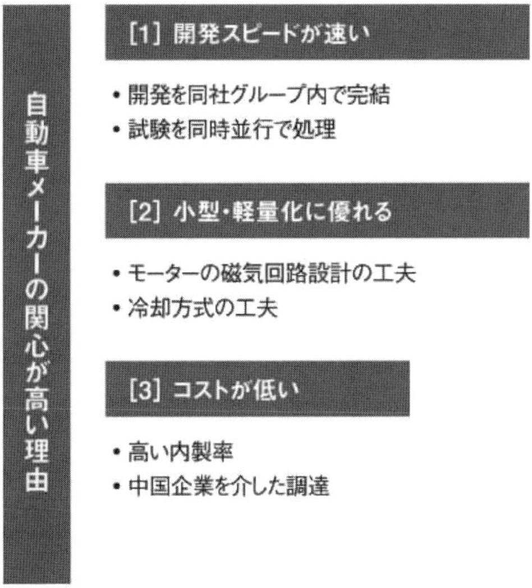

自動車メーカーの関心が高い理由

[1] 開発スピードが速い
- 開発を同社グループ内で完結
- 試験を同時並行で処理

[2] 小型・軽量化に優れる
- モーターの磁気回路設計の工夫
- 冷却方式の工夫

[3] コストが低い
- 高い内製率
- 中国企業を介した調達

出所：『日本経済新聞』2020年２月25日。

が求めた「チャイナスピード」に対応した。日本電産は，2019年４月に150kwのイーアクスルを中国工場（浙江省平湖工場）で量産を開始し，中国の広汽新能源汽車で同時期に発売されたセダンのＥＶの「Aion S」に採用されている。ティア１として初めての市場投入であった。「同Ｓ」は月6000台ペースで売れているという。同年11月で同車は中国市場でＥＶ販売ランキング２位に浮上している。広汽新能源汽車が日本電産にイーアクスルを打診してきたのは「Aion Ｓ」が発売される２年前の2017年であったという。それから２年で量産するには，イーアクスルの開発期間を短縮し「チャイナスピード」に合わせる以外に選択肢がなかった。広汽新能源汽車は同年11月に発売されたSUVベースのＥＶ「同LX」に日本電産の150kwのイーアクスルが２基搭載されている模様である。

日本電産が開発スピードを速くできた理由は，イーアクスルの開発を同社グループ内で完結できたからである。モーターの開発は自前でできるが，インバーターについては構成する電子制御基盤技術を保有していたこと，減速機についても減速機の技術を持つ企業がグループ内にある。３つの技術を組み合わせることで，社外に開発を依頼せずに，短期間でイーアクスルを開発できた。自動車メーカーから仕様を提示されてから，試作１号機の開発まで５～６か月で終了し，半減できた。100種類にも及ぶ信頼性試験も，自社で同時並行して取り組んだという。

②の小型・軽量化に優れている点についても，モーターの磁気回路設計と冷却方式の同社の２つの技術が寄与した（日本経済新聞.2020年２月25日）。

日本国内での，PHVをめぐる電池供給に問題を抱える次の通りの事態は，中国は電気自動車用電池の供給国として最大であるとはいえ，中国においても，同様に電池供給に問題はないのか懸念される。

トヨタ自動車がSUVである「RAV4」のPHV車の国内受注を発売から約３週間で停止した。消費税込みの小売価格469万～539万円で，月産300台の販売目標を上回った受注によって，年度内は電池の生産が追い付かないためである。

PHVであるRAV4の電池生産は，トヨタとパナソニックにより新たにこの４月に設置されたプライムプラネットエナジー＆ソリューションズである。HVだけでなく，大容量のＥＶ向け電池の需要の拡大をも視野に入れた新会社である。RAV4向けの電池を生産している姫路工場は，もともとパナソニックの液晶パネル工場であったが，2019年11月から車載用電池生産を開始している（日本経済新聞.2020年７月８日）。

トヨタはこれまで提携してきたパナソニックだけでなく，中国の車載用電池最大手の寧徳時代新能源科技（CATL）や比亜迪（BYD），日本でもGSユアサ，東芝などから供給を期待している（日経ビジネス2020年７月６日）。

ＥＶ車の量産のためには，解決すべき課題も多い。上記のような，電池の量産も課題であるが，同時に電池そのものの性能向上も大きな課題である。液体状の電池では，限界が予想され，固体状の電池の開発が待たれている。

さらに，現状のガソリンスタンドに変わるべき，「電池スタンド」の設置も，インフラとして必要である。電力開発そのものにも，問題が存在する。現行の電力供給が，火力発電と原子力発電に大きく依存しており，原子力発電に現行の技術革新からの限界による安全面での制約がある以上は，充電する電源そのものに一酸化炭素の根本的な問題解決にならないというジレンマが存在する。ソーラーや風力発電，地熱発電などの多様な電力開発への道筋を広げる努力が肝要である。

その点，水素によるFCV車は，酸素と水素の化学反応により発電し，その電力で電動機を動かし走る仕組みである。その反応により水になる。空気汚染がないので，究極の車ともいわれているが，水素スタンドの設置コストが電力スタンドの３倍かかるといわれている。このあたりが，ネックとも思われる。現在，日本では，トヨタ・MIRAI，ホンダ・クラリティが市販されている。

## 5　おわりに

日本中小企業学会における統一論題の40回分を振り返ると，７つの範疇に区分できる。その中で２番目に論題として多かった「産業構造・企業間関係・下請け７件」について，自分なりに過去の研究を振り返り，今後の展望を描こうとした。

また，中小企業学会の特徴は，①学際性，多面性，であり，②実態を対象として理論化する方法論が多い，ことが特徴とみられる。

先の「産業構造・企業間関係・下請け」のテーマにおいて，産業別では自動車産業が今後の焦点となると予想され，かつ，今後は電気自動車（ＥＶ）を中心に展開するとみられる。

それは，「京都議定書」や「パリ協定」から，あるいは現行の新型コロナウイルス感染症（COVID-19）による世界的ダメージから，経済復興を環境対策による「グリーン・リカバリー」から始めるとの動きがみられるからである。その目玉が，自動車産業では，電気自動車（ＥＶ）の開発・生産へのシフトである。欧州や中国，インド，アメリカにおいてその動きが顕著である。ただ，そのためには，解決すべき課題も多い。充電スタンドや，水素スタンドの設置，周辺産業としての電池の性能の高度化と量産による供給などインフラの整備である。

日本では，ＥＶ車用のモーターの開発に成功している事例を紹介した。今後の成長・発展を見守りたい。

〈注〉

1　もちろん，中小企業問題研究前史としては，在来産業問題，小工業問題に端を発しているが，中小企業問題研究史としては，中小工業問題の中心は下請制問題へと移行した。（太田進一.1987）pp.10－12.

2　アメリカ大統領の選挙が2020年11月３日に行われ，その結果，2021年１月20日に，アメリカ合衆国大統領，副大統領の就任式が行われ，ジョー・バイデン第46代大統領，カマラ・ハリス第49代副大統領が誕生した。早速，「パリ協定」への復帰，「ＷＨＯ」脱退の取り消しに署名した。（日本経済新聞，2021年１月21日）

3　EVはElectric Vehicleのことで，電気自動車である。また，BEVとも言い，Battery Energy Vehicle のことである。HVはHybrid Vehicleのことで，ガソリンの燃焼によるエンジンの走行と，補助的な電動によるモーター駆動の自動車である。PHVはPlug-in Hybrid Vehicleのことで，ガソリン走行もできるが，基本的には公共スタンドや家庭用コンセントから充電した電気で走行する自動車である。FCVはFuel Cell Vehicleのことで，水素ステーションから補充した水素を使って自家発電した電気をエネルギーとして走行する自動車である。ICVはIntelligent Connected Vehicleのことで，自動運転が可能な自動車である。ADASはAdvanced Driver-Assistance Systemsのことで，先進運転支援システムをいう。ICVはInternal Combustion Vehicleのことで，これまでの内燃機関を用いた化石燃料車を指している。SUVは，Sport Utility Vehicleのことで，スポーツやレジャーに適した装備をした利便性の高い車両で，日常の利用からレジャーまで幅広く使える多目的スポーツ車として販売されている。最近は，これらのSUV車もEVの対象になりつつある。

〈参考文献〉

1　『ビジネス+ＩＴ』「中国の自動車販売と政府施策の動向」https://www.sbbit.jp/article/cont1/38096　2020年９月16日閲覧

2　独立行政法人日本貿易振興機構（ジェトロ）大阪本部（2015）『世界で評価される京都企業』ビジネス情報サービス課，PP.7

3　『EVsmart』2019年12月18日「中国ＥＶやPHEVなど「新エネルギー車」の割合を60％へ」https://blog.evsmart.net/ev-news/chaina-to-raise-nev-pct-to60/　2020年９月

16日閲覧
4　『EVsmart』2020年２月５日「各国のガソリン車禁止・ディーゼル車販売禁止の状況」https://blog.evsmart.net/ev-news/global-petrole-gas-car-ban/　2020年９月16日閲覧。
5　藤坂浩司（2018年２月）「EVが自動車部品サプライヤーに与える影響」『ぶぎんレポート』pp.1
6　池田正孝・中川洋一郎編著（2005）『環境変化に立ち向かう日本自動車産業』中央大学出版部
7　一般財団法人商工総合研究所『日本学術振興会第118委員会委託調査研究一覧表』2020年９月11日閲覧。https://www.shokosoken.or.jp/jyouhou/kinyuu/gakushin.pdf
8　日本中小企業学会編（1982）『国際化と地域中小企業』（第１号）同友館～日本中小企業学会編（2019）『中小企業と人材―人材育成に期待される中小企業の役割―』（第38号）同友館
9　『日本経済新聞』2020年２月25日
10　『日本経済新聞』2020年７月８日
11　『日本経済新聞』2021年１月21日
12　『日経ビジネス』2020年７月６日
13　太田進一（1987）『中小企業の比較研究』中央経済社，pp.13-22
14　佐伯靖雄（2012）『自動車の電動化・電子化とサプライヤー・システム』晃洋書房
15　佐伯靖雄（2015）『企業間分業とイノベーション・システムの組織化』晃洋書房
16　佐伯靖雄（2018）『自動車電動時代の企業経営』晃洋書房
17　清晌一郎（1996）「系列・下請取引の経済効率性と支配・従属関係」『経済系：関東学院大学経済学会研究論集』第189集
18　田中敏夫（2013）『世界へはばたく京都元気企業，独創の軌跡』京都新聞出版センター，pp.14-15，pp26-27，pp.50-51，pp.28-29，pp.34-35，pp.58-61
19　第118委員会による有斐閣中小企業研究叢書，Ⅰ田杉競編（1953）『中小企業金融と経理』，Ⅱ磯部喜一編（1953）『中小企業の組織化』，Ⅲ末松玄六編（1953）『海外の中小企業』，Ⅳ松井辰之助編（1953）『中小商業問題』，Ⅴ藤田敬三・伊東岱吉編（1954）『中小工業の本質』，Ⅵ山中篤太郎編（1958）『中小企業の合理化・組織化』，Ⅶ村本福松編（1962）『商業の展開と問題』，Ⅷ磯部喜一編（1962）『中小企業の経済・経営・労務』，Ⅸ小林靖雄・松本達郎・水野武編（1967）『中小企業の雇用問題』，Ⅹ末松玄六・瀧澤菊太郎編（1967）『適正規模と中小企業』，Ⅺ細野孝一（1968）『中小企業の金融問題』，Ⅻ加藤誠一・小林靖雄・瀧澤菊太郎編（1970）『先進国の中小企業比較』，XIII藤田敬三・藤井茂編（1973）『発展途上国の工業化と中小企業』，XIV藤田敬三・藤井茂編（1976）『経済の国際化と中小企業』，XV水野武・松本達郎・磯部喜一編（1984）『産業構造転換と中小企業』

# 日本の中小企業研究の到達点と課題

立命館大学名誉教授　二場邦彦

## 1．はじめに

本稿は，長らく我が国の中小企業問題の特徴をなしていた「前近代性」脱却後の，現段階の中小企業政策の中心課題について考察するものであるが，全国大会報告でいただいた「なぜ“近代化”を取り上げるのか」とのコメントに応えるため，論述の内容を拡張している。

## 2．日本の中小企業研究において「近代化」がもつ意味

### （1）日本の中小企業問題の特徴

中小企業研究では，①資本一般の理論による中小企業存立の研究，②各国資本主義の特性に基づく中小企業問題の特徴の研究，③世界経済による中小企業の資本蓄積への影響の研究，という三層の構造の中での中小企業の資本蓄積状況を研究する。わが国での中小企業研究は，このうちの②，即ち日本資本主義の特性と結びついた中小企業の存立の在り方への着目から始まっている。

加藤誠一（1967）は各国の事業所および従業者の規模別構成の特徴を検討して，英米型，中部ヨーロッパ型，日本型の３つの類型を析出し，規模別構成の特徴について，「事業所構成についていえば，英米型は他の諸国にくらべてむしろ例外で零細企業の比重が極度に低く，中部ヨーロッパ型と日本型は似かよっていて零細企業の数が多い。しかし従業員構成では，英米型は従業員数が上層に集中し，中部ヨーロッパ型では上・下層に集中し，日本型は下層に集中している」（加藤誠一，1967，pp.66）と述べ，そのよってきた原因を「その国における資本主義成立の歴史的な過程」（加藤誠一，1967，pp.66）に求めた。

３類型における資本主義成立過程の違いを，①大企業群の形成のされ方，②資本主義的発展の萌芽状況にある小営業（小生産者）の動向，③主として農業から析出される労働力・労働運動の状況などに着目して，覚書風に検討したかっての拙稿（二場邦彦，1991）の内容を摘記すると次のようである。

英米型で，イギリスの場合は，最初の資本主義国として比較的ゆっくりと小営業を分解させながら各分野に大企業を成立させ，囲い込み等により出現した労働力を吸収し，また植民地や軍隊という過剰な労働力の処理機構を持ち，労働力過剰経済ではなかった。活発な労働運動と結びついて労働法制も整備されていった。

アメリカの場合は，新大陸ということで絶えず労働力不足に悩まされながら，大陸各地で小規模企業の上向的分解を進めて大企業群を出現させ，労働条件も整備されていく。

他方で，中部ヨーロッパ型の代表としてドイツを見ると，後発国としての上からの資本主義化の過程で，生産力と社会政策の視点から手工業制度の維持・発展が図られ，上からの育成と結びついて成長した大企業群と並立する。手工業部門は歴史的に一定の社会的地位を持ち，また法によって守られていた。

これらに対して，日本の場合は，ドイツよりもさらに遅く，植民地化の危機を感じながら上からの資本主義化を強力に進めた。その過程で窮乏の度を深めた農村は過剰人口のプールとなり，子弟・子女を労働力として送り出すが，それを受け入れる社会的条件は十分に成熟していなかった。特権的資本家による大工場や官営工場はまだ数が少なく，またドイツの手工業制度のような雇用の場もなく，多くの者が生業への窮迫的な自立を余儀なくされ，多数の零細企業が生まれる。そこでは過当競争，低賃金水準，従属色の強い問屋制や下請制などが普通になり，また大企業の労務管理政策と相まって規模間賃金格差が成立する。こうした実態に対して，中小企業研究においても社会政策的視点が必要との主張もされた。

上述のように，日本の中小企業問題の特徴は資本主義形成の在り方，そしてその帰結としての日本資本主義の構造の特徴と結びついている。さらに言えば，第二次世界大戦敗戦後の生産諸施設破壊の下での復員と引き揚げによる大量の労働力の帰還は窮迫的自立を再生させるものであった。

日本の中小企業研究は「問題性」の研究だと言われる。その含意は，現象として表れてくる個々の問題（性）を，その基盤にある資本主義構造の特徴（問題性）と結び付けて考察するところにあると言えよう。

### （2）二重構造としての把握をめぐって

こうした日本経済における中小企業の状況を，1957年の経済白書は近代的（先進国的）部分と中小企業および農業が属する前近代的（後進国的）部分との併存（二重構造）として捉え，経済成長と近代化を通じての解消を唱えた。

また，篠原三代平（1966）は二重構造の成立を，大企業へ資金が集中する機構の成立⇒それによる設備や技術の格差⇒物的生産性の格差⇒価格維持力の差により拡大された付加価値生産性の格差⇒労働力市場が分断された下での賃金格差の成立というロジックで説明し，これが大正中期から昭和初期に成立したとした。

二重構造論は静止的なモデルの提示であって，両部門間の関係がどうなっているか，そして構造を変える要因がどこにありどう作用しているか，などを探求する現状分析との結合が十分でなかった。しかし，その分かり易さと政策としての打ち出しを通じて，スタンダードな中小企業理解として広く浸透し，中堅企業やベンチャー企業などの成長企業の広がりにもかかわらず，底辺にある前近代的存在としての中小企業のイメージが定着する。

### （3）前近代性の解消とその含意

昭和30年代の高度経済成長を通じて中小企業部門も成長する。高成長という好環境の下での中小企業経営者の持続的な努力を基本に，親企業・取引先による支援や強制を通じて，また上層育成・下層淘汰という内容を持つ中小企業近代化政策を活用して，中小企業の資本蓄積は進み企業規模の拡大が見られ，経営の質的向上が進む。経済成長に伴う労働力の逼迫も進み，新卒の中学生・高校生は中小企業にとって「金の卵」となり，賃金水準・労働諸条件も改善されていく。

こうした状況を踏まえて，1999年に中小企業基本法が改正される。

その意味するところは，①資本主義形成のされ方と結びついて生じた我が国中小企業の諸特徴との関係で言えば，窮迫的自立を生み出す条件の解消，そして窮迫的自立から生じていた賃金をはじめとする諸条件の極度の低位性の解消であり，②二重構造との関係では，大・中小部門間の賃金等の格差がなくなったわけではないが，もう中小企業部門は前近代的（後進国的）性格のものではない，ということである。即ち，日本資本主義の構造に組み込まれていた中小企業の特異性（問題性）は解消したのであり，経済構造における中小企業の位置は質的に変化したのである。

しかし，これまでの長い時間経過の中で，問題性を持つ中小企業をめぐって社会的に形成されてきた諸観念・諸制度・諸慣行など上部構造に存在するものは，そのまま残っている。例えば，以下のようである。

・中小企業に対する前近代的なイメージが広く残っている
・そうしたイメージに基づく新規学卒者の就職先選択
・前近代的な取引慣行に資本力の差が加わった不公正な取引関係
・大企業の利便性を優先させている諸制度

このような社会的遺制として上部構造に残っているものは，経済基盤での変化に照応して自動的に変わるものではなく，これを変えるには社会的な働きかけ（運動の力）が必要である。即ち，中小企業経営者は，これまでと同様に企業としての質的・量的発展を追求して経済基盤における地位を高める努力を行うと同時に，これに加えて中小企業をとりまく観念・制度・慣行などを自らにふさわしいものに変える社会的な努力（発言と行動）を行わなければならないのである。

### （4）近代社会を支える市民としての企業家

視野を広げて考えると，資本制企業は近代社会の産物であり，近代社会は市民革命によって生まれた市民の社会である。広辞苑によると，市民は「市民としての行動・思想・財産の自由が保障され，居住する地域・国家の政治に参加する権利」を持っている。同時に，これに合わせて強調されなければならぬのは，市民はそれぞれに独自のアイデンティティを持つ多様な存在であるので，市民相互の理解と協同による包摂的な社会形成への努力が求められ，また地域・国家の政治への参加を通じてより公正な社会秩序を創り出す責務があることである。

上記の内容の実現という点で，かねてから日本社会の「近代化」の遅れが指摘されてきた。中小企業経営者が，企業内部の諸関係者との間で，また社会の諸関係者との間で，互いに認め合い，相互理解を深め協力しあい，そうした行為を通じて中小企業とその関係者にとってより公正な社会を創り出すことは，日本社会の「近代化」にとっても大きな意味を持っているのである。

## 3．わが国の中小企業をとりまく現状

幾つかのポイントに絞って簡潔に述べる。コロナの影響については，その推移

を確定的には見通しがたいので触れないが，経営やくらしを取り巻く諸条件を突然に大きく変えるという点で，経営やくらしの不安定性を著しく高めることは確かである。

### （1）労働力人口の減少と「働き方改革」の影響

人口減少と相まって労働力人口の減少が進んでおり，中小企業を対象とする各種の調査でも「人手不足感」が強まっており，経営上の問題点の上位に「従業員不足」が上がる状況が続いている。他方で，くらしを重視する価値観が強くなり，社会的にこれまでの働き方の改革が要求されるようになってきた。そこには，最低賃金引上げ，残業など労働時間の見直し，性差による格差の是正，非正規労働者の不公正な処遇の改革など，労働諸条件の大幅な見直しが含まれている。

これらへの対応には，その実現を可能にする経営の質と働き方の構造を創り出す必要があり，それが出来ない場合には企業は労働力の面から退出を迫られることになる。なかでも，後述するように新たな技術による産業と社会の変容が進んでいるので，そうした動向に対応できる人材をどう確保･育成できるかが問われる。

### （2）「地方」の衰退と中小企業の存立

東京一極集中が進む下で，中心都市から離れた「地方」での人口減少と社会としての存立基盤の弱体化が進み，深刻の度を深めている。多くの中小企業にとっては，存立地域に活動が限定されているわけではないが，市場や経営資源など多くを依存しており，インダストリアル・ディストリクトのメリットを考えれば明らかなように，存立地域の衰退は経営活動に不利に作用する場合が多い。また，地域に居住する従業員にとっては，くらしの不便さの増大であり，くらしの根底を脅かすものである。

地域人口減少への必須の対策として，雇用の場を創出し拡大する努力が積み上げられ，成功事例も少なくはない。しかし，2015年の国勢調査速報についての新聞報道で，柚木による町おこしで注目されていた高知県馬路町の人口減少率が18.9%と高いこと，そして教育・医療などの施設が整っている近くの都市に住居を移し馬路町の職場に通勤する者が若い子育て世帯に多いことが紹介され，経済分野の対策だけでは十分でないことが明らかになった。さらに言えば，若者の大学・専門学校への進学率が高くなり，進学先の大部分が大都市部にある下で，学業を終えた後のＩ・Ｕターンを実現するには，都市に繰り返し出向く機会を持つなどして，「地方」にいても自らの職業に関わる専門性を高め自己成長する可能性，また都市の流行や文化に触れる可能性などを創り出す必要があろう。即ち，人口減少・地域衰退への対応には，経済分野の対策を基盤に総合的な「町づくり」の視点と長い時間軸にそった取り組みが必要なのである。

### （３）世界経済での諸変化がもたらす課題

第二次大戦後の世界経済は，基本的には，地理的範囲においても自由化の質においても国際化を深めながら成長してきた。その下で日本経済も，国内産業分野の盛衰を伴いつつも，総体としては中小企業を含めて資本蓄積を進めてきた。しかし，その過程で生じた様々な矛盾の蓄積と各国間の力関係の変化が，世界的な価値観の変化や新技術の発達と結びついて，世界経済を新たな展開へ向かわせようとしている。日本の中小企業もそれへの対応が迫られており，以下にその主要な内容を列記する。

①世界経済の分断と不安定をもたらす要因の強まり

経済・政治における米中間の覇権をめぐる対立の進行と，グローバル化の中で進んだ各国経済内での格差の著しい拡大によってもたらされたポピュリズムやナショナリズムによって，各国間の国際協調が阻害され，世界経済の分断と不安定が強まろうとしている。

②企業活動への社会的制約が強まり，変容が迫られている

企業の生産活動およびその産出物の消費過程から生じる様々な問題，例えば地球温暖化，マイクロプラスチック，生物多様性などの問題を通じて，企業活動およびその影響下にある人間活動と自然との間の矛盾が増大し臨界点に近づきつつあるとの認識が広がり，企業活動の変容が迫られるようになってきた。

また，各国の経済においても，諸階層間の著しい格差の拡大による対立と社会の不安定化に対して，低所得層に目を向けたより包摂的な企業行動を要請する声が強くなってきた。

国連によるSDGsの提起は上記の傾向を包括的に捉えたもので，政治・経済・生活の各分野で，これまでの視点を見直し転換するよう迫るものである。

③新たな技術による産業と社会の変容が進んでいる

DXやインダストリアル4.0などが注目され導入が進んでいる。これらは，企業

の各部署で使われる技術という限られた性格のものではなく，企業内の諸機能間，或いは企業と外部とをつなぐシステムとして機能し新しい価値を創り出す性格のものである。また，生活の場面と結びつくことで，くらしを制約する諸条件を変え，新しい価値を創出することもできよう。中小企業の今後の在り方に影響するところは大きい。

### （4）中小企業再編論の浮上

中小企業再編の主張はかねてからデービッド・アトキンソンによって主張されてきた。その要旨は，日本では手厚い保護の下に生産性の低い中小企業が大量に存在し，成長しようとしていない，日本経済の低成長の主犯は中小企業であり，手厚い厚遇を止めて規模拡大＝生産性向上をうながすべきだ，というところにある（デービッド・アトキンソン，2019年）。同氏は菅内閣によって新たに設置された成長戦略会議のメンバーであり，その影響力は大きいと言われている。実際に，菅内閣になってから，「政府は中小企業数の維持を狙った従来目標を見直す（中略）統廃合を含めて新陳代謝を促進し，全体の生産性向上をめざす方針に改める」（日本経済新聞　20年７月17日）と報道され，首相インタビューのポイントも「中小企業の再編や競争力強化に重点，中小企業基本法を見直し」（日本経済新聞20年９月６日）というところにあったと報じられている。

新しい中小企業政策が具体的にどういう内容のものとして打ち出されるかは明らかでないが，先に見たような不安定な経済環境の下で企業行動の変容や新しい技術の取り込みが迫られている中小企業にとって，その努力を励まし助成する政策ではなく，再編を目的とする政策が打ち出されることは脅威であると言わなければならない。

## ４．いま中小企業政策の中心課題は何か

以上の検討を踏まえて，金融施策など中小企業の経営資源を補強する対策はこれまでと同様に実施されることを前提に，現段階での中小企業政策の中心課題と思われる内容を３点に絞って述べる。

### （1）経営者機能が質的に向上する環境を醸成する

前節で検討したように，中小企業は新しい技術の動向や社会的規範の推移を注視しながら，不安定な経済環境の下で，次の3つの取り組みを結合して成功させる必要がある。1つは，「経営改革」が「働き方改革」を可能にし，また「働き方改革」が「経営改革」をより確実なものにするという関係の実現，2つは「経営改革」が地域や地域経済の展望づくりに結びつき，また地域の活性化が地域中小企業の経営環境改善につながるという関係の実現，3つは「経営改革」が生産性を向上させ，また生産性の向上が「経営改革」の実りをより豊かなものにするという関係の実現である。

こうした取り組みの中心になる「経営改革」は経営者が担うマネジメント機能に依拠しており，経営者が経営理念と実現したい企業の将来像・事業計画を示し，その理解の下に行動する従業員集団の組織力を高め，ステークホルダーとの信頼関係を強めつつ，計画的に経営の質を向上させることで達成される。経営者の示す理念や計画が従業員などのステークホルダーに受け入れられるには，経営者に企業の社会性の自覚と包摂的な関係づくりへの姿勢のあることが前提になる。

学習による知識の吸収は経営者の力量を高める契機にはなるが，マネジメントの知識は実践経験を通じて応用能力として高められる必要があり，また企業の社会性や包摂的な関係づくりについても実践経験を通じて人格に体化させないと生きたものにはならない。このように，実践によって得た経験をフィードバックさせて知識や人格をより豊かなものに発展させるプロセスが重要であるが，このプロセスでは他者の経験との触れ合いや他者からの指摘が気付きを深めることが多い。フィードバックのプロセスを経営者個人の孤独な営為に委ねないことが望ましいのである。

そうした点では，かねてから，著名経営者を囲む定期的な集いがあって，集団的な学習・経験交流・人格陶冶などの役割を果たしてきたことが知られている（例えば稲森塾）。また，中小企業家同友会では，各種の例会での経験交流とグループ討議に加えて，「経営指針を作る研修（塾，道場）」が中期間にわたって開催され，経営指針を創ろうとする者と作成し実践している者との相互交流や人間性の触れ合いを通じて成果を上げていると伝えられている。

以上を踏まえて，施策への具体的な着眼点として，以下のような例示をすることが出来る。

①経営能力向上への経営者の集団的な取り組みを奨励する

経営者による自主的な取り組みだけでなく，金融機関等が主催するものを含めて，資金助成ではなく，実りある内容に向けての支援が望まれる。

②「経営改革」に関わる相談活動の一層の充実

・訪問相談などを行い，相談対象を拡大する
・多様な問題に的確に対応できるよう，当初段階ではチーム体制での対応を重視する
・クライアントの適切な組み合わせを模索しながらグループとして交流できる場を作る
・高度に専門的な分野で外部との連携が必要な場合に備えて，そうした人材や組織との関係を構築する
・経営相談活動について，各自治体等での新たな試みや優れた経験を整理し参考にする

③協同組合での組合員企業の「経営改革」支援

協同組合は多くの中小企業が組織されており，経営者の交流を通じて一定の信頼関係が成立している組織である。他方で，協同組合の共同によるメリットは経済成長期に最も実現されやすく，低成長期には各企業で既存事業の見直しや転換が志向されるので，共同事業は低調になりやすい。事実，近年，全体としては協同組合の領域は縮小している。

しかし，協同組合は交流と信頼関係の成立という基盤を活かして，小グループでの「経営改革」研究を進め，小グループでの学習および問題意識の交流と経営への具体化の探求などを通じて，時代にあった組合員企業の変化を支援し促進することが出来る。また，こうした活動による組合員企業の事業内容の変化に合わせて，組合の共同事業を見直すことで自らの活性化も実現できる。こうした取り組みが望まれるのである。

④「経営改革」と関わって新たな企業連携を必要とする場合への支援

経営環境の変化が激しいので，これまでの事業構造を戦略的に組み替えようとして，自社が保有しない専門的な技術・情報・ネットワークなどを持つ他社との連携を求める事例が増えるものと思われる。例えば，ⅰ自社にない外部の専門性との連携による競争力の質的向上や新分野への進出を目指す，ⅱモノとその関連するサービスとの結合により新たな価値の創造を目指す，ⅲマーケットでの一定

の地位確保を目指す異業種などとの戦略的連携などである。こうした多様な連携を進める上での情報入手や関係づくりを支援する仕組みの構築が求められている。

### （2）地域経済と地域中小企業の発展を追求する

近年，各地域で地域経済振興の取り組みが，様々な自発的な取り組みをベースにして，地域の諸組織と自治体との協力の下に進められている。こうした現場での様々な実践を集約し，その中から効果的と思われる施策の萌芽を見つけ，その内容を深め政策として整える必要がある。

そうした点で注目されるのは，全国各地の自治体で名称は多様であるが「中小企業振興条例」の制定が進んでいることである。大貝健二（2020）によれば，2015年から制定数が急増しており，大部分の条例では基本理念が明記され，その実現のための体制などが定められている（理念条例）。振興策検討の場としては「振興会議」の設置を明記している。

この「振興会議」での審議状況，報告や答申の内容，その施策化の状況と結果の評価などを整理し課題を明らかにするとともに，成果の普遍化を図る必要がある。その際に，前節でみた地域振興での総合的な視点の必要と関わって，次の諸点にも留意したい。

ⅰ　総合的・長期的な視点を欠いた当面する問題へのその時々の対応に終わっていないか。中長期の展望に立った地域経済の基盤強化の検討，例えば地域が共通に利用できるインフラの整備，知的経営資源の充実と利用体制の整備，中小企業者の連携づくりなどを検討しているか。

ⅱ　総合的かつ中長期の視点での検討にふさわしい体制になっているか。例えば，専門委員会の運用などの体制，事務局機能（情報提供，問題整理，提案など）の充実，課題に応じた部局間・地域間での調整の仕組みなどが整っているか。

### （3）前近代的な中小企業のイメージや取引慣行などの是正

先に第１節で見たように，日本社会には中小企業に不利な観念・制度・慣行などが社会的遺制として残っている。新たな技術による産業や社会システムが作られても，そうした社会的遺制が取り込まれ利用されることが多い。

不公正な制度や取引慣行を是正するのは公正取引委員会の任務であり，その権限・機能の強化が求められるが，それには，中小企業者による不公正さへの強い問題提起とそれを支持する社会的気運の醸成が必要である。そこでは，次のような中小企業自身の行動が必要になる。

ⅰ　企業見学・インターンシップ・地域活動への参加などを通じて，中小企業が自らの姿を地域社会に伝え，信頼できる存在として認知してもらい，古いイメージをなくする。

ⅱ　慣行として長くなじんできた不公正さに対する感覚を鋭敏にし，声を挙げていく。

こうした中小企業の行動のベースになるのは，近代社会を支える市民としての自覚であり，その自覚に基づく経営実践である。

## 5．むすび

我が国の中小企業問題に前近代的な性格を付与した歴史的基盤が消滅した後の中小企業政策では，基盤消失後も残る社会的遺制への対応と，経営環境の変化に向き合う「経営改革」に取り組む経営者機能の質的向上が重要であり，それらに対応する政策の充実・強化を欠かすことは出来ない。

**〈参考文献〉**

1　加藤誠一（1967）『中小企業の国際比較』東洋経済新報社
2　二場邦彦（1991）「中小企業理論の検討―法則的把握を中心に―」『明治大学経営学部　経営論集』第38巻第1号pp.179～192
3　二場邦彦（1986）「戦後の経済発展と中小企業の理論」角谷・堤・山下編『現代日本の企業・経営』pp.67～91
4　篠原三代平（1966）『産業構造論』筑摩書房
5　デービッド・アトキンソン（2019）『国運の分岐点―中小企業改革で再び輝くか，中国の属国になるか』講談社＋α新書
6　大貝健二（2020）「中小企業振興条例の現段階」『中小企業季報』2020No4　pp.19～34

# 自　由　論　題

# 「内なる国際化」と海外生産

中京大学　弘中史子

## 1．はじめに

本論文では，中小企業の海外生産を「内なる国際化」と結びつけて考察する。具体的には，金属・機械産業の中小企業を対象とし，国内で外国人技能実習生・外国人技術者を雇用し育成する「内なる国際化」がきっかけで，ベトナムでの海外生産につながった事例をもとに観察したい[注1)]。結論をやや先取りするのであれば，「内なる国際化」を進めた上で海外生産を実施することで，海外進出した日本企業の多くが直面する課題である品質管理にスムーズに対応することができ，日本企業が従来不得意としてきた人の現地化も進展できる可能性が高まる。

本研究の着想は，近年，ベトナムに進出する日本の中小企業を観察する中で得た。ベトナムは，ASEAN 諸国の中ではシンガポール・マレーシア・タイ・インドネシア等の国と比較してまだ経済規模が小さいが，これから発展が期待される国であり，日本企業の進出が急速に増加している（日本貿易振興機構，2020）。

これまで筆者はASEAN 諸国の中でもマレーシアやタイといった国に進出する金属・機械系の中小企業を観察してきたが，顧客の海外進出に追随する形で海外生産を開始したケースが目立った。これらの国への進出と比較して，ベトナムに進出する中小企業は，比較的規模の小さな企業が自らの意志で海外進出を決定し，はじめての進出先としてベトナムを選ぶ傾向にあった[注2)]。さらに，昨今様々な議論を巻き起こしている外国人技能実習制度が，中小企業のベトナム進出に好影響を与える面があることにも関心を抱いた[注3)]。これまでの日本の中小製造業の海外進出とは異なるモデルがあるのではないかと考えるようになったのである。

中小企業の海外展開は増加しており，最新のデータでは海外子会社を保有する中小製造業は14.2％である（中小企業庁，2019，p317）。これらには販売子会社も含まれるが，生産子会社も相当あると推察できる。こうした状況下で中小企業の新たな海外生産のモデルを検討することには，一定の意義があると考えられよう。

## 2．中小製造業が直面する課題

まず，本論文が対象とする中小製造業の課題について，海外生産という視点を絡めながら簡単に整理しておきたい。

### 1）国内で直面する課題：人手不足

国内の課題として着目するのは，人手不足である。2020年３月の日銀短観による雇用人員判断では，大手製造業のDIがマイナス11に対して，中小製造業はマイナス16であり，中小企業がより厳しい状況にある（日本銀行，2020）。新型コロナウイルスの影響でその後両者ともプラスに転じているが，受注の拡大とともに人手不足感は戻ると予想される。

この人手不足をさらに詳しく見てみよう。第一は，生産現場の労働者の不足である。厚生労働省の一般職業紹介状況によれば，生産工程の有効求人倍率は2014年には0.93であったものが，2019年には1.73となっている（厚生労働省，2020）。そこで一つの解決方法として着目されたのが外国人の活用で，中でも外国人技能実習生制度に活路を見出す中小企業は多い。外国人技能実習生は，企業が単独で受け入れる場合と，現地の送出機関と日本の受入機関（監理団体）が協力して受け入れる場合の２つの方式があるが，中小企業の場合は後者がほとんどである。筆者の調査によれば，中小企業が自ら受入機関を設立するケースも珍しくなく，この場合には中小企業が実際の業務内容を想定して，選抜・採用に積極的に関わることができる[注4)]。また現地の送出機関とも緊密な連携をとることで，来日前の現地でのトレーニングを実用性の高いものにできる[注5)]。

第二の人手不足として着目するのが技術者である。日本企業はイノベーションを促進するために理系の人材を必要としており，平成31年３月の国内の大学等卒業者のうち理系の就職率は98.4%である（厚生労働省・文部科学省，2019）。95%を超える状況は５年以上にわたっており，中小企業が技術者を採用しにくい状況が容易に想像できよう。ここでも外国人の採用が一つの手段として着目され[注6)]，中小企業が外国人技術者を雇用するための環境が整いつつある。外国人技術者の雇用経験がある中小企業がその経験を活用して，他の中小企業の採用をビジネスとして支援している場合もあるし[注7]，すでに国内で勤務している外国人技術者を中途採用することもある。外国人技術者は高度人材であり就労資格を得ていることから日本に長期間滞在でき，じっくりと社内で育成できる。日本人の技術者がそうであるように，生産現場での経験を経て，設計や開発の知識を深めて成長することが可能になる。

### 2）海外生産時の課題：品質管理

次に，日本の中小製造業が海外進出後に直面している課題をみてみよう。日本貿易振興機構が実施しているアジア・オセアニア日系企業活動実態調査では，進出した日本企業に経営課題を毎年質問しており，中小製造業で最も多い課題が「従業員の賃金上昇」，次いで「品質管理の難しさ」であり（日本貿易振興機構，2019），この順位は5年間変わらない[注8]。前者の「従業員の賃金上昇」は企業でコントロールできないとしても，品質管理は企業が対応できる余地があると考えられる。

品質管理の難しさには，前項で扱った人材が深く関連していることが推察される。品質に関わる人材のタイプを模式化したものが図1で，求められる知識のレベルに応じて「単純労働者」「生産現場のリーダーになる技能者」「生産現場がわかる技術者」「開発・設計に携わる技術者」の4階層を想定している。中小企業

図1　品質に関わる人材のイメージ

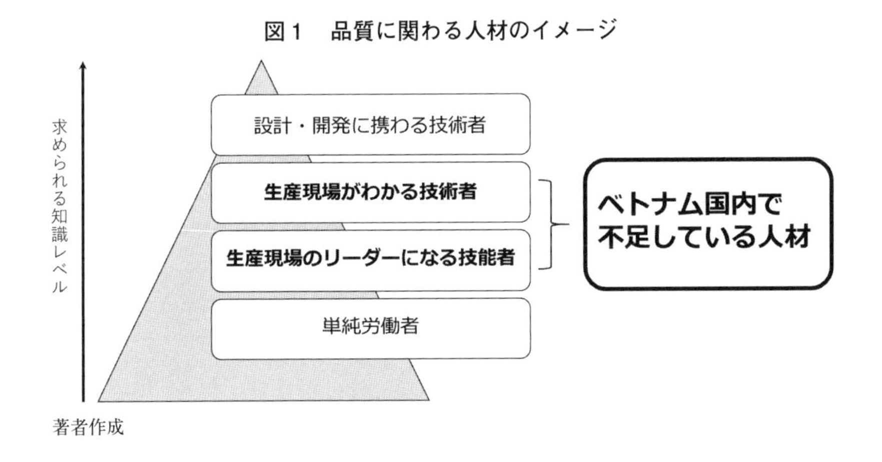


著者作成

が海外生産で品質を安定させようとしたときに必要となるのが，太字で示した2つの階層である。筆者がこれまでに実施したベトナムに進出した中小企業のインタビュー調査では，「単純労働者は確保できても，生産現場で技能を持ちリーダークラスとなる人材が不足している。」「理系の大卒者を雇用できても，生産現場への理解が欠けている」という意見がよく聞かれた[注9)]。つまり，中小企業が海外生産を開始して品質問題をクリアしたいと考えたときに，この2つの層をどのように確保・育成するかが肝要だと考えられる。

## 3．既存研究の整理と本研究の位置づけ

それでは，関連する研究を「内なる国際化」「日本の中小企業における国際化の動機」「国際化における先行条件」「外国人の国内雇用」の4点に分けて概観してみよう。

### 1）内なる国際化

内なる国際化は，海外進出等の外に向かう国際化に対応して用いられている語であり，地域や学校，企業における外国人の受け入れのことを指す。1990年代において，日本企業の国際化の課題として「内なる国際化」がすでに指摘され（吉原英樹，1992，pp.278），日本本社のコミュニケーション・意思決定に外国人が参加していることが必要だと示唆されている（吉原英樹，1996，p.117）。2000年代に入ってからもこの点は継続して問題とみなされており，日本企業が本社を国際化させるために，日本本社でより積極的に外国人スタッフを活用することが提案されている（寺本義也・廣田泰夫・高井透・海外投融資情報財団，2013，pp.167）。

2010年代の後半に入ると，政策面においても，日本企業の競争力を向上させる手段として内なる国際化が注目されるようになった[注10)]。経済産業省（2016）は，外国人材の受け入れに関する企業の対応を類型化し，中堅・中小企業のパターンとして「海外事業の展開・拡大に乗り出した地方の中堅・中小企業」を想定している（経済産業省，2016，p.11）。

しかし，内なる国際化はこうした積極的なものばかりではない。中小企業の場合，自社の国際化を推進しようという意図で外国人を受け入れるのではなく，人

手不足を解消するために雇用する場合が相当数あると考えられるからである。厚生労働省の2019年10月のデータによれば，外国人雇用で最も多い業種は製造業で20.4%である（そのうちの57.5%が技能実習生，19.8%が特定活動）。また外国人を受け入れている全事業所数のうち59.8%が30人未満規模の事業所で，この比率は前年と比較して14.0%も増えている（厚生労働省，2019）。つまり輸出や海外生産などの「外向きの国際化」に関わる外国人人材の受入ではなく，「内なる国際化」が先行する事象に注目する必要がある。

### 2）日本の中小企業における国際化の動機

本研究が対象としている金属・機械系の中小製造業では，顧客の生産拠点が海外に広がったことや，顧客からコスト低減を求められたことをきっかけに，中小企業が海外進出するという現象がよくみられた。丹下（2015）は，「中小企業の海外進出目的は，従来，親会社への追随や生産コスト低減が多かった」とし，それが生産機能に着目した研究の厚い蓄積につながっていることを指摘している（丹下博明，2015，p.31）。その後は，現地の市場を開拓するために進出するケースも増えており，近年は「海外市場の拡大が今後期待できるため」というのが中小製造業の海外進出理由として55.3%と最も多くなっている（商工中金調査部，2018，p.5）。そのため中小企業の海外市場開拓に関する研究も増えてきた（日本政策金融公庫，2104，pp.45～48）（弘中史子，2017，pp.23～25）。

一方で，中小製造業の海外進出「前」に着目した研究は限られている。山本・名取（2014）は，「中小製造業がどのように国際化を志向・実現したかに関する理論的研究は非常に少ない」ことを指摘した上で経営者に着目し，経営者が徐々に国際的企業家志向性を獲得することで，国際化できることを示している（山本聡・名取隆，2014，p. 61，pp.75～78）。また関（2014）は，進出国とのコミュニティ構築が海外進出に与える影響に着目し，海外企業とのビジネスマッチングがきっかけで国際化するプロセスを観察している（関智宏，2014，p.118～121）。柴原（2019）は，外部の専門家の支援により，中小企業が急速な国際化を実現するプロセスを明らかにしている（柴原友範，2019，pp29）。

本研究では，以上のような経営者の変化や外部専門家の支援をきっかけとした海外生産ではなく，外国人社員の雇用という「内なる国際化」をきっかけとしたものを論じたい。

### 3）中小企業の国際化における条件

中小企業の国際化の議論には，国際化の事前条件に着目するものもある。Born Again Global 企業の議論では，顧客の海外展開，オーナーの変更，買収などの大きなインシデントが国際化のきっかになると考える（Bell, J., McNaughton, R., & Young, S., 2001,p.181）。それに対して高井・神田（2012）は，日本企業の事例をもとに，能力（例：コア技術，経営資源，経営資源，事業の仕組み）を予め保有していることが国際化の原動力になりうると主張する（高井透・神田良, 2012，pp.25～27）。

事前に条件が備わっていたから国際化できるという考え方もある一方で，徐々に能力や知識を身につけて国際化を進展させることも想定できる。Sarasvathy et.al（2014）は起業家の意思決定プロセスを分析し，目的にそって手段を考えるCausationよりも，自分が保有する資源・手段を使って何ができるかを考えることが成長につながるとし，それを国際化にも絡めて議論している（Sarasvathy, S., Kumar, K., York, J. G., & Bhagavatula, S.,2014，pp.81）。また修正されたUpsalaモデルでも，実際に国際化を進める中で，現地の組織とネットワークを築き信頼関係を構築するプロセスで有用な知識が獲得できるとしている（Johansson, J., & Vahlne, J. E.，2009，pp.1424）。

本研究でも，内なる国際化により国際化の素地が生まれ，経験値が高まることで，海外生産を実現できる能力や知識が蓄積されたという立場をとりたい。

### 4）国内での外国人雇用

内なる国際化が進み国内で外国人の雇用が進んだことから，それに関する研究も進んでいる。井上（2015）は，海外実務を任せられる人材の確保・育成のために，質の高いマネジメント層として外国人留学生，質の高い現場労働者として外国人技能実習制度に着目している（井上忠，2015，pp.24～27）。本研究では，こうした人材の確保が海外生産のきっかけになったことを含めて議論したいと考えている。

竹内（2019）は，中小企業の外国人雇用について，日本人社員の補完と代替という２つの側面に分けて整理し，外国人の正社員を補完，技能実習生を代替と位置づけている（竹内英二，2019，pp.43）。しかし本研究では，技能実習生は日本人社員を代替する存在ではなく，海外生産での品質管理に重要な役割を果たしていることに着目する。

一方，国内で技能実習生が増加するにあたり，様々な課題も指摘する研究もある。外国人労働者の就労問題の一つとしてベトナム人技能実習生の母国からの送り出し時と日本の受け入れ時・受け入れ後の問題点を整理したもの（守屋貴司，2018，pp.32〜33），ベトナム人技能実習生の失踪問題に焦点をあてたもの（石塚二葉，2018，pp.107〜109），人権という点から課題を指摘しているもの（大重史朗，2016，pp.285〜588）などがある。しかし本来，外国人技能実習制度は「我が国で培われた技能，技術又は知識（以下「技能等」という。）の開発途上地域等への移転を図り，当該開発途上地域等の経済発展を担う「人づくり」に寄与するという国際協力の推進」を目的として導入されたものであった（公益財団法人国際人材協力機構，2020）。これらの目的に沿って中小製造業が制度を「適切に」運用することで，海外生産など中小製造業の成長にも資する可能性がある。

## 4．株式会社中農製作所の事例

内なる国際化がきっかけでベトナムに進出した中小企業の中で，今回は株式会社中農製作所のケースをとりあげて紹介したい。紙幅の制約で，同社１社をとりあげるシングル・ケーススタディとするが，ベトナム人の技能実習生・外国人技術者の雇用がきっかけで同国に進出している事象が，他でも観察できていることを付記しておきたい。

中農製作所は大阪府にある従業員67名，資本金1450万円の中小企業で，精密切削加工を中心に，洗浄機等の設備開発・生産を手がける。納入先の業界は年々広がり，半導体，ロボット，機械，自動車など20以上に及ぶ。同社には，2018年09月18日と2020年11月９日にインタビューのご協力をいただき，メール等で追加情報を入手し，それらをテキスト化して分析した。

同社が外国人を雇用したきっかけは，人手不足であった。工場が密集した地域に立地しているため，人手不足感が強かったのである。技能実習生の採用に着手したのは同業他社の中でも比較的早く，2004年からベトナム人を雇用した。技能実習生は順調に研修を進め，会社としても彼らの成長に手応えを感じていた。しかしながらせっかく成長した人材が，当時は３年で帰国しなければならないため，実習生本人と会社の成長という意味で，物足りなく感じるようになった。

また，さらに高度な業務を担当できる社員も雇用したいという思いもあり，2008年から技能実習生と並行して，ベトナム人の大卒技術者を4名採用した。技術者であり長期に滞在できることから，生産現場でも十分な経験を積むことができ，その後彼らは管理職に昇進するなど大きく成長することとなる。

外国人を雇用してからしばらくは，同社は海外への進出は考えていなかった。きっかけとなったのは，2010年開催の会社での合宿である。社員がグループに分かれ同社のSWOT（Strength, Weakness, Opportunity, Threat）を分析したところベトナム人のいるチームが「ベトナム人がいることが強みである」と発表し，やがて「ベトナムに拠点を設立してほしい」という声があがるようになった。

そこで，まずJETROの支援事業に参加して，他の中小企業と合同でベトナムでの展示会に出展した。同社にはベトナム人技術者がいることから，他社のように通訳を介してではなく，彼ら自身が来場者に加工サンプルを熱心に説明した。そのためブースへの訪問者が多く，加工技術の高さが注目を集め，同社はベトナムでの可能性を認識することになる。

しかしながら，規模の小さな企業がいきなり海外直接投資をすることはリスクが高いと判断したため，2014年にまずベトナム企業への委託加工から開始することとした。具体的には，日本の中小企業と同様の設備を持つベトナム企業に対して技術指導をし，そこに部品加工を発注して，日本の同社に輸出するのである。同社が加工プログラムを供給し，加工のノウハウについても指導するため，確実に品質の高い加工をすることができる。しかも日本企業と同様の加工時間となるため生産性が高く，トータルのチャージを抑えることができた。

この加工事業が順調に拡大したことから，2017年に本格的な生産拠点を設立することとなる。先述したベトナム人技術者のうち2名が，社長・副社長に任命された。この2名は，日本の設備・工程をよく理解しているため工場の立ち上げがスムーズであった。また日本本社で技能実習生として勤務した社員も，ベトナム拠点に入社して生産現場の戦力となり，日本本社と同じ品質レベルを実現することに貢献した。

## 5．ディスカッション

同社の事例を，「内なる国際化」を中心として4点から考察したい。

### 1）内なる国際化から海外生産へ

同社は人手不足をきっかけに，ベトナム人技能実習生を雇用した。さらに外国人の技術者を採用し，それがやがてベトナム進出につながっていった。つまり内なる国際化が先に進展し，それが外への国際化につながった。消極的な国際化が積極的な国際化に発展したともいえよう。顧客の海外進出への追随や，低コスト実現という目的が先行した海外生産とは大きな違いだと考えられる。

ベトナム人社員を国内で雇用したことは，日本人社員にも影響を与えている。外国人の同僚と交流する中で同国への理解が深まり，ベトナム進出に関しても日本人社員から賛同が得られた。また生産拠点設立後には，日本本社とベトナムで生産現場の社員同士が，両拠点の責任者を介さず直接やりとりして分業できている。同じ職場で働いていた同僚同士であることから信頼関係も確立しており，日本語でコミュニケーションできる。この点も，内なる国際化を経ずに海外生産を開始した企業とは大きく異なる。

進出後も同社では，「内なる国際化」をさらに促進すべく，日本人社員がベトナムをよく理解できるように，たとえばコロナ禍前には日本人社員（特に生産部門）のベトナム出張を奨励するなどの工夫をしていた。

### 2）海外拠点での高い品質の実現

同社のベトナム拠点では，立ち上げ直後から高い品質を実現できている。その理由として考えられるのが，第一が日本の生産現場で経験を積んだベトナム人技術者の存在である。加工プログラミングはもちろんのこと，適切な設備・治具の選択やカイゼンを現地で独自にすすめることができる。現地拠点が自立して継続的な品質向上を実現できるようになっているのである。

第二に生産現場の社員の活躍である。元技能実習生がベトナム拠点に入社し，リーダーとして活躍している。彼らは日本の同社での研修中に，必要な技能を修得しているだけでなく，5S，安全，チームワークといった日本的なものづくりの考え方を理解している。

### 3）人の現地化の進展

同社では，海外生産に際して人の現地化も実現しており，拠点設立時にベトナム人が社長・副社長になっている。欧米企業と比較して，日本企業は人の現地化が遅れがちなことが指摘されており（弘中史子・寺澤朝子，2017，pp.07），珍しいことといえよう。筆者の調査では，内なる国際化からベトナム進出にいたった他の２社でも，設立時からベトナム人を社長として任命していた。内なる国際化が先行することが，海外拠点での人の現地化に貢献している可能性は高いと考えられる。

人の現地化は，現地での人材育成に大きなメリットを生み出す。日本での勤務経験のあるベトナム人が，現地で採用したベトナム人に対して，ベトナム人の価値観や慣習にしたがって，理解･納得しやすいように指導することができている。また給与や待遇についてもベトナム人の価値観に沿って制度を構築できるため，他の日本企業が悩まされがちな定着率に関する問題も少なくなる。さらにいうならば，ベトナム人が日本企業で昇進し活躍していることで，現地で採用した人材のモチベーションも向上する。

通常，中小企業が海外に進出する場合には，日本人が拠点をたちあげ，現地で人材を採用し育成に着手する。品質維持に効果のある日本的なものづくりを浸透させることにも時間がかかるし，材料や設備を理解した上でカイゼンができるような技術者を育成するのにはさらに至難の業である。多くの日本企業では，なかなか現地の人材をうまく育成できずに，日本人社員がいつまでも品質管理を担当せざるをえない場合が散見される。しかし，同社のように内なる国際化から出発した場合には，そうでない企業と比較して時間的にも大きなアドバンテージがある（図２）。

#### 4）日本本社の成長

内なる国際化に端を発した海外生産は，単にベトナム拠点の成長に寄与しているだけではない。日本本社の成長にも大きな影響を与えている。ベトナム拠点で高い生産性・高い品質で加工ができることから，日本本社で受注できるキャパシティが高まっているのである。そこで日本本社では新規顧客からの受注や，難易度の高い加工にも挑戦できるように営業体制を強化したほか，自社製品である洗浄機の開発・販売にもより一層力をいれるようになった。開発においては，本社にいるベトナム人技術者も戦力になっている。

またベトナム拠点を単なる生産拠点ととらえるのではなく，アジア各国の日本企業・海外企業への販売を拡張する拠点としても考えるようになった。

図2　内なる国際化による新たな海外生産のモデル

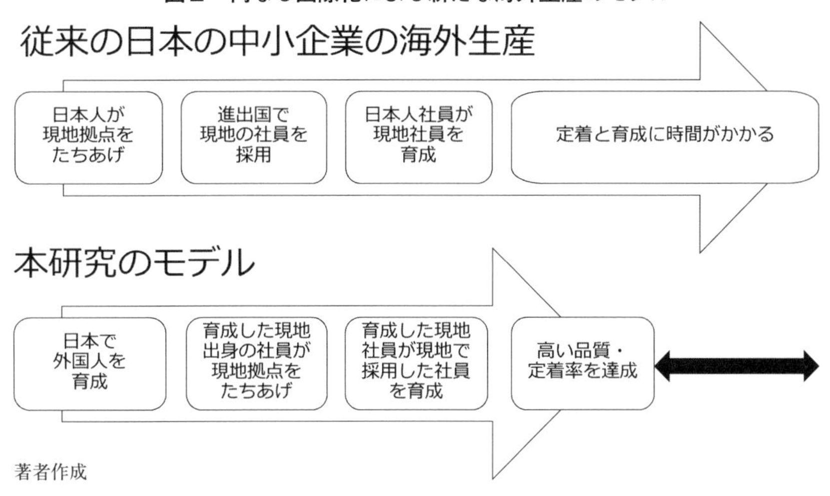


著者作成

## 6．むすびにかえて

本論文では，内なる国際化を契機とした海外生産について，事例をベースとして検討した。日本企業の海外生産においては，進出先で品質管理に課題を抱えることが多い。しかし事例のように内なる国際化を経た場合には，早い段階で高い品質を実現できただけでなく，それを維持・向上させる仕組みができていた。また人の現地化も早期に実現し，現地人管理者が現地の人材を育成するという仕組みも構築できていた。さらに，進出先の拠点が発展するだけでなく，日本本社が新たな成長をめざす契機にもなっていた。これらは従来の中小企業の海外進出では見られなかった事象であり，新たなモデルと考えてよいであろう。

中小企業への実践的示唆としては，以下を導き出すことができる。第一に，人手不足に端を発した「内なる国際化」を企業成長に利用できる可能性である。技能実習生を雇用した場合，制度を適切に運用して研修を充実させることで，国際化の下地を築くことができる。第二に，「内なる国際化」によって，戦略の選択肢が増加するということである。中農製作所の事例では，現地生産を開始する前に委託加工から着手している。つまり海外生産まで至らなくても，委託加工や，あるいは輸出・輸入といった国際化の可能性も拓くことができよう。

本研究に残された課題は多いが，その主たるものをあげるならば，第一に，内なる国際化から海外生産にいたった観察事例が少ない点である。今後サンプルを増加させ，普遍性を検証したい。第二に，ベトナムという国に限定された議論という点である。技能実習制度が適用される他国では類似の事例を見出すことができておらず，なぜベトナムで可能かを明らかにする必要があるだろう。同国の経済発展段階や産業構造が影響している可能性もある。第三が，日本本社の経営方針が内なる国際化に与える影響の検討である。事例企業をはじめ内なる国際化からベトナムに進出した企業では，日本本社において若い人材に積極的に仕事を任せるなど権限委譲の文化があり，それが外国人の活躍に影響している可能性がある。以上の点について，さらに検証を進める所存である。

〈注〉

1　本論文は，科学研究費補助金（17K03873）の研究成果の一部である。また調査の一部は，滋賀大学教授山田和代氏との共同研究で実施したものである。

2　2019年３月27日実施のJETRO ホーチミン事務所でのインタビュー調査による。

3　厚生労働省「令和元年末 在留資格「技能実習」総在留外国人国籍別構成比」によれば，現在ベトナムは技能実習生の出身国として最大である。https://www.mhlw.go.jp/content/000633348.pdf　2020年８月31日閲覧。

4　2018年５月７日実施の国内の技能実習生受入機関への調査による。

5　2018年12月25日実施のベトナム・ホーチミンの技能実習生送出機関への調査による。

6　中部経済産業局によれば，15.8%が高度外国人材（元留学生を含めた外国人の大卒者）を採用した経験があるという。（経済産業省中部経済産業局（2018年５月）「ものづくり中小企業における高度外国人材（元留学生等）活用事例集」https://www.chubu.meti.go.jp/b32jinzai/jinzai_bank/gaikoku/data/monogaikokujinzai.pdf　2020年８月31日閲覧。

7　2014年４月９日実施の中小製造業S社へのインタビュー調査よる。

8　2019年度は52.2%，2018年度は55.5%，2017年度は56.2%，2016年度は55.3%，2015年度は56.7%の中小製造業が「品質管理の難しさ」を課題としてあげている。

9　2019年９月実施のベトナムの３つの工業短大でのインタビュー調査でも，技術者が生産現場への理解が不足する理由を垣間見ることができた。カリキュラムでは実習が不足し，指導する教員も生産現場を知る必要性を認識していないという。

10　経済産業省「METI Journal　2018年２月号」では政策特集として「内なる国際化」がとりあげられている。https://www.meti.go.jp/press/2017/02/20180206002/20180206002.html　2020年８月31日閲覧。

〈参考文献〉

1　Bell, J., McNaughton, R., & Young, S.（2001）“Born-again global” firms: An extension to the “born global” phenomenon. *Journal of International Management*, 7(3), pp.173–189
2　中小企業庁（2019年）『中小企業白書2019年版』日経印刷
3　井上忠（2015年３月）「中小企業の海外事業展開による人材確保・育成についての課題」『商大ビジネスレビュー』第４巻第３号　pp.19～30
4　弘中史子（2018年８月）「中小企業の海外生産と顧客開拓」『日本中小企業学会論集第37巻』同友館，pp.17～30
5　弘中史子・寺澤朝子（2017年６月）「中小企業の海外生産と人材・組織力」『彦根論叢』第412号　pp.04～16
6　石塚二葉（2018年11月）「ベトナムの労働力輸出 ―技能実習生の失踪問題への対応―」『アジア太平洋研究』第43号　pp.99～115
7　Johansson, J., & Vahlne, J. E.（2009）The Uppsala internationalization process model revisited: From liability of foreignness to liability of outsidership. *Journal of International Business Studies*, 40(9), pp.1411–1431
8　経済産業省（2016年）『「内なる国際化」を進めるための調査研究報告書』経済産業省
9　経済産業省（2018年２月）「政策特集　内なる国際化」『METI Journal』2018年２月号 https://www.meti.go.jp/press/2017/02/20180206002/20180206002.html（2020年８月31日閲覧）
10　経済産業省中部経済産業局（2018年）『ものづくり中小企業における高度外国人材（元留学生等）活用事例集』https://www.chubu.meti.go.jp/b32jinzai/jinzai_bank/gaikoku/data/monogaikokujinzai.pdf（2020年８月31日閲覧）
11　公益財団法人国際人材協力機構（2020）「外国人技能実習制度とは」https://www.jitco.or.jp/ja/regulation/（2020年８月31日閲覧）
12　厚生労働省（2019年）「令和元年末 在留資格「技能実習」総在留外国人国籍別構成比」https://www.mhlw.go.jp/content/000633348.pdf（2020年８月31日閲覧）
13　厚生労働省（2019年）「職業別労働市場関係指標（実数）」https://www.e-stat.go.jp/stat-search/files?page=1&layout=datalist&toukei=00450222&tstat=000001020327&cycle=1&tclass1=000001143627（2020年８月31日閲覧）
14　厚生労働省（2019年）「「外国人雇用状況」の届出状況まとめ（令和元年10月末現在）」https://www.mhlw.go.jp/stf/newpage_09109.html（2020年８月31日閲覧）
15　厚生労働省・文部科学省（2019年）「大学，短期大学及び高等専門学校卒業者の４月１日現在の就職状況調査の推移」https://www.mhlw.go.jp/content/11652000/000509256.pdf（2020年８月31日閲覧）
16　守屋貴司（2018年７月）「外国人労働者の就労問題と改善策」『日本労働研究雑誌』第60巻第７号　pp.30～39

17　日本貿易振興機構（2019年）「2019年度 アジア・オセアニア進出日系企業実態調査」https://www.jetro.go.jp/world/reports/2019/01/962bd5486c455256.html（2020年８月31日閲覧）
18　日本貿易振興機構（2020年）「ベトナム進出日系企業，事業拡大意欲はASEANで最大」https://www.jetro.go.jp/biz/areareports/special/2020/0201/0d6f3e19669aec13.html（2020年８月31日閲覧）
19　日本銀行「短観（概要）2020年６月）」https://www.boj.or.jp/statistics/tk/gaiyo/2016/tka2006.pdf.（2020年８月31日閲覧）
20　日本政策金融公庫（2014年９月）「海外メーカー開拓に取り組む中小企業の現状と課題：アジア新興国で欧米系・地場メーカーとの取引を実現した中小自動車部品サプライヤーのケーススタディ」『日本公庫総研レポート』第３号　pp.1～113
21　大重史朗（2016年３月）「外国人技能実習制度の現状と法的課題：人権を尊重する多文化社会構築にむけた一考察」『中央学院大学法学論叢』第29巻第２号　pp.281～299
22　Sarasvathy, S., Kumar, K., York, J. G., & Bhagavatula, S.（2014）An Effectual Approach to International Entrepreneurship: Overlaps, Challenges, and Provocative Possibilities. *Entrepreneurship Theory and Practice*, 38(1), pp.71–93
23　関智宏（2014年４月）「日本中小企業のタイ進出の実際と課題―ネットワーキングとビジネスの深耕―」『日本型ものづくりのアジア展開―中小企業の東南アジア進出と支援策―中小企業の東南アジア進出に関する実践的研究　2013年度報告書』pp.109～132
24　柴原友範（2019年９月）「中小企業の急速な国際化における外部専門家の支援プロセス―組織慣性の自制と同調による信頼構築のメカニズム―」『組織科学』第53巻第１号 pp.18～36
25　高井透・神田良（2012年３月）「ボーン・アゲイン・グローバル企業の持続的競争優位性に関する研究」『情報科学研究』第21巻 pp.5～32
26　竹内英二（2019年８月）「外国人人材の活用と中小企業の成長」『日本中小企業学会論集第38巻』pp.31～44　同友館
27　丹下博明（2015年４月）「中小企業の海外展開に関する研究の現状と課題：アジアに展開する日本の中小製造業を中心に」『経済科学論究』第12巻　pp.25～39
28　寺本義也・廣田泰夫・高井透・海外投融資情報財団（2013）『東南アジアにおける日系企業の現地法人マジメント：現地の人材育成と本社のあり方』中央経済社
29　山本聡・名取隆（2014年５月）「国内中小製造業の国際化プロセスにおける国際的企業家志向性（IEO）の形成と役割」『日本政策金融公庫論集』第23号pp.61～81
30　吉原英樹（1992年）『日本企業の国際経営』同文舘出版
31　吉原英樹（1996年）『未熟な国際経営』白桃書房

（査読受理）

# 小規模企業での両利きの経営実現における組織形成についての一考察

## ―事業承継期の企業に関する実証研究から―

兵庫県立大学（院）（発表時）　瓶内栄作
芸術文化観光専門職大学（現在）

## 1．はじめに

1999年改定の中小企業基本法では，経営革新の促進として，第二創業によるイノベーションの実現が提唱されていた。近年ではベンチャー型事業承継という名称で，イノベーションを併用した事業承継の概念も提唱されるようになった。

イノベーションにおいては，イノベーションのジレンマに対する解決手段として，両利きの経営が提唱され，探索と深化を実現することでイノベーションの実現が可能であるとされている。両利きの実現においては，探索組織いわゆるイノベーション事業と，深化組織いわゆる既存事業の，つかず離れずの観点での組織環境構築が要求されている。大企業であれば，経営者が優秀なマネージャーを従え横断型組織を形成して，かつオフィススペースを分離したりすることにより隔離と統合実現ができる。しかし，従業者数が限られている小規模企業においては，組織を形成すること自体が困難であり，両利きの経営に求められる隔離と実現は容易ではない。ただし，小規模企業においても，事業承継準備を行っている環境下においては，組織形成を進めることができ，探索と深化に機能を分離させ，両利きの経営を実現させることが可能であると考えられる。本研究では，小規模企業では避けられない，限られた経営資源という制約を乗り越え，両利きの経営を実現させた事例を考察し，実現へのロールモデルを示すこととしたい。

## 2．先行研究の整理

### 2．1．小規模企業

中小企業基本法及び小規模企業基本法によると，小規模事業者とは，「おおむね常時使用する従業員の数が20人（商業又はサービス業は５人）以下の事業者」とされており，中小企業と異なり人数で定義をしているのが小規模企業である。

小規模企業白書（2015）によると，小規模事業者は事業者数の86.5%，従業者数の25.8%を占めているが，売上高としては10.3%にとどまっているとある。また常用雇用者がいない小規模事業者は334万者中の151万者である。

日本の中小企業研究（1985）においては，各論的研究として，中堅企業，ベンチャー企業といった記載とともに，零細企業という記述がある。三井逸友は本書において，零細企業を，「中小企業一般と賃労働との境界に近いところに位置し，中小企業一般のうちに基本的には包含されるべきもの」としている。あわせて，1940年代においては，５人未満規模零細経営が統計上把握困難な存在であったものが，山中篤太郎の調査により存在が明らかになったとしている。戦後しばらくの中小企業研究において，零細企業とは，中小企業またはそれ以上の存在へ発展をしていく過渡的存在もしくは淘汰される存在であるとして位置づけられ，生業の延長とみなされていた。なお，続巻である日本の中小企業研究（2003）において，岡室博之は，小規模企業は中小企業同様に異質多元的であるとしている。

さらに続巻である日本の中小企業研究（2013）においては，小企業という表記に変遷をしている。高橋徳行は，小企業の特性を，「中小企業のるつぼ（Melting Pot)」であるとし，過去は生業から発展する過渡期に存在するのが小企業であると位置していたのに加え，成長停滞や廃業直前になっている企業も小企業に該当するとしている。また，小企業の形態としてのSOHOについて触れ，情報技術と通信技術の発展によりもたらされた新経営形態であるとしている。

これらから，小規模企業とは，中小企業と同様に異質多元性を有する存在であると同時に，生業からの発展といった企業の始まりや，企業が縮小した結果といった，過渡的な存在でもあるといえる。小規模企業研究においては，小規模企業とひとまとめにせず，対象範囲を明確にすることが望ましい。なお本研究においては，生業を脱し，企業として成長をする過渡期の小規模企業について取り扱う。

### 2．2．事業承継

小規模企業白書（2015）によると，事業承継については，小規模事業者の49.1%が，「親から事業承継をした」とある。きっかけは，「先代経営者の経営・事業からの引退」が57.1%である。現経営者が先代経営者から事業承継をする際に，重要と考える項目としては，「事業に必要な専門知識・技術の習得」，「経営知識一般（財務・会計を含む）」などが上位を占めている。組織に関連する質問項目は「従業員との人間関係について」のみであり，回答もわずかである。これらから，小規模企業においては，組織形成は重視されていないということが考えられる。

佐竹（2019）は，中小企業及び小規模企業における事業承継の議論を集約し，事業承継は承継者の「系譜性」と，企業内外との関係性，そして事業承継プロセスそのものにより成立すると述べている。久保田（2012）は，中小企業の後継者の能力形成を，社外経験と承継前のプロジェクト遂行によるものと述べている。これらから，事業承継は，事業を引き渡す現経営者と，承継者の関係性，承継開始時の能力状況と，能力開発のプロセスにより実現するものとみなすことができる。

### 2．3．第二創業

「第二創業」については，現在事業を営んでいる事業者が，新たな成長を目指し，取り組む事業活動であると認識されている。

村上＝古泉（2010）では，小企業において，事業を承継した経営者の９割が経営革新[注1)]に取り組んでおり，事業承継直前の業績や後継者の年齢，他社での勤務経験の有無，先代経営者の承継後の経営への関与状況などの諸条件により，経営革新への取組みの有無が左右されるとしている。

### 2．4．両利きの経営

March（1991）は，組織学習における資源の配分過程について，探索（exploration）と深化（exploitation）のバランスをもって行うことの必要性を示している。O' Reilly, Charles III; Tushman, Michael L.（2016）は，探索と深化の両立である，両利きの経営（ambidexterity）について実践事例を交えながら，実現のための方策について提唱している。両利きを実現させることによって，経営者や組織が，既存事業の深堀，いわゆる知の深化に重点を置き過ぎ，イノベーション事業とのバランスを取らない行動，つまりコンピテンシートラップに陥らないための方策を示している。両利きの経営において，イノベーションの方向性は，市場・顧客と組織能力の２軸で表現されている。

両利きの実現に際しては，①明確な戦略意図，②経営陣の保護や支援，③対象を絞って統合された適切な組織アーキテクチャ，④共通の組織アイデンティティを必要とするとしている。実現のための重要な要素としては，探索と深化の調整者や幹部チームをまとめるといった，リーダーの役割についても提唱している。

両利きの経営は，イノベーションの実現に向けて組織能力を形成していく方策について，リーダーシップを有するトップマネジメントのもと，複数のミドルマネジメントが機能する組織を想定して述べているが，トップとミドルのマネジメントを社長が兼任することの多い小規模企業において，同様の取組みを実現するのは難しいといえる。

### ２．５．先行研究のまとめ

先行研究より考察すると，小規模企業においても事業承継環境下での経営革新は行われているものの，経営者個人の能力に依存した取り組みに限定されることが多く，両利きの経営で述べられるような組織的な取り組み状況については不明瞭である。いざ組織的な取り組みを行おうとする場合にも，小規模企業の人的資源は不足しているとみられる。他方少ない人的資源のなかで，両利きの経営が目指している新規事業の探索と深化の取組みを実現できている企業は存在している。以降については小規模企業ながら探索と深化を実現させた企業について，ケース・スタディを行い，成功の背景を考察するものとする。

## ３．事例研究

### ３．１．研究手法

先行研究にあるように，小規模企業は異質多元的な存在であり，典型像は存在しない。モデル化するためには，広範囲なアンケート調査の実施とその分析が適当であると考える。しかし，多様な小規模企業に対して，最適なアンケートの質問項目の設定が可能なのであろうか。本研究は，小規模企業の第二創業において，両利きの経営が「どのように」実現可能かを考察していく取り組みである。「ある特定の経営組織の再編がもたらした結果はなんであったか」といった識別には，サーベイ戦略や資料戦略がのぞましい。これらの点から，本研究においてはケース・スタディを用いることとした。

対象企業の選定に際しては，組織形成を調査するという観点から，現状では組織が形成されており，その組織自体は，現経営者が主導で行った企業を対象とした。対象企業については，複数回の第二創業を試みており，シングルケースであるが，3回の第二創業事例を比較評価することができるため，調査対象としては適切であると判断した。情報収集の方法として，ケース・スタディプロトコルを作成，数回のヒアリングを行う[注2]とともに，取り組み年度や組織経緯については，工業調査票や登記簿謄本，ISO9001:2015で定義されている書類資料などを参照して，信頼性を獲得するように努めた。

### 3．2．企業概要

株式会社昭和製作所は神戸市で1919年に創業した，船舶のディーゼルエンジン鋳造用木型や発電所のポンプ部品木型，自動車のウレタンシートモデルおよび関連する検査治具などの軟材加工を中心とする製造業である。創業当初は家族経営であり，創業者が手回し旋盤を繰り，創業者の妻は子供を背負って手伝いをしていた。主な仕事は，ドッグに入構した船に対して，部品を現物合わせで製造するという仕事で，ドッグで直接的に仕事を受注し，エンジン部品鋳造用木型を製作，近隣の鋳物屋へ依頼をして，鋳物にして収めるという仕事をしていた。

工業調査票（原本消失）によると創業当時は奥野木型製作所と称していたが，昭和製作所の鉄工部（現社長の叔父が経営）と木工部（現在の昭和製作所）という体制となった。鉄工部は有限会社昭和機工製作所となり，隣地に存在している。

現社長は4代目であり，5代目の承継を行っている最中である。従業員は15人ほどであり，数年前から急増した。現況としては自動車の海外生産化が進む中で，シート部分も現地調達が進んでおり，日本の中での仕事量は減少傾向である。船舶関連の木型製造は減少，原発関係の木型製造はほぼなくなったとのことである。そのため海外での受注を確保するべく，数年前にインドネシアへ進出した。

会社について，戦前の記録は焼失しており多く残ってはいない。社長入社以前の情報については前社長並びに前社長の弟の記憶や，残存資料を基に再構成をした。昭和30年以降の記録について，木型や社内の写真はあった。創業100年を迎え資料の重要性に気付いたため，今後残していきたいと考えている。

以降，現社長である奥野成雄氏が行った三件の第二創業について取り上げ，その際の組織について考察を行う。

### ３．３．手作業による木型事業主業期―建築工事業への進出

現社長は1981年に入社以降，しばらく作業者として従事していた。1980年代は好景気なこともあり，自動車シートのモデルが忙しく[注3)]，創業事業であった船のエンジン用木型製造はやめようかと検討したくらいであった。1992年頃，世間でバブル経済による好況が終わったあとでも当社は好況であった。その後，世の中が不況になるに従い，当社の受注も落ち着いたため，減少した自動車シートモデル事業の穴を埋める新規事業の探索をしていた。1995年で，社長が32歳のころ，阪神・淡路大震災があり，当社の建物も建て替えを余儀なくされ，建て替え中は加工設備が使えないことから，別の業務で食い扶持を確保する必要があった。震災後の街を見て，建築需要が増えると見越した奥野氏は，いとこが建築関係の業務に従事しており，また自らも建築に興味があったこともあり，内装工事業を開業することとなった。開業に際しての設備投資も100万円以下と低廉なこともあり，事業展開について，当時の社長からは見守りの姿勢を示された。作業としては，軽天と呼ばれる軽量鉄骨下地や内装ボードの施工を行っていた。店舗建築に関与したものの，１年ほどで事業から撤退した。当該事業で雇用をした人員１名が，工事業撤退後も当社に残留しており，奥野氏初めての部下になったＡ氏であった。工事業撤退後は木型等モデル製作事業に注力することとなった。

**図１　組織図Ⅰ（1981年～2001年）**

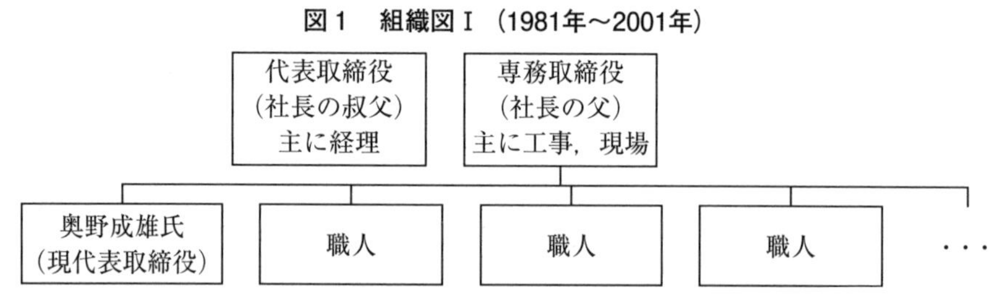


※年に社長交代があり，上手の代表取締役が会長，専務取締役が社長に就任している。
※奥野成雄氏は，当初は一作業者であったが，後に，見積や請求も担当している。

出典：ヒアリングをもとに筆者作成

### 3．4．CAD/CAMによる生産方式への変更期

自動車のシートモデル製作について，当初は手作業で製作をしていた。その後2002年にCAD/CAM導入，2004年に3軸加工ルーター，以降設備導入を重ね，現在では3DCADでデータを製作，5軸加工機で加工を行うという状況になっている。機械化をした現状においても，材料の特性を見極めた設計や，仕上げ工程における刃物を使った仕上げなど，手作業のノウハウが生かされており，デジタルとアナログの融合が当社の強みである。

2002年のCAD/CAMについては，顧客から図面情報をデータにて受け取る必要があったので導入をした。当初の使用方法としてはCADソフト上で図面情報を見るだけであった。表層的なソフト利用だけでは顧客からの評価が得られず，2004年にCAD/CAMから加工データを流し込む3軸加工ルーターを，約3,000万円で導入した。自動車のシートモデル製作を行う企業のなかでは遅めの導入であったが，顧客から強く促され，決断した。当社としては創業来最高額の設備投資へ踏み切れた理由としては，当時優秀な職人が複数おり，船舶のディーゼルエンジン部品鋳造木型製作で十分な利益を獲得できていたことがある（受注1件に対して，500万円ほどの売り上げがあり大半が粗利である）。高額な設備投資にも拘らず，先代は，指摘をすることもなく許容し，見守ってくれた。

2002年のCAD/CAM導入当時に，社内にて，奥野成雄氏が直接指示を出せてやり取りができたのは，前項で工事事業をしていたA氏と，のちに入社をしたB氏のみであった。ソフト導入は対外的要因であったが，加工機導入は社長の自発的な行動であったため，思い入れも深かった。2004年当時，奥野成雄氏は41歳で

**図2　組織図Ⅱ（2002年～2013年）**

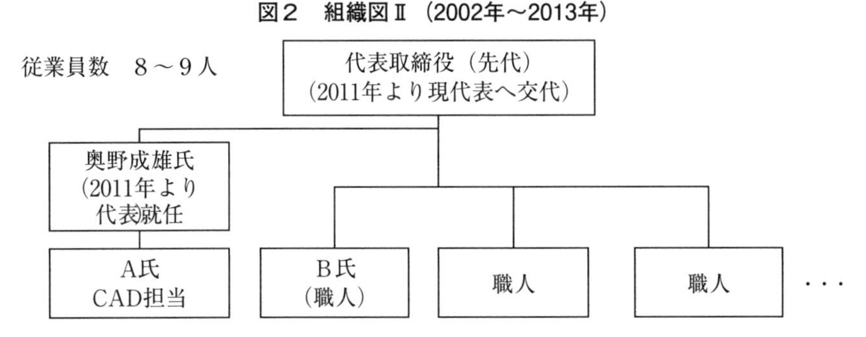


出典：ヒアリングをもとに筆者作成

あったが，A氏とB氏の両名を呼び出し次のように語った「CADもうまく使いこなせるようになり，加工機も導入していきたいと考えているので一緒にやろう，うまくいけばみんなで楽しく過ごせるようになる」。社長にとって，初めてで当時は2名だけであった腹心の部下とともに始めたCAD/CAMを用いた生産方式への移行であるが，立ち上げ半年は仕事があまりなかった。A氏は，工場の一角に作ったCADルームに籠り，データの作成や習熟を一人で行っていた。

先代社長からは，「パソコン注4）を導入したのなら，すぐにできるはず，色々製作して欲しい」と拙速な対応を迫られたが，納入できるような品質の製品はできなかった。当時の作業環境として，手作業での加工がほぼすべてであったことから，パソコンを使った業務は「主要な仕事」とみなされていなかった。ただしその環境下においても，先代社長や古参社員からは，指摘はなく，新しい事業を見守ろうという雰囲気が社内にもあった。見守りの雰囲気が醸成された背景としては，当該事業のコアメンバーであるA氏は建築作業者出身であり，本業の木型製作には適性が発揮されなかったため，結果として兼務(既存）を期待されなかったということがある。また，A氏は，古参社員たちから，人間的に好かれていたため，完全な放置状態ではなく，仕上げなどでは，古参社員からの手助けを得ることができた。A氏が専任のCAD担当者として1年間ほど取り組んだ結果，顧客からの発注が来るようになった。発注が増えるとともに，社内の認識も，「おぼつかない新規事業」から，「当社の事業の柱の一つ」へと変化するようになった。

奥野成雄氏が当時主力事業としてCADへ注力できたのは，従来事業であった木型事業について先代が管理職としての役割を担っていたことにより，負荷が軽減されていたことが理由であると述べていた。

### 3．5．ISOの導入と海外展開期

2003年には2人の部下が入社した。その後，奥野成雄氏は，リーマンショックによる不景気も経験し，雇用を継続させることの重圧を感じていたが，4名の部下をもち「みんなで楽しい仕事ができるようになれば」と考えるようになった。

2011年に，奥野成雄氏が代表取締役に就任をした(当時49歳，先代は78歳であった)。先代は社長退任後会長に就任し，以降6年間当社の動向を見守った。

木型製造業は以前より斜陽であったが，業界全体がつらい時期には支援策もあるし，負荷を感じていなかった。ただし2015年頃に，主要顧客の工場が突然閉鎖

された際には，業界の中で当社だけの問題で公的支援もないため苦労をした。

その後，ISOの取得に向かい取り組むこととなった。契機としては，同業の社長からの助言がある。海外進出をする際に役立ち，また取得過程において専門家から助言を受けられることへの期待があった。当初は社内の理解も少なかったが，2017年ごろになると，必要性を理解してくれるようになった。

並行して，インドネシア法人の設立にも取り組んだ。契機としては，2013年前後にあった同業社長からの誘いがある。言われた当時は業務も繁忙であり，あまり本気にはしていなかった。それから１年後に，くだんの同業社長から，海外進出のための視察に誘われ，タイとベトナムへ見学に行った。１年後，社長より電話があり，「当社はインドネシアへ進出するからパートナーとして来てほしい」といわれた。その企業は，海外では，同社が得意な金型製造へ経営資源を集中し，モデル製作については力量を評価している当社へ依頼をしたいという意図での打診であった。インドネシアについては，他国と比較して自動車シートモデルの調達商流が未確立であったことから，新規参入がしやすく，現地サプライヤと比較して，競争優位があると評価し，進出先として決断した。

具体的な打診であったが，奥野成雄氏は迷っていた。理由として，現地でのマネジメント人材の確保ができていないことがあった。自身が行くにも，社長に就任してまだ数年であり，経営基盤強化が必要な時期に国内を放置していくことはできない。そのようなときに，取引先社員であったＥ氏との出会いがあった。Ｅ氏は，奥野成雄氏から海外法人設立の話を聞くと，自分に責任者をさせてほしいと直談判をしてきた。熱意を評価した奥野成雄氏は，2014年２月に入社させ，国内で半年ほど研修したのちインドネシア法人の設立準備へ赴任させた。

**図３　組織図Ⅲ（2014年～2015年）**

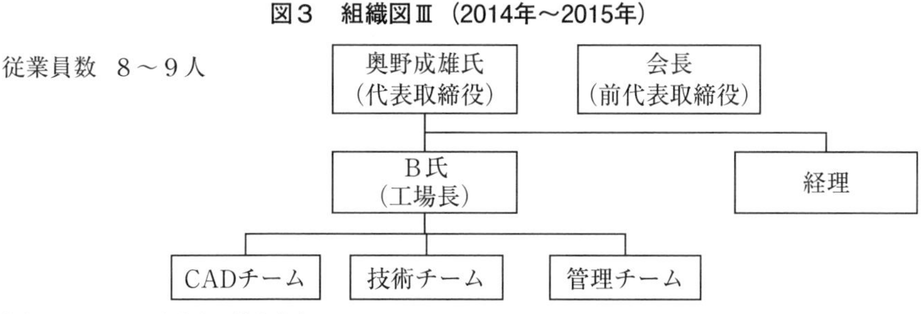


出典：ヒアリングをもとに筆者作成

**図４　組織図Ⅳ（2016年～）**

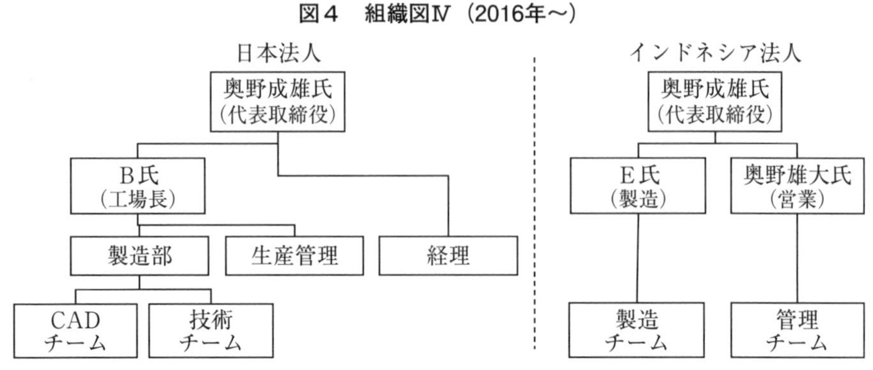


出典：ヒアリングをもとに筆者作成

その後，奥野成雄氏の子息が２名，５月と７月に入社し，海外法人を任せられる体制が整った。当社設立以来最大の意思決定であり，社長交代後２年での大きな行動であったが，当時会長であった先代は，批判をすることもなく，理解を示した。社長は当時を振り返ると，この見守りの姿勢に助けられたと語っている。

以降の法人設立までは早く，同年６～７月ごろに立ち上げ準備開始，年内年始に登記完了，登記後すぐ設備を導入して操業開始した。経営層としては，奥野雄大氏とＥ氏といった２名の日本人によって実質経営されており，日本から業務指示が出ることはあまりない。技術情報の交換については，日本とインドネシアの双方向で行う。加えて社長が毎月１回，出張をしている。そのほか，通常はIP電話でコミュニケーションをとっている。

インドネシアから日本へもたらされる利潤としては２点ある。１点目はインドネシアで受注した業務の中で，CADデータの変換等を日本で請け負うと，業務上発注関係になる。受発注の関係により，利益移転が可能になる。２点目は，インドネシアでできた取引関係をもとに，日本国内での当該企業間の取引へつなげていき，日本法人の新規受注獲得につながる点がある。大手企業は，海外駐在員が定期的に異動して，日本へ帰ることが多い。日本へ戻った元駐在員が，海外で培った人脈を活用する際に，当社へ新規依頼が来るといった事情である。

### 3．6．５代目への事業承継

インドネシア法人は設立５年半が経った。現地責任者をしている奥野雄大氏も，駐在5年半になり，これまで営業としてアジア各地で多く人脈を構築してきた。手探りの数年であったが，新規受注獲得につながる取り組みがみられるようになっている。奥野雄大氏はこの度，株式会社昭和製作所の事業承継候補者となり，ゆくゆくは駐在を解かれ，日本へ帰国する時期が迫っている。

### 3.7. 本ケースにおける両利きの経営との適合

1回目と2－3回目の違いは何であったか，環境変化はあるが，両利きの経営におけるフレームワークを用いて考察をしたい。

最初にイノベーションストリームの観点において整理を行う。1回目の内装工事業の開始は全く新規の顧客に対して，工事用の人員を採用しての取組みであった。市場の新規性は高く，既存の組織能力は活用ができない。既存事業とは非関連の取り組みであった。2回目のCAD/CAMの移行については，既存の市場に対してではあるが，従来あった手作業の技術要素をもとに機械化を図るという点で，イノベーションであるといえる。3回目のインドネシア法人設立については，市場は国内と同様の業界であるが，海外の企業という新市場であり，組織についてもインドネシアという日本とは異なる雇用環境下での法人設立ではあるが，新市場，新組織とも，既存に日本で存在している経営資源をもとに行われており，関連性は高い中でのイノベーションであると評価できる。

次に，両利きの経営に求められる要素との適合を考察したい。1回目の内装工事業の開始については，戦略的意図としてもスピンアウト対象事業であり，探索と深化の両立に際して求められる，探索組織の既存経営資源へのアクセスについても実現しえない環境であったため，事業として成立しえなかったのではないかと考えられる。2回目である，CAD/CAMへの移行については，戦略的意図もあり，技術革新をともなう取組みである。本来であれば，深化部門である既存事業（この場合は手作業の部門）からの反発や，探索事業への同調圧力が存在するが，探索事業従事者のA氏の人柄から，分離と実現を実現することができた。また，管理者としての奥野成雄氏の成長もあり，経営陣の関与監督保護についても適切に行われた結果であると考えられる。3回目であるインドネシア法人設立については，契機こそ同業他社であったが，戦略的な重要性もある事業であり，海外法人という管理が難しい環境であったが，E氏と奥野雄大氏という両名のマネージャーと，代表取締役として組織形成を実現させた奥野成雄氏の関与監督保護のもと，海外事業展開による新規顧客獲得という探索を実現させている。

## 4．考察

両利きの経営実現においては，探索と進化を推進する組織能力つまりはケイパビリティの形成が欠かせない。小規模企業においては，人数規模が限定されているため，余裕のある組織を構築するのは困難である。では，少数組織でも有効に機能するケイパビリティの形成はどのようになしえたのだろうか。本ケースにおいて，ケイパビリティの形成に役立った要素は次の３点であるとみられる。

① 複数回の第二創業による経営者能力の育成

経営者の成長により，探索事業の成功可能性が高まるのではないかということがある。経営者の事業探索能力，判断力，組織管理能力の向上により，３回目の探索事業においては，事業立ち上げまでの期間も短縮され，その後の組織運営も適切に行われていると評価できる。

一般的に両利き経営のケースにおいては，ケイパビリティを有している企業がイノベーション行動を取り，成立した事例を示しており，ケイパビリティの形成については，組織形態の形成プロセスを表現されているが，組織形成能力については深く論じられない。両利き経営の実現においては，実現の中核となるマネージャーの存在していることが成功要因であるが，教育の余裕がない小規模企業が，どのようにマネージャーを獲得するかといえば，承継候補者というマネージャー候補者の入社と，第二創業の実施という成長機会の獲得により，可能になると考えられる。加えて，第二創業は実施者の能力が相応に高くないと実現ができない取組であることから，実現者が複数回の第二創業を経験することにより，その能力を形成していっているということが言える。ケースにおいても，回を重ねる毎に実現までの期間が短くなり，成功度合いが高まっていることからも示される。

② 承継者による見守りの役割

新規の取組みにおける経営者の見守りは重要である。奥野成雄氏いわく，いずれの取組みにおいても，先代経営者による見守りがあり，具体的な助言や労力の提供を受けてはいないが，先代経営者の承認のもと事業を行えたことにより，周囲の理解を得られ，また，安心して事業推進ができたと述べられている。おおくの小規模企業においては，代表者がマネージャーであり，管理者の枠割を担うため，マネージャーの行動を見守る役割の職位は存在しない。だが小規模企業においても，事業承継期においては，後継者たるマネージャーと，見守る現社長という２人の管理職が存在しうるため，経営者が見守りの役割を担うことが可能になる。なお，後継者が管理職として行動を始め，代表者となるまでの期間のうち，事業承継においては，代表者が承継準備を始め，後継者への代表交代までの期間を事業承継計画として定めることから事業承継期を当該期間とすることがあるが，広義に解釈すると，後継者が実務を通じて経営者能力を形成し始めるときから事業承継は始まっている。本論文では事業承継期を広義に解釈することで，代表者が承継準備を始めるより前の後継者能力形成の重要性についても言及したい。

③　次世代経営者が社員を採用することによる組織の形成

小規模企業の事業展開においては，経営者が自ら，自己の経営思想と合致する人材を採用し，社内の構成比を高めていくことにより，組織が形成されるということがある。ケースにおいても，失敗であったといえる内装工事事業から，その後のコア人材が生まれたという経緯が判明した。事業探索の過程による人材の発掘と育成という効果が，組織が形成されておらず，採用や教育をシステム的に行うことができない小規模企業にとっては，有用であったと評価できる。

〈注〉

1　村上＝古泉（2010）で述べられている経営革新は，中小企業等経営強化法で定義されている取組みよりも広義に解釈されており，経営理念の確立や，従業員への権限移譲，不採算部門の整理なども含まれる。

2　訪問の記録（すべて2020年）

　５月21日（木）13:00～14:00代表取締役奥野成雄氏，取締役奥野雄大氏
　６月17日（水）13:00～15:00代表取締役奥野成雄氏，取締役奥野雄大氏
　７月９日（木）11:00～12:00代表取締役奥野成雄氏
　９月７日（月）13:00～15:00代表取締役奥野成雄氏，取締役奥野雄大氏

3　シートは数年毎のモデルチェンジ期に受注があり，世間の好況不況と時期ずれがある。

4　筆者注：CAD/CAMシステムのことをさす

〈参考文献〉

1　James G. March（1991年）「Exploration and Exploitation in Organizational Learning」『Organization Science』第２号，pp71-87

2　O'Reilly, Charles III; Tushman, Michael L.（2016年）『Lead and Disrupt: How To

Solve the Innovator's Dilemma.』（入山章栄訳『両利きの経営』東洋経済新報社）
3　安藤史江＝上野正樹（2013年）「両利きの経営を可能にする組織学習メカニズム」『赤門マネジメントビュー』12巻6号，pp.429-456
4　井上孝二（2008年）「小企業における事業承継の現状と課題」『日本政策金融公庫論集』第1号，pp.1-24
5　岡室博之（2003年）「27　零細企業・小規模企業」財団法人中小企業総合研究機構『日本の中小企業研究1990-1999』第1巻，同友館，pp.533-551
6　久保田典男（2012年）「中小企業の事業承継と後継者育成」三井逸友編『21世紀中小企業の発展過程』同友館，pp235-250
7　佐竹隆幸（2008年）『中小企業存立論』ミネルヴァ書房
8　佐竹隆幸（2019年）「中小企業及び小規模事業者の事業承継における課題と対応」『中小企業支援研究 別冊』第6号，pp18-23
9　末松玄六（1957年）「中小企業経営学の成立」『經營學論集』第28号，pp.100-120
10　髙橋徳行（2013年）「24 小企業」財団法人中小企業総合研究機構『日本の中小企業研究2000-2009』第1巻，同友館，pp.503-519
11　中小企業庁（2015年）『小規模企業白書』日経印刷
12　三井逸友（1985年）「21 零細企業」中小企業事業団・中小企業研究所編『日本の中小企業研究』第1巻，有斐閣，pp.413-446
13　村上義昭＝古泉宏（2010年）「事業承継を契機とした小企業の経営革新」『日本政策金融公庫論集』第8号，pp.1-30
14　中井　透（2009年）「第二創業」としての事業承継―創業企業とのパフォーマンス比較と「第二創業」を生み出す要因の分析―年報財務管理研究，pp.15-27
15　日本政策金融公庫（2015年）『事業承継で生まれ変わる』きんざい
16　安田武彦（2005年）「中小企業の事業承継と承継後のパフォーマンスの決定要因」『中小企業総合研究』創刊号，pp.62-85
17　Robert K.Yin.（2011年）『Case Study Research: Design and Methods』（A 公彦訳『ケース・スタディの方法』千倉書房）

（査読受理）

# 2010年代の英国の中小企業政策の回顧と日本への含意

西武文理大学　藤野　洋

## 1．緒言

英国では，大企業と先端的VBだけで国の経済・雇用を支えることは困難なため，既存中小企業の労働生産性の底上げが中小企業政策にとって喫緊の課題となっている。本稿では，英国の政策の2010年代に関する分析により，労働力不足と地方経済の衰退という英国と共通の課題を持つ日本の政策への展望を提供したい。

英国の中小企業政策に関する日本での研究は，ボルトン委員会（1974）以降，多くの研究者によって行われてきた。ただ，2000年代の政策に関する研究は，三井（2004a），三井（2004b），渡辺俊（2010）以降あまり行われていない。このため，本稿では，主に英国当局の公式文書等の分析により，2010年代の英国の中小企業政策の遷移の回顧を中心的論題として，日本の従来の政策との異同を意識しつつ政策当局に対する若干の提言を行うことを企図している。なお，英国の先進的な取り組みの日本への紹介が主眼である点に留意されたい。

## 2．創業促進を軸とする2010年代前半の政策：ヤング報告書とSBEEA

### 2.1　ヤング報告書

2010年5月に保守党・自由民主党連立政権のキャメロン首相は，雇用大臣・貿易産業大臣を歴任したヤング卿（Lord David Young）を同年11月に「企業家精神に関する首相顧問」に任命した。これは，政権交代を受けて，中小企業政策の刷新を企図したものと思われる。ヤング卿は，政府の中小企業に関する公式な報告を最終報告までに4回に分けて公表した（中間報告：Young（2012），Young

## （表１）2010年代の英国の中小企業政策の主な項目

⑴　2010年代前半開始の主要施策

| 項目 | 内容 |
|---|---|
| (a)<br>金融への<br>アクセスの<br>改善 | ①英国ビジネス銀行（British Business Bank：BBB）の創設（スタートアップ・ローン，エンジェル協調ファンド，企業資本ファンド，英国イノベーション投資ファンド，成長資金融資，ENABLE信用保証，企業金融保証制度，金融プラットフォーム，信用照会機関のデータの開放拡大），②貸付用資金調達スキーム，③ビジネス成長ファンド，④英国ビジネス銀行投資プログラム，⑤シード会社投資スキーム |
| (b)<br>市場への<br>アクセスの<br>改善 | ①公共調達へのアクセスの改善（資格認定前調査書の改革，公共調達検索サイト，ミステリー・ショッパー，「ビジネスをともに行うために最良の地方議会賞」），②国際化（「電子商取引による輸出（e-exporting）」促進のための規制上・言語面・文化的障壁の削減，輸出パスポート・スキーム） |
| (c)<br>競争力・<br>持続可能性<br>のための枠<br>組みの改善 | ①事業支援策と支援策へのアクセスの改善（成長バウチャー・プログラム，政府の中小企業支援のためのWebの充実，企業成長サービス，中小企業憲章賞），②税制・補助金（雇用控除，中小企業レート控除，雇用主に対する徒弟制補助金），③規制環境の改善（「全企業のためのより良いビジネス」） |
| (d)<br>起業家<br>精神の<br>醸成 | ①教育プログラム（５ポンドプログラム），②教育関係者のスキル向上（キャリア教育法定指針，教師の職業教育の能力の継続的な開発），③地域の中小企業への支援（エンタープライズ・パスポート，エンタープライズ・アドバイザー），④起業を含む職業選択のためのプラットフォーム（将来収入・エンプロイアビリティ履歴），⑤起業促進へのICTの活用（産業別eラーニング，ブロードバンド接続バウチャー） |
| (e)その他 | ①社会的投資税額控除，②Local Enterprise Partnerships（LEPs） |

⑵　本稿の論点に関する日英の状況（2010年代後半を含む。詳細後述）

| 論点 | 英国 | 日本 | 備考 |
|---|---|---|---|
| 生産性向上の重点等 | 労働生産性（サービス産業中心） | 物的生産性（高度成長期まで。製造業中心の理念），近年は労働生産性（非製造業を含む） | 英国では大企業団体（CBI）も中小企業の生産性向上に積極的に関与。日本では，政府が中小企業の価値向上（生産性向上）に協力するように，大企業に「パートナーシップ構築宣言」を勧奨し始めた段階。 |
| 創業促進〈公的金融の制度例〉 | 個人自営業の起業促進〈スタートアップ・ローン：BBB〉 | VBの輩出〈(a)新規開業資金，(b)マル経融資（小規模事業者経営改善資金）：日本政策金融公庫〉 | 英国のスタートアップ・ローンでは融資前後の起業家への事業計画の策定等の指導・メンタリングがある（融資前は必須，融資後は希望者）。一方，日本の(b)では融資前の商工会議所等による経営指導等が要件，(a)では融資前の指導は必須ではない。 |
| 経営スキルの涵養 | Business Basics Program（BBP）（実験中） | 多様な支援機関に豊富な施策（中小企業の認知度が低い支援機関が存在） | 英国では，BBPで中小企業の労働生産性向上に対する意識向上と，そのために必要な施策への感度の引き上げを可能とする施策の開発を実験中。理念的には全中小企業の労働生産性の底上げを企図している。 |
| 地域経済活性化に資する連携の例 | LEPs（民間主導の運営） | よろず支援拠点（商工会議所等準公的組織が連携のハブ） | 英国では，大企業を含めた産学官民の多様なステークホルダーの連携と民間活力の利用が進展。日本では現時点では大企業の関与の度合いや中小企業の認知度は低い。 |

（注）筆者作成。⑴の各政策の詳細については，藤野（2016），pp.45～59を参照されたい。

(2013), Young (2014), 最終報告:Young (2015))。この4回の報告（以下,「ヤング報告書」と総称）の策定途上から様々な政策が随時展開された（表1(1))。

ヤング卿が「中小企業にとっての黄金時代」と自己評価した最終報告の公表後, ヤング報告書の主要な提言内容と2010年代の中小企業政策が,「2015年中小企業, 企業家精神, 雇用法（Small Business, Enterprise and Employment Act 2015 (SBEEA)」として成文化され, 2010年代後半以降の政策が展開された（表2）。

**（表2）2015年中小企業, 企業家精神, 雇用法（SBEEA）の骨子**

| | |
|---|---|
| （第1編）金融へのアクセス | （第7編）会社：透明性 |
| （第2編）規制改革 | （第8編）会社の登記義務 |
| （第3編）公共部門の調達 | （第9編）取締役の資格剥奪等 |
| （第4編）パブコード仲裁人とパブコード | （第10編）倒産 |
| （第5編）育児と学校 | （第11編）雇用 |
| （第6編）教育の評価 | （第12編）一般事項 |

（注）筆者作成。SBEEAは, 日本の「中小企業基本法」に相当。直訳は「小企業, 企業家精神, 雇用法」であるが, 小（規模）企業だけでなく中規模企業を対象とする条項もあるため,「中小企業,,,」と翻訳。詳細は藤野（2020）, p.41参照。

SBEEAの主要な部分をみると, 第1～3, 5, 6編がヤング報告書の提言を具体的に法制化した部分であり, 第7～10編がコーポレートガバナンスの改革である[注1]。

ヤング報告書では個人自営業の創業促進が重視された。この背景には, (1)大企業製造業の海外移転による雇用喪失で国内が経済的・社会的打撃を受ける, (2)モバイルITの拡大による創業費用の激減で, 個人自営業が地域経済で重要な役割を担うようになった, (3)拡大EUからの人口流入により, 雇用の維持・拡大が政策目標となっていたことがあった。

ただ, スタートアップ（起業）に重点が置かれ, スケールアップ（事業・雇用の規模拡大）に対する視点はやや薄かった（藤野, 2017, p.44)。

## 2.2　Local Enterprise Partnerships（LEPs）

連立政権は,「お役所仕事」で効果が不十分との理由で1998年に労働党政権で制度化された地域開発庁（RDA）を2012年に廃止した。RDAは地域経済振興だけでなく, 雇用・職業訓練政策等の役割も総合的に担っていた（三井, 2005,

p.225)。問題点の改善のために，連立政権は地域開発にも民間活力を従来以上に導入する必要があると考え，イングランドを対象として，Local Enterprise Partnerships（LEPs）を2011年度に制度化した[注2)]。

各地のLEPでは，中小企業を含む民間部門が主体となって地域開発の戦略に創意工夫を採り入れることを企図したため，運営委員会の議長と委員の50％以上が民間から選出されることとした（構成員は，大企業，中小企業，地方当局，大学等及び地方の公的機関等が想定されていた）。また，行政の管轄ではなく経済的機能で柔軟に地域を区分し，各地でLEPの構築を政府は促した。地域成長基金（RGF：資本設備の購入を補助する政府基金）を中小企業に供給する場合，LEPを経由しなければならず，LEPsは地域での中小企業政策にも密接に関連している。

### 2．3　創業促進の代表的政策としてのスタートアップ・ローン

起業・創業促進に効果を発揮した政策が英国ビジネス銀行（British Business Bank（BBB））[注3)]が主導したスタートアップ･ローン（Start-Up Loans（SULs））である。これは創業前の起業家と創業直後の個人事業主を対象とする低金利（年利６％）の貸付である（借入限度額は２万５千ポンド。期間は１～５年）。加えて，事業のスタートを支援するのに重要な指導・メンタリングもセットになっている。借入希望者は，BBBの完全子会社が運営するスタートアップ・ローン・カンパニー（SULCo）のWebに登録し，SULCoと連携する自らの地域内のデリバリー・パートナー（起業の支援機関等）を選択し，借入申込みに必要となる申請書，ビジネスプラン及びキャッシュフロー予測などの作成等について，指導・メンタリングを受ける。SULCoが承認すると，政府が調達した資金を基にしてデリバリー・パートナー等が融資を実行する。指導・メンタリングは希望者に分割返済の際などに無料で12ヵ月行われる（Young, 2013, p.4）。

新規創業者は事業経験が不足しているため，経営スキルを涵養するように，起業の前後に事業計画の策定と進捗確認を行うメンタリングが融資と組み合わされることは，起業希望者の経営感覚醸成のための訓練の機会の一つになっている。

## 3．ヤング報告書を軸とする2010年代前半の政策の評価と課題

2010年代前半の政策をみると，SULsによる金融へのアクセスの改善や各種の

施策を含む起業環境の整備は，BBBの最新の評価等によると正の経済的効果があった[注4)]。また，地域開発政策と中小企業政策の統合政策として，行政管轄内に限定されない「民間主導」の協力体（LEPs）が各地で構築された点も特徴的である。しかし，最終報告時点では個人自営業がスケールアップし，雇用創出力が高まったようには見えず，「中小企業にとっての黄金時代」との「ヤング報告書」の自己評価は実態よりもやや甘いと言えた。こうした中，ブレグジットに対応するために，中小企業政策の重点を修正する必要が生じた。

## 4．ブレグジットに対応するためにシフトした2010年代後半の政策の重心

2016年の国民投票でEU離脱への支持が多数を占めたことから，貿易の利益の縮小，労働力の流入減，対内直接投資の流入減・流出増といった経済への悪影響が懸念され，企業部門の労働生産性向上が急務となった。英国政府は2010年代後半以降，「既存」の低生産性企業の底上げへと中小企業政策の重心を移しつつある。敷衍すると，労働生産性向上に対する意識が薄い一部の中小企業（ダチョウ企業）の経営者に「気づき」をもたらし，ITの活用促進と大企業で有効性が検証されている経営慣行（リーダーシップ等のビジネスの基本（Business Basics））の導入を促して労働生産性向上の必要性を認識する企業（カササギ企業）に一社でも多く変身させることが重視されている[注5)]。労働生産性の向上には，より少

（表3）効果が検証されたITと経営慣行のリスト（例示）

| | カテゴリー | 例 |
|---|---|---|
| A. IT（デジタル･テクノロジー）<br>デジタルな資産・ケイパビリティ，物的な資産・ケイパビリティの創造・改善 | デジタル資産・物的資産 | ERPシステム，クラウド・コンピューティング，モバイル・テクノロジー，自動化機械 |
| | ケイパビリティ | 電子商取引，電子決済，先進的アナリティクス，サプライチェーンのデジタル化，サイバーセキュリティ |
| B. 経営慣行<br>ビジネス慣行・モデルの新規創造，既存のビジネス慣行・モデルの導入 | 人的資源管理 | アジャイル・チーム，スクラム・チーム，業績管理，リーダーシップ開発 |
| | オペレーション/戦略 | ビジネス・プロセス・アウトソーシング，CDO（最高デジタル責任者）/デジタル戦略，リーン・プロセス，スタッフ・エンゲージメント |
| | ファイナンス | 原価管理（目的・部門ごとの費用配分），入手可能な資源の効率的利用（例:税額控除，補助金） |

（source）CBI（2017），p7.

ない労働者数・労働時間で付加価値を産む必要があり，①省人化と時間の節約に資するITの活用と②労働者に時間を浪費させないための明確な指揮命令をできるリーダーシップ等のツールやスキルを経営者が備えることが，既存中小企業全体にとって重要と，政府とCBI（英国産業連盟。大企業中心の経済団体）が考えたのである（表3）。

## 5．ビジネスベーシック・プログラム（BBP）による既存中小企業の労働生産性底上げ

### 5．1　BBPの概要

英国では戦略的に重要な産業の産業政策（Sector Deal）と地域での産学官連携（LEP等）の組み合せによる，全ステークホルダー関与型の「(理念的には)全ての」中小企業の労働生産性向上に効果的な政策の開発が実験されている。

その一環として，「ビジネスベーシック・プログラム」(Business Basics Program（BBP)）を政府が行っており，多数のプロジェクトが実施されている[注6)]。BBPの目的は，生産性向上に効果的な既存のIT・経営慣行をBusiness Basicsとして中小企業が採用することを促すのに最も効果的な政策介入の方法を特定しテストすることである。BBPには，英国の各地の大学，企業，自治体やLEP等の機関が単独で，あるいは共同で取り組んでいる。政府が財源を提供し，イノベートUK（実質的な公的機関）の審査に合格した機関等に対してビジネスベーシック・ファンド（Business Basics Fund（BBF)）として資金を助成する。プロジェクトの大半が「ナッジ理論」を援用しており，直接的・経済的に支援するのではなく，間接的な支援によって個々の企業が「気づき」を得て自発的に望ましい行動を取るような環境を低コストで整備することを目指している[注7)]。

### 5．2　BBPに至るまでの背景と動向

英国では「産業政策」に基づいて，様々な政策的支援を受けられる企業特区(Enterprise Zone）を選定中である。特区に認定されると，域内の該当業種の中小企業は大企業とCBIが組織した非営利組織（Be the Business[注8)]「(まともな)企業になれ」の意と思量される）からBusiness Basics習得の支援を受けることできる。英国では政府だけでなく大企業も国全体の労働生産性向上には，中小企

業の底上げが不可欠と考え，中小企業を取り巻くステークホルダーが総がかりで支援すべきとの危機感を共有しており，BBPとBBFの制度化に繋がった。

英国政府の労働生産性に向上に関する考え方は，2019年11月に政府が公表した「企業生産性報告」（HM Government（2019））と，前年に開始した主に中小企業を対象とする労働生産性（付加価値生産性）向上のためのパブリックコメントの募集文書（BEIS（2018））に示されている。中小企業の労働生産性に焦点を合わせる理由として，労働生産性の上昇が企業にとって利益の増加を意味する一方で，労働者の賃金の上昇につながる「可能性」があることを挙げている（BEIS, 2018, p.9）。

英国政府はカササギ企業群とダチョウ企業群との間の生産性格差の拡大を懸念したため，低生産性の企業が多く，雇用で比較的大きな比率を占める中小企業に焦点を合わせた（BEIS, 2018, p.10,11）。つまり，1社でも多くの中小企業がダチョウからカササギに変身することによる英国全体の労働生産性向上を目指している[注9)]。ダチョウ企業の変身には，会計士，地域の（業種別）経済団体，Be the Business等といった中小企業が信頼できる民間のステークホルダーとの連携，地方自治体といった公的なステークホルダーやLEPsのような産学官のネットワークも協働する重要性が指摘されている（HM Government, 2019, p.9）。

## 6．英国の2010年代後半の政策の評価と日本への含意

### 6．1　BBPとLEPsの意義・暫定的評価

BBPは今のところ実験段階であるものの，方向としては望ましいように思われる。英国政府はEU離脱後の中小企業政策の前提条件として，補助金や税制優遇といった多くの財源を必要とする政策で直接的・経済的に支援することよりも，行動インサイトを利用して個々の中小企業が自発的に望ましい行動を取るような環境を低コストで整備することを通じて中小企業の労働生産性向上を「そっと後押し（ナッジ）」することを指向している。その際，LEP等によって全ステークホルダー参加・協調型のプラットフォームを構築して財政負担を抑制しながら支援を行う体制の整備が必要であるとの認識が高まっていると考えられる。

### 6．2　日本への含意

#### ⑴　これまでの日本の政策

先ず，日本への含意をみるために，英国で2010年代前半に重視された創業促進政策と2010年代後半に重視され実験中の既存中小企業の生産性向上政策について，日本でのこれまでの政策で本稿の目的と関連する論点について言及する。

日本では，中小企業近代化促進法（1999年廃止）の下で，主に製造業を念頭に置いて近代化政策が推進され大企業との格差是正を政策課題として，中小企業の物的生産性の向上を目指した（渡辺俊，1985，p.20）[注10)]。近年の状況を見ると，政府は，製造業で「中小企業の実質労働生産性[注11)]（傍点筆者：物的生産性）の伸びは，年率３～５％を記録しており，大企業の伸びと遜色ない水準である。しかしながら，価格転嫁力指標の伸び率がマイナスであるが故に，中小企業の（筆者注：労働）生産性の伸び率が１％程度に低迷している」と分析し中小企業全体の大企業との労働生産性格差を政策課題としている（中小企業庁，2020a，p.6）。

創業促進政策をみると，1999年の改正中小企業基本法で創業促進が基本方針のひとつとなった。鹿住（2009）に依拠すると，「ハイテクベンチャー支援」が期待される成果を上げられなかったこともあり，その後経営サポート，経営資源とのマッチング，マーケティング支援等の経営スキルの習得に資する支援策が講じられた（鹿住，2009，p.99,pp.103,104）。

#### ⑵　英国の政策の日本との類似性と異質性

以上からは，2010年代の英国の中小企業政策には日本のこれまでの政策との間に類似性と異質性がみられる（表１⑵）。

まず，日本では近代化促進法の政策体系下で，英国では特に2015年代後半以降，生産性向上が中小企業政策にとっての目標となった。ただ，日本では当初は主に製造業での「物的生産性」の向上が重視され，その後関連業種や地域視点も政策に導入された（渡辺俊，1985，pp.29-33）。近年は非製造業も含めて労働生産性の向上が課題となっており，政府は大企業に「パートナーシップ構築宣言」で協力を促している。英国では，経済のサービス化の進展とロンドン近郊と地方の経済格差が大きいこともあり，製造業よりもむしろ観光関連産業のような非製造業に属している既存中小企業の「労働生産性」の向上が政策課題となっている。

次に，日英ともに創業促進が大きな政策目標となっていたことが挙げられる。ただ，日本の90年代以降の創業促進は（特に当初は）ハイテクベンチャーの育成によるイノベーションの実現に主眼が置かれていたが，英国では個人自営業者の創業促進が重視された。これは，雇用の維持・拡大が英国で重視されたことが要因として大きいと思われる。なお，英国では学生・教育者等を対象として，教育機関における起業家精神の醸成を目指す政策が初等教育から高等教育までの各段階でシームレスに展開されていることが特徴的である（表1⑴(d))。

創業促進のための公的金融制度をみると，英国のSULs（BBB）の特徴は「融資前」にビジネスプランの策定等の指導を行うとともに，「融資後」のメンタリングが制度化されている。日本にも日本政策金融公庫の「新規開業資金」「マル経融資」があるが，例えばマル経融資の要件として，商工会議所・商工会による「融資前」6ヵ月の経営指導があるが，「融資後」も経営指導を受けているかを公庫は確認していない模様である。上述したように，日英ともに起業家や既存中小企業（の経営者）にビジネスプランの策定をはじめとする経営慣行等のスキルの習得を促進する政策が近年は重視されている。

この点について，英国では，その多くがナッジ理論を援用している英国のBBPのプロジェクトによって，中小企業（既存のダチョウ企業）が「自発的に」生産性向上に取り組むような低コストの政策の開発を実験している。

また英国では，地域経済の活性化に資する多様なステークホルダーとの連携についてLEPsが民間主導で運営されていることと大企業中心のCBIも中小企業の労働生産性向上に積極的に関与していることも重要である。

### ⑶　日本の中小企業政策に対する含意

英国の中小企業政策の特徴は日本にとっても示唆に富む。日本の政策体系をみると，政府・自治体，各種の支援機関等が重層的に多様な施策を有しており，世界的にみても充実していると考えられる。しかし，政策当局の側から全ての中小企業にアクセスすることは困難なこともあり，認知度が低い中小企業支援機関が少なくない。2020年版小規模企業白書で代表的な中小企業支援機関の直近3年間の利用実績及び理解度・認知度をみると，中小企業の4割超が利用している機関は，ともにマル経融資に関与する「商工会･商工会議所」と「日本政策金融公庫」の2形態だけである一方，4割超に存在を認知されていない機関は「工業試験場」，「よろず支援拠点」，「中小企業基盤整備機構」，「認定経営革新等支援機関」，「中小企業再生支援協議会」，「事業引継ぎ支援センター」の6形態に及んでいる（中小企業庁，2020b，p.Ⅲ-68）。つまり，中小企業の側が必要な施策を「自発的に」

探求し，各種の施策を有効に活用して労働生産性を引き上げるには，中小企業の側，特に経営者の「意識」の向上がカギとなる。その際「意識」を醸成・具現化するためのスキルが経営慣行，ツールがITである。この見地からは，中小企業の労働生産性向上には，政策メニューの策定だけではなく，1社でも多くの中小企業が施策に対する意識を高めることを促すことも重要である。

なお，政府が財政面での制約に直面していることは日英で共通している。このため，BBPが目指している「間接的な支援」による（特に既存の）中小企業の労働生産性の向上が政策課題として浮上する可能性がある[注12)]。これまで，日本は，英国（あるいはEU）の中小企業政策・企業法制をかなり遅れて導入するケースが見られる（中小企業憲章：EU2000年，日本2010年。コーポレートガバナンス・コード：英国1998年，日本2015年，スチュワードシップ・コード：英国2010年，日本2014年）。もとより，「証拠に基づく政策立案（EBPM）」が中小企業政策の研究と展開にとって重要であるが，政策効果の検証結果を待つだけでなく他の先進国の政策動向をウオッチしプロアクティブに政策当局に提言・紹介することが研究の目的・意義となりうる。本稿で論じたBBPは現時点では実験段階であり効果の検証には至っていないものの，端的にいうと「中小企業全体をダチョウからカササギ」に変身させるために必要な政策の開発という野心的かつ先進的な取り組みである。この取り組みには「ナッジ理論」を基に「低コストで」中小企業を「自発的に」政策当局の支援メニューを探索・利用し労働生産性を向上させるように意識づけすることも含まれている。この意識づけは，支援機関に対する認知度が低い日本の中小企業にとっても極めて重要である。日英の既存の政策には類似したものも多数あるが，最終的には支援策に対する中小企業の側の自発性・意識・感度が低ければ，支援策の利用度や支援機関の認知度の向上に財政資金を直接的に投入しても効果に限界があるだろう。この見地からは，日本の当局等にBBPを代表とする英国の政策を紹介することには意義がある。

## 7．結語－今後の研究課題

以上を踏まえて，今後の研究課題について述べる。

本論では触れなかったがSBEEAの第11編「雇用」では，「ゼロ時間契約（zero hours contracts）」[注13)] の排他的優越性に制限が設けられた。この背景には，

Uberを代表例とするシェアリングエコノミーに人的資産を供給するフリーランスのような「労働者性を帯びた個人自営業者」等が特定の事業者（大企業が多い）に拘束され他の事業者からの受注に支障を来すのを是正する必要があると政策当局が考えたことがある。現在，労働者性を帯びた個人自営業者に対する法制度の明確化が日本だけでなく世界的に起業環境整備の重要な課題になっている[注14]。これが第一の研究課題である。第二に，英国の中央政府の政策だけでなく，地方政府の政策についても，中央政府との連携状況等を含めて研究することも課題である。第三に，中央と地方の政策に対する英国の中小企業の評価をFSB（The Federation of Small Businesses）のような中小企業の現場に近い団体等に対して調査することと，政策形成の相互作用という側面からは，FSBや個々のLEPのメンバーである機関が政策形成にどのように関与しているかということも重要な研究課題である。

〈注〉

1　SBEEAの詳細については，藤野（2020b），pp.38～41参照。

2　LEPsの意味は「地方における（L）」「企業家精神（E）」の活性化による経済発展のための産学官民連携の「協力体（P）」と思量される。なお，制度としての総称，あるいは複数形としては「LEPs」，単数形としての個々の主体としては「LEP」の語を使用している（詳細については，藤野（2016），pp.59～61参照）。

3　2013年７月設立のBBBは中小企業金融の円滑化を目的としており政府が株式を100%保有する公的金融機関（BBBによる金融サービスの概要は，表１を参照）。

4　この時期の企業数の増加率に対して個人自営業者の寄与が大宗を占めた（藤野，2020a, p.29）。この時期の企業の増加ピッチは他の欧州諸国を大きく上回っている（藤野，2016，pp.39,40）。加えて，スタートアップ・ローン（SULs）の効果に関するBBBの報告によると，融資とデリバリー・パートナーの両コスト等の合計の割引現在価値１単位に対する融資を受けた企業の粗付加価値１単位の比率（便益費用比率（Benefit Cost Ratio））が2014年の3.7から2016年には5.7へと上昇したと分析され，SULsの経済的効果は上昇している（British Business Bank，2019，pp.101-103,106）。

5　頭を地面に下げて隠れたと思いこむ習性がある「ダチョウ」は課題を直視しない企業の比喩，「カササギ」は鳥類で唯一鏡に映った姿を自分であると認識できる洞察力があり経営改善を迅速に行う企業の比喩である（CBI，2017，p.10）。

6　BBPと後述するビジネスベーシック・ファンドの詳細は，藤野（2020b）参照。

7　例えば，リーズ市地域LEPのプロジェクトは，低生産性に対処し，行動を変更することを企業に促すために，（筆者注：企業毎に）カスタマイズされ的を絞ったメッセージの効果を比較することを目的として，企業レベルのデータ分析と行動インサイト

（ナッジ理論に基づく検証の結果得られる洞察・知見）を政策として活用することを企図している（藤野，2020b，pp.50～55)。
8　中小企業の経営改善・生産性向上のための支援を行う非営利組織（2015年設立)。理事会メンバーは大企業，大手金融機関，大手コンサルタントとCBI。
9　「製造業」の国際競争力（輸出競争力）という観点からは，労働生産性よりも物的生産性の方が重要とも考えられる。しかし，英国では既に経済のサービス化が進んでおり，宿泊業などサービス業等の労働集約的な産業に属す中小企業に低生産性企業が多い傾向があるため，政府は労働生産性に焦点を当てて底上げを目指していると考えられる。この背景には，労働力流入が減少する可能性があるため，市場メカニズムを通じた労働力の（再）配分が労働生産性の維持・向上に必要と考えていることがある。なお英国では，国内市場での競争を通じた低生産性企業の退出が他の欧州諸国に比べ早いことが，高生産性の生存企業への労働力移動を通じた英国全体の労働生産性の維持・向上にとって重要と政府は示唆している（BEIS, 2018, p.11)。
10　戦後の製造業での，大企業・中小企業間の物的生産性格差の背景には金融市場の不完全性を原因とする資本集約度・技術導入の格差があった。また，付加価値生産性の格差の背景には生産物市場の不完全性があると指摘されている（新庄，1974，p.67)。技術導入については，「発注側大企業経由で先進技術の導入を行うことが，受注側中小企業にとっては，最も容易かつ安価な先進工業化の道であった」ことが指摘されている（渡辺幸，2009，p.259)。一方，生産物市場の不完全性については，「…収奪問題が発生し低価格での販売を余儀なくされ，従業者１人当たりの付加価値額（筆者注：労働生産性）も少ない」と指摘されている（町田，2013，p.2)。
11　実質労働生産性は，従業者数一人当たりの生産数量，すなわち「物的生産性」に相当する指標（中小企業庁，2020a，p.6)。
12　中小企業庁・三菱総合研究所からの要請で2021年２月25日に実施した英国の中小企業政策に関する意見交換では，参加者のBBPへの関心が特に高かった。
13　労働時間数が保証されず就労時間に応じて給与を受け取る勤務形態。
14　英仏の最高裁（英：2021年２月、仏：2020年３月）がUber（被告）の一部の運転手（原告）を従業員と認定したが，全運転手が対象ではなく法的には安定していない。

**〈参考文献〉**

1　BEIS（2018）*BUSINESS PRODUCTIVITY REVIEW Government call for evidence*
https://assets.publishing.service.gov.uk/government/uploads/system/uploads/attachment_data/file/712342/Business_Productivity_Review_call_for_evidence_.pdf（2020年９月13日閲覧）
2　ボルトン委員会（1974年）（商工組合中央金庫調査部訳）『英国の中小企業（ボルトン委員会報告書）』（商工組合中央金庫（原著 The Committee of Inquiry on Small Firms（1971），"*Small Firms*" *Report of the Committee of Inquiry on Small Firms,*

Her Britannic Majesty's Stationary Office)
3　British Business Bank (2019) *RESEARCH REPORT Evaluation of Start-up Loans:Year 3 Report*
https://www.british-business-bank.co.uk/wp-content/uploads/2019/10/SUL-Evaluation-Year-3-Report-June-2019_final.pdf. (2021年2月19日閲覧)
4　CBI (2017) *FROM OSTRICH TO MAGPIE-INCREASING BUSINESS TAKE-UP OF PROVEN IDEAS AND TECHNOLOGIES*
https://www.cbi.org.uk/media/1165/cbi-from-ostrich-to-magpie.pdf. (2019年2月25日閲覧)
5　中小企業庁 (2020年a)『価値創造企業に関する賢人会議中間報告』
https://www.chusho.meti.go.jp/koukai/kenkyukai/kenjinkaigi/2020/200228kenjinkaigi02.pdf (2021年2月24日閲覧)
6　中小企業庁 (2020年b)『小規模企業白書 (2020年版)』
https://www.chusho.meti.go.jp/pamflet/hakusyo/2020/PDF/shokibo/05sHakusyo_part3_chap2_web.pdf (2021年2月20日閲覧)
7　藤野洋 (2016年4月)「欧州における地域活性化のための中小企業政策―英国の政策・企業法制を中心に―」『商工金融』第66巻第4号, pp.22-70
8　藤野洋 (2017年2月)「『ヤング報告書』にみる英国の中小企業政策の将来像」『商工金融』第67巻第2号pp.22-64
9　藤野洋 (2020年2月a)「個人自営業の起業・創業促進の意義と課題―日本の起業・創業促進政策に対する英国『ヤング報告書』の含意―」『日本政策金融公庫論集』第46号pp.25-45
10　藤野洋 (2020年6月b)「EU 離脱国民投票後の英国の中小企業政策―低生産性企業の底上げ政策と観光振興政策のケーススタディ―」『商工金融』第70巻第6号 pp.36-69
11　HM Government (2017) *Industrial Strategy: building a Britain fit for the future*
https://www.gov.uk/government/publications/industrial-strategy-building-a-britain-fit-for-the-future (2019年2月25日閲覧)
12　HM Government (2019) *BUSINESS PRODUCTIVITY REVIEW*
https://assets.publishing.service.gov.uk/government/uploads/system/uploads/attachment_data/file/844506/business-productivity-review.pdf (2019年12月9日閲覧)
13　鹿住倫世 (2009年)「創業促進政策の成果と課題―中小企業基本法改正10年を振り返って―」『2009年版新規開業白書』日本政策金融公庫, pp.59-104
14　町田光弘 (2013年3月)「規模間生産性格差と中小工業の存立基盤について」『産開研論集』第25号, pp.1-12
http://www.pref.osaka.lg.jp/attach/1949/00103312/25RONSHUmatida.pdf
(2020年9月23日閲覧)
15　三井逸友 (2004年a)「英国における中小企業政策と自営業, 新規開業」国民生活金

融公庫総合研究所編『自営業再考―自ら働く場を創出する「自己雇用者」』中小企業リサーチセンター，pp.129
16　三井逸友（2004年12月b）「地域イノベーションシステムと地域経済復活の道」『信金中金月報』第３巻13号，pp.2-25
17　三井逸友(2005年)「地域再生と地域イノベーション戦略の意義」『地域インキュベーションと産業集積・企業間連携―起業家形成と地域イノベーションシステムの国際比較―』御茶の水書房，pp217-272
18　新庄浩二（1974年５月）「戦後製造業における規模別生産性格差の推移」『国民経済雑誌』第129巻５号，pp.66-89
http://www.lib.kobe-u.ac.jp/repository/00171724.pdf（2020年９月20日閲覧）
19　渡辺俊三（1985年１月）「中小企業政策の展開過程―近代化政策と不利是正政策の展開を中心として―」『立教経済学研究』第38巻３号pp.1-40
https://rikkyo.repo.nii.ac.jp/?action=pages_view_main&active_action=repository_view_main_item_detail&item_id=12843&item_no=1&page_id=13&block_id=49（2020年９月10日閲覧）
20　渡辺俊三（2010年）『イギリスの中小企業政策』同友館
21　渡辺幸男（2009年１月）「『日本機械工業の社会的分業構造』再論：慶應義塾経済学会コンファレンスでの課題提起に応えて」『三田学会雑誌』第101巻４号，pp233-262
http://koara.lib.keio.ac.jp/xoonips/modules/xoonips/detail.php?koara_id=AN00234610-20090101-0233（2020年９月７日閲覧）
22　Young, Lord（2012）*MAKE BUSINESS YOUR BUSINESS*
https://www.gov.uk/government/uploads/system/uploads/attachment_data/file/32245/12-827-make-business-your-business-report-on-start-ups.pdf（2015年８月31日閲覧）
23　Young, Lord（2013）*GROWING YOUR BUSINESS-A REPORT ON GROWING MICRO BUSINESSES*
https://www.gov.uk/government/uploads/system/uploads/attachment_data/file/197726/bis-13-729-growing-your-business-a-report-on-growing-micro-businesses.pdf（2015年８月31日閲覧）
24　Young, Lord（2014）*Enterprise for All*
https://www.gov.uk/government/uploads/system/uploads/attachment_data/file/338749/EnterpriseforAll-lowres-200614.pdf（2015年８月31日閲覧）
25　Young, Lord（2015）*THE REPORT ON SMALL FIRMS 2010-2015 BY THE PRIME MINISTER’S ADVISOR ON ENTERPRISE*
https://www.gov.uk/government/uploads/system/uploads/attachment_data/file/402897/Lord_Young_s_enterprise_reportweb_version_final.pdf（2015年８月31日閲覧）

（査読受理）

# 山形県中小清酒製造業における地域資源の普及過程と公設試験研究機関の役割

新潟大学（院）　庄司義弘

## 1．研究の背景（はじめに）

地域経済の縮小は，その地域を市場としていた地場産業にも影響を与えている。「地場産業は，産業としての歴史性・伝統性を持ち，地域内から資本・労働力・原材料を調達して，特産品（あるいは消費財）製品を生産し，これに関わる社会的分業の形態をとって，特定地域へ集積するという特徴を持っている産業」と定義されてきた（上野和彦, 2007, pp.5～14）。清酒製造業も地場産業の一つであり，地域内から経営資源を調達して生産した製品を地域市場に供給するという基本構造を構築してきた。清酒の生産量は，1975年をピークに全国的に右肩下がりで，2018年の生産量はピーク時の３分の１程度になっている。清酒製造業企業の立地点を中心とする地域内の需要が減少する中，重要な法制度の変更（等級別制度廃止）を通して需要の質の変化に対応し，新しい取引関係を築いた中小企業によって，清酒製造業が地域の移出産業としての地位を確立してきた地域があり，山形県はその代表的地域である。

清酒製造業は，それぞれの時代の政策目的達成のための重要な税源として，法制度からの影響を大きく受けた産業であり，幕藩体制の維持および明治維新から第二次世界大戦までの日本社会の近代化の過程を支えた産業であった。

第二次世界大戦後においては，食糧管理制度および酒税法の等級別制度[注1)]による生産量規制や，中小企業近代化促進法[注2)]による生産拠点の集約と企業数の減少という法制度の影響が表れた。高度経済成長期以降は，多様な酒類の供給と経済の低迷が影響し，清酒の需要が減少する中，1992年の酒税法改正において等級別制度が廃止された。清酒製造における等級別制度廃止は，酒質に合わせた表示として「普通酒」,「特定名称酒」という現在の商品分類体系を作り出した。清酒製造業企業は，法制度の変更後の商品分類体系に合わせた清酒製造に移行しなければならず，従来の生産構造を大きく変える転機となった。[注3)]

清酒需要の減少と法制度の変更への対応は企業規模によって異なり，OEM生産を活用していた大手清酒製造業企業は，需要が減少すると生産を内製化して対応したが,「普通酒」を生産する体制に変化はなかった。一方，従来の製造方法を残して設備を近代化しなかった中小清酒製造業企業は，等級別制度廃止を通して付加価値の高い「特定名称酒」の生産を中心にすることに舵を切った。

中小清酒製造業企業が，生産する主要製品を「特定名称酒」にする理由は，大手清酒製造業企業との間では生産コストの面で不利であるため，製品の付加価値を高める方向を選択したこと，労働集約的な従来の製造方法や醸造設備を残していたことで大規模設備では実現できない多品種少量生産が可能であったことがあげられる。しかし，中小清酒製造業企業が付加価値の高い「特定名称酒」を生産するためは，新たな原材料と生産技術を円滑に調達することが必要になった。さらに，中小清酒製造業企業が存立するためには，新たな原材料と生産技術を用いた生産体制を確立し，従来の域内市場に製品を販売することに加え，首都圏を中心とする国内市場や海外市場に製品を販売する必要性を生じさせた。

## 2．本研究の目的と方法

本研究では，地場産業かつ伝統産業で域内需要により成り立ってきた清酒製造業企業が，域内の需要が縮小する中で，地域資源の活用の仕方をどのように変化させ，移出産業を形成したのかを明らかにする。清酒製造業企業にとって原材料や生産技術といった経営資源は，企業が立地する地域から調達することが基本であり，経営資源と地域は密接な結びつきがある。

本研究の視点は，山形県の清酒製造業企業が製造する主要製品が「特定名称酒」に変化するプロセスで生じたことを公設試験研究機関との関係から検証し，そのプロセスで地域資源の普及がどのようにおこなわれたかである。本研究では，生産する主要製品が「特定名称酒」に変化するための測定期間を，企業の行動に変化が見られるようになった1980年代後半から現在までとする。その理由は，清酒の生産量が1975年にピークを迎えたあと，需要減少による生産量減少のなかで等級別制度廃止に対応する「特定名称酒」の生産に移行した時期を2000年以降と捉えるためである。

既存研究（初澤，1996，八久保，2004，2007，2008）では，清酒製造業に対する法制度変更（等級別廃止）による生産構造変化と経営戦略の方向性について，企業や産地を主体に論じられており，「特定名称酒」の生産に移行するなかで，不足する経営資源を入手する過程に関して言及されていない。研究方法は，山形県に立地する清酒製造業企業８社の代表者および役員（製造責任者），山形県酒造組合特別顧問小関敏彦氏（公設試験研究機関の元職員）に対して行った非構造化インタビュー（調査期間：2017年11月から2019年１月）をもとにした事例研究である。

## ３．清酒製造業企業と地域資源調達との関係

### ３－１　清酒製造業企業における地域資源の利用

地域資源の概念は，多種多様に捉えられ，研究者によって地域資源の範囲は大きく異なっている。経済学における地域資源の範囲は，「生産要素としての原材料を意識した，植物，動物，鉱物資源」が地域資源として認識されてきた。地域資源の概念は，「工業技術の発展とともに，かつての自然環境だけに限らず，地域内の資本，労働力，情報，通信，運輸インフラまでも重要な要素として認識される」(寺岡寛，2017，p.49)。また，社会学における地域資源の範囲は，「人とのコミュニティ，生産物，伝統文化」をその範囲として捉えている。「地域資源のうち，人とのコミュニティを地域間のネットワークとして広域化することで，地域の活性化は進展する」としている（高橋一男，2018，p.58)。

以上のことから，地域資源とは，自然資源から獲得できる経営資源だけではなく，地域に蓄積されてきた技術・技能を含む概念であることがわかる。

地域の中小企業である清酒製造業企業が移出産業を形成するには，付加価値の高い製品（特定名称酒）を生産しなければならない。そのためには，良質な酒造好適米の安定的な調達，清酒製造業企業の立地点にある水と酒造好適米を清酒に変える機能を持つ酵母の調達，さらに立地地域内で蓄積される生産技術が必要になる。清酒製造業企業にとって地域資源は，製品の製造に欠かせない必須の経営資源である。

1992年の等級別制度廃止前の清酒の製造体制は，JAから原料米である飯米を調達し，各企業で保有している蔵付きの酵母や公益財団法人日本醸造協会が頒布する協会酵母を用いて生産するのが一般的であり，酒造好適米を用いた製品の生産は，品評会用のごく一部であった。また，生産技術も域外から流入する杜氏集団の技術に支えられており，清酒製造業企業内での生産技術の蓄積や，清酒製造業企業同士の交流はあまり行われてこなかった。

域内需要が減少し清酒製造業企業の廃業が相次ぐなか，等級別制度の廃止により商品分類体系が変化したことは，大手清酒製造業企業に比べ製造コストや製造設備のほか資金調達力に差がある中小清酒製造業企業にとって，企業の存続のため付加価値の高い「特定名称酒」を主要製品とする必要性を生じさせた。その理由は，低価格の普通酒の生産ではコスト重視の大手清酒製造業との競争に勝ち得ないからである。自前で研究や開発の機能を持つことが少ない中小清酒製造業企業が，企業存続のための課題を克服する方策として，外部の支援機関から地域資源を調達する課題が生まれた。

### ３－２　公設試験研究機関の役割と先行研究の関連

中小企業の外部支援機関は，おもに公設試験研究機関，民間企業研究機関，大学があり，うち公設試験研究機関は，「農林水産系，工業系，衛生・環境系の3つに区分される」（植田浩史・本多哲夫，2006，p.33）。1980年以降，工業系公設試験研究機関は，技術開発，依頼試験，機器開放などの機能に加え，高度かつ先端技術への対応のため，研究機能を強化しながら組織再編が進んだ。その一方で，公設試験研究機関の組織としての方向性は，「中小企業の人材育成支援，事業可能性・市場調査・技術の目利き役，技術を活かした経営の支援など，多様な機能の取得と活用」（伊藤正昭，2011，p.298）が求められてもいた。

中小清酒製造業企業にとって公設試験研究機関の存在は，民間企業研究機関や大学と比べ，依頼先との利害関係や研究者の興味に関係なく依頼でき，企業と近接した地域に設立されている身近な存在である。中小清酒製造業企業が「特定名称酒」を生産するには，円滑な地域資源の調達が必要である。地域資源の研究や開発の機能を自前で持つことの少ない中小清酒製造業企業は，公設試験研究機関が持っている地域資源の研究や開発の機能を利用することが，製品開発には有効であると考えられる。よって，地域資源の研究や開発の機能を持つ公設試験研究機関の取組みが，中小清酒製造業企業の存続の鍵になると考えられる。

## 4．公設試験研究機関による地域資源の普及

本章では，山形県の清酒製造業企業が「特定名称酒」の生産に移行する要因を公設試験研究機関の地域資源の普及過程から検討する。

2018年現在，山形県の清酒製造業企業は53社存在している。清酒製造業企業で生産された清酒の量を示す指標である課税移出量においては，山形県は全国11位（2015年）であるが企業数が多く，中小規模の企業が多いことが特徴である。山形県

**表1：都道府県別清酒製造業企業数推移**

(2001年-2012年)

| 順位 | 都道府県 | 2001年 | 2012年 | 廃業数 | 減少率 |
|---|---|---|---|---|---|
| 1 | 山形 | 57 | 55 | 2 | 3.5% |
| 4 | 新潟 | 104 | 94 | 10 | 9.6% |
| 5 | 長野 | 97 | 86 | 11 | 11.3% |
| 17 | 岩手 | 29 | 23 | 6 | 20.6% |
| 26 | 福島 | 86 | 65 | 21 | 24.4% |
| 27 | 秋田 | 53 | 40 | 13 | 24.5% |
| 30 | 宮城 | 39 | 29 | 10 | 25.6% |
| 33 | 京都 | 65 | 47 | 18 | 27.6% |
| 38 | 兵庫 | 121 | 84 | 37 | 30.5% |
| 40 | 青森 | 33 | 21 | 12 | 36.3% |
| 42 | 山口 | 69 | 42 | 27 | 39.1% |
| 43 | 東京 | 20 | 9 | 11 | 55.5% |
| 44 | 香川 | 16 | 7 | 9 | 56.2% |
| (宮崎・鹿児島・沖縄は企業数が2・0・1であり対象外とする) | | | | | |

出所：山形県酒造組合提供資料を参考に筆者作成

**図1：等級別制度廃止後の商品体系での生産商品比較（2016年　単位：%）**

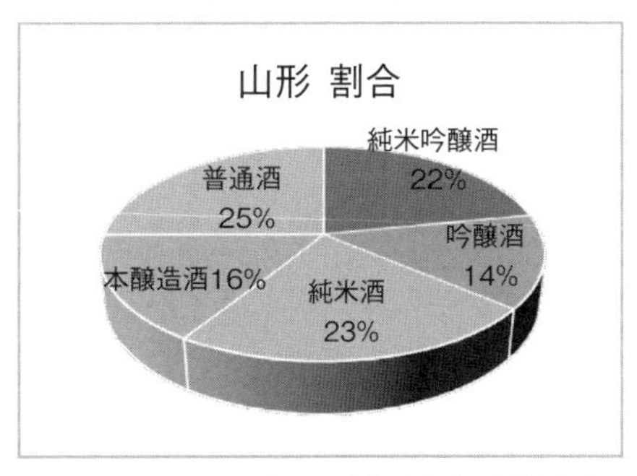


出所：山形県酒造組合提供資料を参考に筆者作成

酒造組合によると（表１），2001年と2012年を比較した都道府県別清酒製造業企業数減少率が3.5％と全国でもっとも低い。山形県は，「特定名称酒」生産比率（普通酒以外の商品の比率）が全国に比べ非常に高く（図１），GI（地理的表示）の取得などによって全国的に注目される産地になっている。山形県の清酒製造業企業は，低温流通，低温管理を基本とした個別販売網を築いて商品を個性化する戦略を取って産地形成しているのが特徴である。

1975年以降の全国的な清酒需要の低迷は，山形県の清酒製造業企業においても，生産量の減少やOEM取引の打ち切りを招き，苦境に立たせることになった。山形県の公設試験研究機関である山形県工業技術センターには，清酒製造業企業から「特定名称酒」を生産するために生産技術指導の要望が寄せられた。清酒製造業企業から山形県工業技術センターに対する要望は，個別企業，さらに産業の生き残りを目的としたものであった。山形県が清酒製造業企業を支援するための政策決定のプロセスは，清酒製造業企業からのボトムアップにより実現したものである。よって，政策実行主体である山形県工業技術センターは，支援施策を実行する機関としての主体性を持ち得た。また，山形県工業技術センターの研究員である小関敏彦氏は，地域資源の普及を担うキーパーソンとして清酒製造業企業に直接変化をもたらす主体としての機能を担った。山形県工業技術センターは，酒造好適米や酵母の開発に取り組み，「滞在指導[注4)]」と呼ばれる生産技術指導を通して地域資源の普及を全県に図った。山形県工業技術センターが普及させた地域資源は，清酒製造業企業にとってのスタンダードとして製品の再現性を高め，従来とは異なる製品を生産することを可能とした。清酒製造業企業は，「特定名称酒」の生産をおこなうことを目標としながら，それぞれの企業内にその研究や開発機能がないため，公設試験研究機関が提供する安定的な品質の地域資源を必要としたのである。

山形県工業技術センターの支援施策展開は，山形県酒造組合が2016年12月に取得した地理的表示（GI）取得につながる構想であるテロワールの理念を根底に，継続して取り組まれた。清酒の製造におけるテロワールとは，清酒の生産に必要な経営資源である米，水，酵母，生産技術のすべてで，山形県のものを使用して生産することをいう。山形県工業技術センターは，テロワールの理念に基づいて酒造好適米開発，酵母開発および生産技術普及まで一貫した戦略のもとで施策展開をおこなったのである。

## 5．地域資源の普及過程と清酒製造業企業の行動変化

### 5－1　清酒製造業企業における地域資源の普及

山形県の清酒製造業企業には，経営資源である地域資源の研究や開発機能を自前で持っている企業は少ない。清酒製造業企業における研究や開発は，酵母，酒造好適米といった地域資源そのものの開発を意味するが，一般にその機能は公設試験研究機関が担うことが多い。山形県の清酒製造業企業においては，公設試験研究機関が研究開発をおこなった地域資源を多くの企業が使用している状態が，測定期間で一貫して続いている。つまり，山形県の清酒製造業企業は，企業内で利用される経営資源という点で公設試験研究機関が提供する共通の地域資源を利用してきたといえる。

また，1987年には，山形県酒造組合から独立した生産技術交流組織である「山形県研醸会」を立ち上げ，清酒製造に従事する技術者同士の生産技術向上が図られている。さらに1995年からは，山形県独自の製品に対する審査制度を設けて，全国新酒鑑評会での受賞を目指した審査を実施するとともに，毎年５月の全国新酒鑑評会に合わせて酒質を向上させるピーキングの指導をおこなってきた。これらの一連の取り組みが功を奏し，全国新酒鑑評会での受賞数を増加させるとともに，山形県の清酒の品質が一定の評価を得る結果に至った（表２）。

したがって，山形県の清酒製造業企業は，公設試験研究機関との積極的な関わりにより，公設試験研究機関が提供した地域資源を利用して製品の生産をおこない，生産する主要製品が「特定名称酒」に変化した。言い換えれば，公設試験研究機関が作り上げた地域資源に合わせて清酒製造業企業が製品の生産をおこなうようになったといえる。

しかし，一般に製造業では，原材料や生産技術を同業者と同じものとすることは製品の差別化が困難となり，自社の競争優位を失うことになりかねない。なぜ，山形県の清酒製造業企業は，公設試験研究機関による一連の取り組みを受け入れたかを考える必要がある。その理由として山形県の清酒製造業企業の生産体制の問題と，地域資源の普及に向けた公設試験研究機関の戦略があげられる。

等級別制度廃止前後，山形県の清酒製造業企業の多くは，生産工程に関わる人材の確保に問題を抱えていた。山形県の清酒製造業企業の多くが，杜氏と呼ばれる製造責任者に生産技術を依存する生産体制が長く続いていた。山形県の清酒製

**表2：全国新酒鑑評会金賞受賞数の県別推移（単位：銘柄数―商品数）**

| 順位/年 | 2010 | 2011 | 2012 | 2013 | 2014 | 2015 | 2016 | 2017 | 2018 | 2019 |
|---|---|---|---|---|---|---|---|---|---|---|
| 1 | 新潟22 | 福島20 | 新潟23 | 新潟24 | 福島26 | 福島17 | 福島24 | 福島18 | 福島22 | 福島22 |
| 2 | 山形18 | 新潟18 | 福島19 | 福島22 | 兵庫17 | 山形17 | 山形15 | 山形17 | 宮城20 | 秋田17 |
| 3 | 福島18 | 山形17 | 兵庫19 | 兵庫20 | 新潟15 | 宮城16 | 新潟15 | 兵庫17 | 秋田16 | 新潟15 |
| 4 | 秋田15 | 秋田17 | 山形18 | 山形16 | 秋田15 | 新潟15 | 秋田13 | 新潟14 | 山形15 | 兵庫15 |
| 5 | 長野12 | 長野17 | 宮城17 | 秋田16 | 山形14 | 兵庫14 | 兵庫12 | 宮城15 | 新潟14 | 長野14 |
| 6 | 広島11 | 兵庫16 | 長野12 | 宮城10 | 宮城12 | 広島12 | 長野12 | 秋田14 | 兵庫13 | 山形13 |
| 7 | 愛知10 | 宮城15 | 秋田11 | 長野10 | 長野10 | 茨城11 | 栃木11 | 長野11 | 栃木11 | 宮城13 |
| 8 | 愛媛9 | 広島13 | 高知9 | 京都10 | 広島10 | 岩手10 | 宮城10 | 栃木10 | 長野10 | 茨城12 |
| 9 | 宮城8 | 京都10 | 京都8 | 岩手7 | 青森9 | 秋田10 | 茨城10 | 広島9 | 岩手9 | 栃木11 |
| 10 | 栃木8 | 青森7 | 埼玉8 | 広島7 | 岩手8 | 愛知8 | 青森9 | 茨城8 | 茨城8 | 京都7 |

| 順位/年度 | 2000 | 2001 | 2002 | 2003 | 2004 | 2005 | 2006 | 2007 | 2008 | 2009 |
|---|---|---|---|---|---|---|---|---|---|---|
| 1 | 新潟21 | 新潟18 | 新潟30 | 長野26 | 新潟23 | 山形24 | 新潟26 | 福島23 | 新潟24 | 新潟25 |
| 2 | 長野17 | 兵庫12 | 長野25 | 新潟22 | 山形22 | 新潟22 | 山形16 | 山形18 | 福島21 | 福島17 |
| 3 | 兵庫14 | 島根12 | 兵庫19 | 広島22 | 広島16 | 秋田13 | 宮城14 | 新潟17 | 山形19 | 山形16 |
| 4 | 福島12 | 山形11 | 山形16 | 山形17 | 福島13 | 福島13 | 秋田11 | 秋田17 | 兵庫15 | 秋田16 |
| 5 | 愛知12 | 秋田11 | 秋田14 | 兵庫15 | 長野13 | 宮城12 | 福島11 | 長野14 | 宮城10 | 兵庫12 |
| 6 | 京都12 | 長野11 | 福島13 | 岩手10 | 京都13 | 兵庫11 | 兵庫11 | 宮城11 | 栃木10 | 長野12 |
| 7 | 広島12 | 広島11 | 島根13 | 愛媛10 | 兵庫13 | 京都11 | 広島9 | 広島11 | 愛知10 | 岩手11 |
| 8 | 山形11 | 岩手9 | 岩手11 | 秋田9 | 愛媛11 | 広島10 | 埼玉9 | 群馬10 | 秋田9 | 京都11 |
| 9 | 埼玉10 | 京都8 | 京都10 | 宮城9 | 秋田10 | 愛媛10 | 千葉8 | 埼玉8 | 長野9 | 宮城10 |
| 10 | 三重8 | 高知7 | 栃木9 | 茨城9 | 栃木10 | 長野10 | 静岡7 | 岩手7 | 福井9 | 愛知9 |

出所：山形県酒造組合，酒類総合研究所提供資料から筆者作成

造業企業の多くでは，岩手県の南部杜氏と杜氏が引き連れてくる季節労働者（杜氏集団）が農閑期である冬期に企業に滞在して清酒の製造を担っていた。しかし，杜氏の自身の高齢化による清酒製造からの撤退に加え，杜氏集団の生活地域に誘致工場が増加して通期雇用の場が確保されたことにより，清酒製造にあたる季節労働者が減少することになった。

したがって，杜氏制度により生産と経営が分離していた山形県の清酒製造業企業は，等級別制度廃止前後と同時期に企業内で杜氏を育成することへの切り替えを余儀なくされた。この状況は，経営と生産の統合を意味し，南部杜氏という外部者に生産技術を依存していた状態から，企業内部に生産技術を蓄積する必要性が生じたことになる。それまで清酒を製造するための資金や設備を提供するのみで，製造に従事してこなかった経営者は，生産技術に関する情報を入手するルートを確保する必要が生まれ，公設試験研究機関の施策を受け入れる動機が生まれ

た。

生産と経営が分離した体制が終わったことは，商品の個性化に取り組みやすくなったと言える。清酒製造業企業が，山形県で開発された酒造好適米を使用し，公設試験研究機関が提供する酵母を使用して製品を生産することは，外部の杜氏ではなく経営者や自社の製造責任者が生産の中心を担うことになるからである。

清酒製造業企業が，生産した「特定名称酒」に対する評価が高まることで，結果的に公設試験研究機関の目指す方向性の正しさを証明したことになり，公設試験研究機関が提供する地域資源が多くの清酒製造業企業に普及することになった。企業経営者は，公設試験研究機関が提供する地域資源の受け入れを積極的におこなう主体としての役割を果たした。

山形県の清酒製造業企業は，公設試験研究機関が提供する地域資源を利用することで，南部杜氏が生産していた製品とは違う経営資源を用いたという意味において，非連続性を持つ「特定名称酒」を生産することができた。山形県の清酒製造業企業が主要製品を「特定名称酒」に変化させることができたのは，公設試験研究機関が蓄積した清酒製造における生産技術やデータを適切に利用することにより，清酒製造業企業が課題を解決する体制を企業内に長期間構築できたことが理由である。山形県の清酒製造業企業が，公設試験研究機関との関係を長期間継続できたのは，清酒製造業企業が持つ問題を解決するため公設試験研究機関側に積極的な働きかけを継続しておこなったこと，地域資源の普及にあたる研究員が異動なく支援を継続してきたことが要因である。公設試験研究機関の研究員が異動なく長期間支援を継続できた理由は，清酒製造業企業に対する支援施策が，2005年の全国新酒鑑評会金賞数全国１位という成果として顕在化したからである。

清酒製造業企業が移出産業を形成するには，公設試験研究機関から提供される地域資源を導入することに加えて，独自性を持った製品に発展させ評価を高めていくことが必要と考えられる。清酒製造業企業が，公設試験研究機関から提供される地域資源を企業内に取り込み，経営資源として定着さえたうえ，企業行動の変化にどのように影響したか事例をもとに検討する。

### 5－2　事例研究

#### 5－2－1　男山酒造株式会社（従業員12名－山形県山形市）[注5)]

男山酒造株式会社（以下，男山酒造）は，山形市の中心部に立地する清酒製造業企業である。男山酒造は，等級別制度廃止と，南部杜氏から社内杜氏への転換を機に，「特定名称酒」の生産にシフトした企業である。

男山酒造の課題は，社内杜氏への転換による生産と経営の統合であった。男山酒造は，この課題解決のため公設試験研究機関の施策展開である生産技術指導を活用した。男山酒造の特徴的な取り組みは，地域的に近接しない県内の３社と商品の共同開発をおこなっていることである。連携の中心となっているのは，40歳代を中心とした代表者もしくは役員である。同世代の連携参加者は，生産技術の研修会やイベントで顔合わせを行うことが頻繁になったことで，商品コンセプトを共有するようになった。４社の連携の成果は，新たな銘柄(商品名)「山川光男」を立ち上げ，取引先を共有するという業界では珍しい取り組みを実現したことである。この連携では，四季に合わせた新商品の発売を行い，ラベルに専用のキャラクターを用いたことで若い女性を中心に認知度を高める結果となった。４社で生産した商品は，毎回完売しており一定の成果を上げている。

このように若手経営者が同業者連携のネットワーク形成を実現した要因は，公設試験研究機関の施策展開である生産技術指導を通じて共通の生産技術を企業間で共有できたことが大きく影響し，この連携についての意思形成の下地となった。

#### 5－2－2　株式会社六歌仙（従業員数14名－山形県東根市・村山市）[注6)]

株式会社六歌仙（以下，六歌仙）は，中小企業近代化促進法により設立された清酒製造業企業である。設立時は，近隣に点在していた製造拠点で生産される清酒の共同瓶詰を行っていたが，製造設備の集約をおこない生産するようになった。六歌仙の課題は，それぞれの製造拠点ごとの銘柄を統合するにあたって，酒質の向上と銘柄の認知度の確立であった。

六歌仙は，銘柄の統合と「特定名称酒」生産に特化を進めてきた過程で，地域との垂直連携を強めてきている。この垂直連携は，原材料の調達から製品製造，製品供給まで，地域の様々な主体と結びつくことである。このアイディアは，公設試験研究機関が提供する酒造好適米や酵母を利用して製品を生産することによるテロワールの理念から着想したものである。

六歌仙の取り組みは，企業の立地地域で生産される酒造好適米を中心に原料米に採用していること，山形県立村山産業高校の酒造好適米生産支援とPB商品を生産すること，地域の飲食店と連携した自社での直販を行うこと，消費者と直接顔を合わせる蔵参観というイベントを年２回行っていることがあげられる。

原料米調達の取り組みとしては，等級別制度廃止と同年の1992年に企業の立地地域の酒造好適米生産組織との連携を開始し，現在では原料米の96%を山形県産で賄っている。また，地域の飲食店との連携では，観光客を自社の直販施設と結び付けた販売体制を構築している。飲食店や近隣の温泉地の旅館で自社の商品情報を提供できるように連携することで，観光客が自社を訪問して商品を購入するケースが増加している。一般向けの情報提供手段としての蔵参観の活用は，１回7,000人の来場を確保している。これらの連携施策は，「継続して行うこと」を重視しており，自社の認知度を高めることに効果が上がっているといえる。

### ５－２－３　株式会社オードヴィ庄内（従業員数５名－山形県酒田市）[注7]

株式会社オードヴィ庄内（以下，オードヴィ庄内）は，日本海沿岸の酒田市に立地する清酒製造業企業である。オードヴィ庄内は，山形県の庄内地方における清酒製造業企業としては生産規模が小さいものの，「特定名称酒」生産に特化して首都圏などの大都市圏への販売が中心となっている企業である。オードヴィ庄内は，等級別制度廃止後に近隣の清酒製造業企業とおこなっていたOEM生産が解消したため，自社銘柄の再構築と生産量の増大が課題であった。オードヴィ庄内は，公設試験研究機関の生産技術指導（滞在指導）を受け，製品開発力の向上に取り組んだ。

オードヴィ庄内の特徴的な取り組みは，同一地域にある移住者が起業した企業（W社）との連携を行っていることである。この連携は，清酒にはない付加価値を付けて販売する取り組みで，製造の過程で，副原料である山椒・檸檬・生姜を調和させる製造方法を取るものである。この取り組みは，料理とのペアリングや清酒の国際化の意識が強く働いている。

この連携の実現には，移住者が起業した企業（W社）から公設試験研究機関に対し連携先の選定の依頼があり，オードヴィ庄内を紹介したという経緯がある。この連携の背景には，他社との差別化や販売先を増やすために複数の醸造免許を取得したことと，「来た話は断らない」という経営者の意思が強く働いていた。

この連携は，原料米や製品の瓶，副原料を委託先から提供を受けている点で，オードヴィ庄内にとって売上の増加や製造資金の節減，在庫リスク軽減の効果がある。また，通常の醸造期ではない夏期に醸造することで製造設備の効率的運用ができる効果もあり，経営の安定化に寄与している。

## 6．考察と結論

現在，山形県の清酒製造業企業では，公設試験研究機関が提供する地域資源の普及により，生産する主要製品が特定名称酒に変化する状況を作り上げ，地域外への取引関係を広げたことで移出産業としての地位を確立しつつある（表３）。調査企業では，企業が立地する地域内の需要に対応する状況から，山形県外や海外への販売ウエイトが高まっている状況が事例調査から明らかになった。この傾向は，ヒアリング企業の上記３社すべてで同様の傾向を見せ，等級別制度廃止以降，顕著であった。

男山酒造の事例では，公設試験研究機関の指導を通じて生産技術の共有を連携

表３：清酒の課税移出量と輸出総量データ

課税移出量と輸出数量

（括弧内輸出総量）　　単位：kℓ

| | 山形 | 秋田 | 福島 | 新潟 | 兵庫 |
|---|---|---|---|---|---|
| 2014 | 10,096(308) | 21,511(241) | 11,281(114) | 44,514(1,876) | 148,930(6,409) |
| 2015 | 10,321(357) | 21,408(266) | 12,493(138) | 44,092(2,101) | 145,536(6,905) |
| 2016 | 9,916(405) | 20,894(269) | 13,186(156) | 42,622(2,245) | 140,348(7,629) |
| 2017 | 9,929(464) | 19,888(361) | 12,868(162) | 41,783(2,365) | 134,499(8,566) |

課税移出量と輸出総量の割合（%）—4期平均

| | 山形 | 秋田 | 福島 | 新潟 | 兵庫 |
|---|---|---|---|---|---|
| | 3.81% | 1.35% | 1.14% | 4.96% | 5.18% |

輸出総量に占める特定名称酒の割合（%）—4期平均

| | 山形 | 秋田 | 福島 | 新潟 | 兵庫 |
|---|---|---|---|---|---|
| | 79.27% | 79.12% | 76.87% | 65.65% | 55.32% |

出所：国税庁ホームページ『清酒製造業の概況（平成30年度調査分』p33を参考に筆者作成
https://www.nta.go.jp/taxes/sake/yushutsu/seishu_gaikyo/　2020年９月13日閲覧

企業とおこなったことにより，共通銘柄の開発と販売を通じた取引先の共有という効果が生まれた。また，六歌仙の事例では，公設試験研究機関が提供する酒造好適米や酵母を利用して製品を生産することによって，独自に地域内外の主体（酒造好適米生産者，消費者，学校）との連携を活発にして，新たな取引関係を構築した。さらにオードヴィ庄内の事例では，異業種の企業から公設試験研究機関に対して連携先の選定を依頼された際に，「滞在指導」の受け入れが連携先としての決め手になり，首都圏や海外に供給する新製品の開発に結びついた。

以上のことから，山形県の清酒製造業企業が，生産する主要製品を特定名称酒に変化し移出産業を形成しているのは，中小企業の支援機関である公設試験研究機関が地域資源を普及させ，清酒製造業企業が多様な主体との関係構築を行うためのまとめ役の機能を担ったことが最も重要な要因である。その背後には，地域資源を普及する主体である研究員が，異動なく清酒製造業企業の支援を長期間継続し，清酒製造業企業の経営者や技術者との関係を構築し続ける支援体制があった。清酒製造業企業と公設試験研究機関との連携は，1992年の等級別制度廃止を通して中小清酒製造業企業の企業存続の枠組みを作り上げた。

かつて地域内の需要に応えるのみであった中小企業が，他の地域に対して競争優位のある移出産業を形成できたのは，公設試験研究機関の支援施策を活用して新たな経営資源の入手の円滑化と定着を実現させたうえ，中小企業間の連携や地域内外の主体との連携を実現させる仕組みを中小企業が作り上げたからである。

中小企業の研究や開発の機能を担う公設試験研究機関の支援施策のあり方は，政策決定プロセスが地域の企業からの求めに応じておこなわれること，単に製品開発に関わるのみでなく中小企業間の連携や地域内外の主体との連携を見据えた製品供給までに関わる支援であること，支援施策の効果検証やそれにもとづく修正を柔軟におこない中小企業が持つ目標とを擦り合わせて長期間支援を継続することが示唆される。今後の研究では，清酒製造業企業の生産構造を流通構造と地域ブランディング形成の関係から深めていきたい。

〈注〉

1　二宮麻里（2016年）『酒類流通システムのダイナミズム』有斐閣p.170
清酒等級別制度は，国税当局が１級から５級まで税率の階層を制定して，流通する清酒に認証を与える制度である。

2　中小企業近代化促進法（1963年）とは，大企業との格差縮小を目的として，企業規模の拡大による経営内容の改善を図る法律。具体的には，機械設備の近代化，桶取引の価格安定と品質管理の徹底，合併，共同瓶詰，共同商標，共同醸造，製造に係る資金調達の共同実施が施策として展開された。
3　清酒の商品分類は，大きく普通酒，特定名称酒に分けられる。特定名称酒とは，原料である酒造好適米を大きく削って生産される付加価値の高い清酒の呼称で，純米大吟醸酒や純米酒と呼ばれる商品名で流通しているものを指す。
4　「滞在指導」とは，公設試験研究機関の職員が清酒製造業企業に２週間から３週間滞在して生産技術の指導を行うことである。「滞在指導」には，他企業の職員も研修として参加するのが一般的である。
5　調査日―2017年12月16日専務取締役尾原俊之氏にヒアリング
6　調査日―2018年４月４日代表取締役松岡茂和氏にヒアリング
7　調査日―2018年６月23日常務取締役佐藤宅真氏にヒアリング

**〈参考文献〉**

1　伊藤正昭（2011年）『新地域産業論―産業の地域化を求めて―』学文社
2　植田浩史・本多哲夫編（2006年）『公設試験研究機関と中小企業』創風社
3　上野和彦（2007年）『地場産業産地の革新』古今書院
4　高橋一男（2018年３月）「地域資源の再評価とネットワークによる地域活性化に関する考察」『地域活性化研究所報』第15号pp.57～61
5　寺岡寛（2017年12月）「地域資源と地域経済活性化：ミュージアム化される地域と経済活性化の課題」『中京企業研究』第39号pp.49～65
6　二宮麻里（2015年３月）「清酒業における近代技術の導入と清酒の同質化（1945年－1974年）」『福岡大学商学論叢』第59巻第４号pp.471～501
7　二宮麻里（2016年）『酒類流通システムのダイナミズム』有斐閣
8　八久保厚志（2004年３月）「わが国における伝統的酒造業の革新と持続的成長」『神奈川大学人文学研究所報』第37巻pp.77～85
9　八久保厚志（2007年３月）「酒造業における経営近代化の嚆矢とその帰結―会津若松産地における会津酒造株式会社の事例―」『神奈川大学人文学研究所報』第40巻pp.23～32
10　八久保厚志（2008年３月）「清酒製造業の構造変化と産地対応―構造改変期における対応と国際化―」『神奈川大学人文学研究所報』第41巻pp.1～10
11　初澤敏生（1996年12月）「福島県会津清酒産地の生産構造」『福島大学教育学部論集社会科学部門』第61号pp.1～9
12　松尾元（2017年６月）「酒米をめぐる東北の情勢―東北・日本酒テロワール・プロジェクト」『フードシステム研究』第24巻第１号pp.42～45

（査読受理）

# 支援政策の支援：「創業支援事業計画」認定制度の効果

一橋大学　岡室博之[注1)]

## 1．はじめに

「2020年版中小企業白書」（110頁）によれば，日本における中小企業の数は，1999年の約485万者から，2016年には359万者に減少した。起業希望者も，1997年から2017年までの20年間に約167万人から約73万人に半減した（「2017年版中小企業白書」92頁，「2020年版中小企業白書」151頁）。他の先進工業国（英米独仏）と比較しても日本の近年の開業率は際だって低く，英米の半分ほどの水準である（「2020年版中小企業白書」118頁）[注2)]。開業率の低迷と企業数の減少は，地域における新たな財やサービスの供給と就業機会を減らし，経済活力の低下を引き起こす。そのため，開業率を引き上げて地域経済を活性化し，イノベーションを創出することは，日本経済における緊急の課題とされる。

日本政府は1990年代後半から創業支援に取り組んでいるが，2013年度以来の「地方創生」の政策方針の下で国と地方自治体の政策分担を見直し，また地域金融機関や商工会議所・商工会等の支援機関の役割を重視し，市町村レベルでの官民連携による創業支援事業を国が支援する方向へ政策方針を転換しつつある（飯塚・岡室 2018）。市町村レベルの支援を国が支援する政策は，日本の創業支援の近年の特徴であるだけでなく，世界的に見ても先端的な取り組みだと思われるが，この新たな創業支援政策の効果は，これまで定量的に検証されていない。経済産業省の委託により，自治体へのアンケート調査に基づく評価が行われているが（三菱UFJリサーチ＆コンサルティング 2017），政策の因果効果を定量的に検証するものではない。この政策がどの程度，所期の効果を上げているのか，どのようなタイプの開業を増やしているのか，どのような自治体や地域で効果が高いのかを，標準的な因果識別の統計的手法を用いて検証することには，今後のより良い中小企業政策の立案に向けて大きな意義が認められる。

国と地方自治体の政策分担や政策の関連性は，近年，特に科学技術政策の研究において，multilevel policy mixとして世界的に研究関心を集めている（Flanagan et al. 2011等)。国内の地域レベルの振興政策を国が(時に地域間の競争を通じて)奨励・支援することは，欧州のハイテク産業のクラスター政策に典型的に見られるが（Okamuro and Nishimura 2015)，その研究の多くは概念の整理や特定地域・分野の事例研究に留まり，また創業支援政策に関する地域横断的な実証研究は，筆者の知る限りでは行われていない。

そこで本稿は，2014年１月に開始された「産業競争力強化法に基づく『創業支援事業計画』認定制度」を対象として，地域における官民連携の創業支援事業を国が支援するという新しい政策スキームの効果を定量的に検証する。全国の市区町村別のパネルデータを作成し，固定効果分析とDID（Difference-In-Differences:差の差）分析を組み合わせた標準的な因果識別の手法を用いる。以下，第２節で「創業支援事業計画」認定制度を説明し，第３節で本研究に関連する先行研究をまとめ，第４節で分析モデルとデータを示し，第５節で分析結果を検討し，第６節で本研究の示唆と今後の課題をまとめる。

## ２.「創業支援事業計画」の概要と経緯[注3)]

第２次安倍内閣は，経済政策の「第３の矢：民間投資を喚起する成長戦略」の具体策として2013年６月に「日本再興戦略」を閣議決定した。具体的な成果目標のひとつとして「開業率が廃業率を上回る状態にし，開業率・廃業率が米国・英国レベル（10%台）になることを目指す」ことが掲げられた（同52頁)。さらに，この戦略の一環として，地域における創業を促進することを定めた「産業競争力強化法」が2013年12月に成立し，2014年１月に施行された。これに基づいて準備された施策が各市町村の「創業支援事業計画」の認定・支援事業である。

この政策の仕組みは，市区町村が地域金融機関や商工会議所・商工会等の支援事業者と連携して「創業支援事業計画」を策定し，それを国に申請して認定を受けるというものである。都道府県は創業支援のノウハウの不足する市区町村を支援する。創業支援には，ワンストップ相談窓口設置，マッチング支援，ビジネススキル研修，創業セミナーの開催等が含まれる[注4]。この計画が国の認定を受けると，計画を策定した市区町村には交付金，支援事業者には経費補填（支援経費の３分の２以内，上限1000万円），創業者（創業希望者および創業後５年未満の者）には国から減税や補助金，信用保証などの支援措置が与えられる。特に「経営，財務，人材育成，販路開拓の知識が全て身につく」継続的な支援である「特定創業支援事業」を受けて創業を目指す事業者には，創業費用の半分まで，上限200万円が補助される。

2014年３月の第１回認定から始まった「創業支援事業計画」では１年に３回程度の認定機会が設けられ，2020年６月時点で全国の1747市区町村の83％にあたる1455市区町村が計画の認定を受けている。第５回認定以降，一回当たりの認定自治体の数が増えているが（第４回認定までは平均約75自治体，第５回認定以降は平均約200自治体），これは第４回認定後の2015年２月に，総務省および経済産業省が都道府県を通じて，また市区町村に対して直接に計画策定を促したからであると考えられる（飯塚・岡室 2018）。

本稿では，このような「創業支援事業計画」が認定された後，認定を受けた市区町村でそれ以外の市区町村と比べて開業率が統計的に有意に上昇したかどうか，平均的にどの程度の効果が見られたか，特にどのような市区町村で効果が見られたかを，総務省「経済センサス」等の市区町村別データを用いて検証する。ただし，開業率のデータの制約により，2016年５月末までを対象期間とする。

## ３．先行研究と本研究の意義

地域ごとの開業率の要因分析は，1990年代以降，欧米諸国を中心に活発に行われてきた。これらの研究の多くは全国を数十から数百のエリアに区分し，数期間のパネルデータを用いた計量分析を行っている。説明変数となる主な地域別要因は，需要要因，費用要因，人的資本要因，資金調達要因，産業集積・構造要因等に区別できるが，地域の政策要因を分析に含めている研究は少ない。Hart and Gudgin（1994）は，アイルランドの郡のパネルデータを用いて，重回帰分析により，地域の中小企業・創業支援が開業率を高めることを確認している。Santarelli and Piergiovanni（1995）は，イタリアの県レベルの創業支援が開業率を有意に高めることを検証している。他方，Reynolds（1994）は，アメリカの労働市場圏のクロスセクションデータを用いて，地域の自治体の歳出がその地域の開業率に有意に影響しないことを明らかにした。ただし，これらの研究は，因果識別の手法を明示的に利用しているわけではない。

日本では，岡室・小林（2005）が上記の地域別要因を総合した市町村レベルの開業率の要因分析を行っているが，地域の創業支援策に関する研究は乏しく，特に市町村レベルの創業支援政策の効果についての地域横断的・定量的な研究はまだほとんど行われていない。どのような自治体が「創業支援事業計画」を早期に策定し，認定を受けたのかについては，飯塚・岡室（2018）が市区別のデータを用いて政策の需要・供給要因の影響を比較検証しているが，開業率への効果の検証はまだなされていない。

田中（2008）は都道府県のパネルデータを用いて，都道府県ごとの商工費に占める工鉱業費の割合（産業政策の代理変数）が高いほど地域の開業率が高くなることを検証した。Masuda（2006）は「就業構造基本調査」の都道府県別クロスセクションデータを用いて，都道府県レベルの創業助成金が地域の就業人口に占める創業希望者の割合を有意に高めることを検証した。しかし，これらは都道府県の政策を対象にしており，しかも因果識別の手法を分析に用いていない。奥山（2010）は，文部科学省の知的クラスター事業の創業促進効果を市町村のパネルデータで確認しているが，これは直接的には国の事業を対象にしており，地域の創業支援政策の効果を分析しているわけではない。

先行研究を踏まえた本稿の主な貢献は，地方自治体における官民連携による創業支援を国が認定して支援するという，世界的に見ても独自性の強いmultilevel policy mixの開業率への効果を，全国の市区町村のパネルデータを用いて計量的に推定することにある。上述のように，このようなタイプの創業支援政策の効果を定量的に検証したものは国内・国外ともにほとんど見られないので，本研究から得られる知見は地域レベルの創業支援の制度設計やmultilevel policy mixの議論に新たな知的基盤を提供するものである。

## 4．分析モデルとデータ

本稿では，地方自治体の官民連携による「創業支援事業計画」を国が認定して支援するという新たな形の創業支援政策が，認定を受けた市区町村における開業率をどの程度高めたかを，自治体レベルのパネルデータを用いた固定効果分析と差の差（DID）の分析を組み合わせた因果識別の標準的な手法により推定する。本稿の分析には全市区町村・５期間のパネルデータを用いる。各期間の分析対象は，全国の市町村と東京23区のうち，期間中の市町村合併や東日本大震災・原発事故の影響等によりデータの取れない自治体を除く1731市区町村である。分析対象期間は，これまでに実施された総務省「事業所・企業統計調査」および「経済センサス」で市区町村別の新規開設事業所数が表象・公開されている①2001年10月～2004年５月（２年７ヶ月），②2006年10月～2009年６月（２年８ヶ月），③2009年７月～2012年６月（３年），④2012年７月～2014年６月（２年），⑤2014年７月～2016年５月（１年11ヶ月）の５期間である[注5)]。したがって，分析に使用するパネルデータのサンプルサイズは最大で8655となる。

パネル固定効果分析（平均値除去法）は，被説明変数とすべての説明変数の期間平均値を各期の値から除去することにより，各地域（自治体）に固有の，分析対象期間を通じて変化しない，観測不能な要因（例えば地域特有の創業風土）の影響を除去し，そのような要因に基づく内生バイアスを除去する分析手法である。DIDは分析対象を政策対象となる処置群とそれ以外の対照群に区分し，両者の差分と政策措置の前後の差分の両方をとることによって，政策措置の因果効果を抽出する手法である[注6)]。本研究では，上記の５期間のうち，最後の2014年７月から2016年５月までの期間を「政策開始後」，それ以前の４期間を「政策開始前」とし，2016年１月までに「創業支援事業計画」の認定を受けた自治体を「処置群」，それ以外のすべての自治体を「対照群」として，前述のパネル固定効果分析と同時にDID分析を行う[注7)]。

被説明変数は，期間ごとの各市区町村における事業所開業率である[注8)]。総務省「平成13年事業所・企業統計調査」および総務省「経済センサス」平成21年基礎調査，平成24年活動調査，平成26年基礎調査，平成28年活動調査の結果として公表された前回調査以降の新規開設事業所数から，事業所開業率を市区町村ごとに算出する。新規開設事業所の調査期間が上記の通り期間ごとに異なるため，各期間の新規開設事業所数を12ヶ月分に換算した年換算値を分析に用いる。各期間の事業所開業率は，新規開設事業所数の年換算値を期首（前回調査時点）の事業所数で除して算出される。この政策の支援を直接受けた創業者は限定されるが，政策の効果検証を直接的な支援対象者に限定せず，自治体内外の既存の事業者や一般の住民等への間接的な効果や波及効果を含めて分析することが，本研究の特徴である。

「創業支援事業計画」認定事業の効果分析に用いるモデルの概要は以下の通りである（モデル１）。

開業率$_{it}$＝定数項$_t$＋$\beta_1$認定自治体$_i$＊政策開始後$_t$＋$\beta_2$政策開始後$_t$＋$\beta_3$第４期$_t$＋$\beta_4$第３期$_t$＋$\beta_5$第２期$_t$＋（コントロール変数$_{it}$）＋誤差項$_{it}$・・・（１）

ここで最も重要な変数は右辺の第２項，認定自治体ダミーと政策開始後ダミーの交差項（DID変数）である。前者は「創業支援事業計画」の認定を受けていれば1，そうでなければ0の値をとるダミー変数，後者はこの政策の開始後，つまり第５期（2014年７月から2016年５月）は１，政策開始前の第１期から第４期は０の値をとるダミー変数である。この変数の回帰係数である$\beta_1$が，「認定自治体が認定を受けていなかった場合に達成されたはずの開業率」の平均値（反実仮想）と現実の開業率の平均値の差，つまり「創業支援事業計画」認定の平均処置効果と見なされる。他に必要な変数は第２期から第５期（政策開始後）までの各期のダミー変数（第１期ダミーは定数項で代理される）である。認定自治体ダミーの単項は各自治体の固有の効果に吸収されるので，固定効果分析を行う場合にはモデルに含められない。なお，$i$と$t$はそれぞれ自治体と期間を示す添字である。

認定自治体ダミーは，中小企業庁のHPの掲載情報から著者が独自に作成した（https://www.chusho.meti.go.jp/keiei/chiiki/nintei.html）。2014年３月から2016年５月まで「政策開始後」の期間中に８回の認定が行われたので，計画認定から2016年６月１日の統計調査期日までの期間は11日間（第８回認定自治体）から２年２ヶ月（第１回認定自治体）までさまざまである。しかし，第８回認定後の期間（11日間）は認定の効果を測定するには短すぎるので，本研究では第７回（2016年１月）までに認定を受けた自治体を「認定自治体」と考える。

前述の通り，2015年５月の第５回認定以降，認定自治体が急増する。その背後には，政策の初年度（2014年度）に「創業支援事業計画」の策定と申請が増えず，政府が都道府県に働きかけて市区町村に策定と申請を要請・指導させたという事情があるとされる。そこで，「先端的な」市区町村が事業計画を自発的に作成・申請した2014年度の４回の認定を，都道府県からの指導や要請に基づいて事業計画の策定と申請が急増した2015年の第５回以降の認定と区別して（2014年度認定自治体ダミー），両者の効果の違いを検証する（モデル２）。そのさい，第５回以降に認定を受けた自治体を対照群に含めないよう，サンプルから除外する。そうでなければ，対照群の中に2015年度に認定を受けた自治体とその後も認定を受けていない自治体が混在することにより，処置群（2014年度認定自治体）と対照群（未認定自治体）の差が過小評価される怖れがあるからである。

この政策によって「創業支援事業計画」の認定を受けた自治体で開業率が相対的に高まったとしても，開業数が増えただけでその質は低下したかもしれない。支援政策の結果として開業数が増加したとしても，質の低い開業が増えたのであれば，それは政策効果として望ましいことではない。そこで本研究では，事業所規模を開業の質の代理変数と考えて，追加的な被説明変数として新規開設事業の平均規模（平均従業者数）を用いる（モデル３）。それにより，この政策が開業の質に与えた影響を確認することができる。

パネル固定効果分析によって，期間中変化しない，観察不能な自治体固有の要因はコントロールされるが，毎期変化し，かつ開業率に影響する可能性のある地域要因をモデルに含めて，その影響をコントロールする必要がある。開業率の地域別要因に関する先行研究の説明変数を統合した岡室・小林（2005）のモデルを踏まえて，人口規模，製造業平均給与，失業率，廃業率，大学卒業者比率，専門職・技術職比率，高齢者比率，持ち家世帯比率，事業所密度，製造業比率，事業所の平均規模，自治体の歳出に占める商工費の比率，住民１人あたり歳出額（対数）と本庁の公務員数をコントロール変数としてモデルに入れる。特に，この分析の被説明変数が粗開業率であり，それは廃業率と高い相関を持つことがこれまでの先行研究から知られているので，そのコントロールは重要である。また，これらの変数の多くは，飯塚・岡室（2018）において「創業支援事業計画」の早期の申請・認定に有意に影響することが確認されているので，その意味でも分析に含める必要がある。

また，この政策が特にどのようなタイプの新規開業に効果があるのかを，開業事業所を①経営組織別（法人企業か個人経営か），②独立・非独立別（独立の事業所か既存企業の支所か）に区分して分析する。最後に，この政策の効果が特にどのような地域で見られるのかを，①人口規模，②事業所密度，③平均賃金，④大卒者比率の中央値より高いか低いかで自治体のサブサンプルを分けて検証する。

表１に各変数の基本統計量を示す。被説明変数である事業所開業率の平均は0.034すなわち3.4％であるが，最小0％から最大40％以上まで分散が大きい。2014年３月（第１回）から2016年１月（第７回）までに「創業支援事業計画」の認定を受けた自治体は全体の58％にあたる1000市区町村である。このうち，2014年度中（第４回まで）に認定を受けたのは301自治体（17％）である。

**表１：変数の基本統計量（n=8,655）**

| 変数名 | 平均値 | 中央値 | 標準偏差 | 最小値 | 最大値 |
|---|---|---|---|---|---|
| 開業率 | 0.0343 | 0.0295 | 0.0209 | 0 | 0.406 |
| 認定自治体ダミー | 0.590 | 1 | 0.492 | 0 | 1 |
| 政策開始後ダミー | 0.200 | 0 | 0.400 | 0 | 1 |
| 第４期ダミー | 0.200 | 0 | 0.400 | 0 | 1 |
| 第３期ダミー | 0.200 | 0 | 0.400 | 0 | 1 |
| 第２期ダミー | 0.200 | 0 | 0.400 | 0 | 1 |
| 人口規模（対数） | 10.1 | 10.1 | 1.45 | 5.11 | 15.1 |
| 平均給与（万円） | 362 | 355 | 103 | 32.5 | 1218 |
| 失業率 | 0.0493 | 0.0457 | 0.0213 | 0 | 0.227 |
| 廃業率 | 0.0602 | 0.0585 | 0.0264 | 0 | 1.18 |
| 大学卒業者比率 | 0.0976 | 0.101 | 0.0566 | 0.0139 | 0.425 |
| 専門職・技術職比率 | 0.0845 | 0.0810 | 0.0317 | 0 | 0.247 |
| 高齢者比率 | 0.296 | 0.290 | 0.0772 | 0.0852 | 0.627 |
| 持ち家世帯比率 | 0.737 | 0.746 | 0.126 | 0.134 | 0.982 |
| 事業所密度 | 48.2 | 9.93 | 182 | 0.1 | 4268 |
| 製造業比率 | 0.101 | 0.0869 | 0.0571 | 0 | 0.512 |
| 事業所平均規模 | 8.25 | 7.90 | 2.77 | 1 | 41.7 |
| 商工費/歳出額 | 0.0266 | 0.0192 | 0.0256 | 0 | 0.252 |
| 歳出額/住民数（対数） | 6.30 | 6.17 | 0.549 | 4.44 | 9.54 |
| 本庁公務員数/住民数 | 0.0112 | 0.0072 | 0.126 | 1.45E-04 | 0.107 |
| 新設事業所平均規模 | 7.74 | 7.13 | 4.31 | 0.5 | 158 |

（出所）中小企業庁 HP，経済産業省「工業統計調査」，総務省「国勢調査」「市町村別決算状況調」「経済センサス」「地方公務員給与の実態」のデータから筆者が算出・作成。

## ５．分析結果と考察[注９)]

前節の分析モデルの推定結果を表２に示す。基本となるモデル１では，DID変数（認定自治体ダミーと政策開始後ダミーの交差項）の係数の推定値は0.0025で，

１％水準で統計的に有意である。この結果は，「創業支援事業計画」の認定を受けた市区町村における事業所開業率が，認定を受けていない市区町村における事業所開業率に対して，認定後に平均で0.25%ポイント上昇したことを示す。政策開始前の全期間・全自治体の粗開業率の平均値が3.2％であるから，政策効果は小さくない。コントロール変数の係数も概ね有意であり，モデル全体の説明力も高い（withinの決定係数は0.66）。処置群を2014年度の第１回から第４回までの初期の認定自治体のみに絞ると（モデル２），この政策の効果はさらに大きくなる（0.39%ポイント）。

**表２：分析結果のまとめ**

| 変数名 | モデル１ | モデル２ |
|---|---|---|
| 認定自治体＊政策開始後（第５期） | 0.0025*** | |
| 2014年度認定自治体＊政策開始後（第５期） | | 0.0039** |
| 政策開始後（第５期）ダミー | 0.0033 | 0.0038 |
| 第４期ダミー | 0.0204*** | 0.0206*** |
| 第３期ダミー | -0.0165*** | -0.0163*** |
| 第２期ダミー | -0.0091*** | -0.0081*** |
| 人口規模（対数） | -2.28E-04 | -0.0018 |
| 製造業平均給与 | -2.12E-06 | 5.12E-06 |
| 失業率 | -0.0100 | 0.0211 |
| 廃業率 | 0.0096 | 0.0204 |
| 大学卒業者比率 | 0.0633** | 0.0507 |
| 専門職・技術職比率 | 0.1176*** | 0.1476*** |
| 高齢者比率 | 0.0170 | 0.0289* |
| 持ち家世帯比率 | -0.0627*** | -0.0687*** |
| 事業所密度 | 3.95E-05** | 1.80E-05 |
| 製造業比率 | -0.0771*** | -0.0734** |
| 事業所の平均規模 | -6.80E-04** | -7.58E-04** |
| 自治体の歳出に占める商工費の比率 | -0.0304*** | -0.0241** |
| 住民１人あたり歳出額（対数） | 0.0095** | 0.0097* |
| 住民１人あたりの本庁公務員数 | 0.0888** | 0.1150* |
| 観測数 | 8,338 | 5,077 |
| 決定係数（within） | 0.659 | 0.633 |

注）数値は係数。有意水準：*** 1%, ** 5%, * 10%.
　分散不均一性について頑健なWhiteの標準誤差を用いて有意水準を判断。

表３に開業事業所の平均規模（従業者数）を被説明変数とする分析結果を示す。モデル１でもモデル２でもDID変数の係数の推定値は負であるが統計的に有意ではないので，この政策は開業事業所の平均規模には影響がない，つまり開業の質を有意に低下させなかったことが示唆される。

**表３：開業事業所の平均規模（従業者数）を被説明変数とする分析結果**

| 変数名 | モデル１ | モデル２ |
|---|---|---|
| 認定自治体＊政策開始後（第５期） | -0.1190 | |
| 2014年度認定自治体＊政策開始後（第５期） | | -0.1460 |

注）コントロール変数の結果を割愛.
分散不均一性について頑健なWhiteの標準誤差を用いて有意水準を判断。

表４に開業タイプ別の分析結果をまとめる。まず経営組織別に見ると，「創業支援事業計画」認定は個人経営の事業所の開業には有意な効果を持たず，法人の開業にのみ有意な効果を持つ。特に法人企業の開業への効果が大きい（0.41%ポイント）。次に，単独事業所か否かで分けると，既存企業の支所の開業への効果が大きい（0.27%ポイントの増加）ことが分かるが，（既存企業の支所ではない）単独事業所にも有意な正の効果（0.18%ポイントの増加）が認められる。

最後に地域特性によるサブサンプル比較によって，特にどのような地域で政策効果が高いかを検証する。ここで用いる地域特性は，①人口規模，②事業所密度（単位面積あたり事業所数），③製造業平均給与額，④大学卒業者比率である。①～③は需要要因（事業機会の豊富さ，所得水準），④は人的資本要因（人材の豊

**表４：開業タイプ別の比較分析**

| 経営組織 | 平均処置効果 |
|---|---|
| 個人経営 | 0.0017 |
| 法人 | 0.0037*** |
| 会社法人 | 0.0041*** |
| **支所と単独事業所** | **平均処置効果** |
| 支所 | 0.0027*** |
| 単独 | 0.0018* |

注）コントロール変数の結果を割愛．有意水準：*** 1%, * 10%.
分散不均一性について頑健なWhiteの標準誤差を用いて有意水準を判断。

富さ）を示し，いずれも開業率に影響する要因であると考えられる。これらの変数の中央値より高いか低いかで市区町村のサブサンプルを区分する。

表５に，地域特性別のサブサンプル比較分析の結果を示す。上記の地域特性について，その数値が中央値より低い自治体のサブサンプルでのみ，DID変数（交差項）の係数値が正で有意であることが分かった。この結果は，「創業支援事業計画」認定事業の効果が，①人口が少なく，②事業所密度が低く，③平均給与が低く，④大学卒業者が少ない地域でのみ見られることを示唆する。すなわちこの政策は，開業に比較的不利な地域において開業を増加させた，つまり開業率の地域間格差を縮小する方向に働いたということができる。

**表５：地域特性別の比較分析**

| ①人口規模（対数） | 平均処置効果 | ②事業所密度 | 平均処置効果 |
|---|---|---|---|
| 中央値より高い | -3.57E-04 | 中央値より高い | 8.08E-04 |
| 中央値より低い | 0.0037** | 中央値より低い | 0.0033** |
| ③製造業平均給与 | 平均処置効果 | ④大学卒業者比率 | 平均処置効果 |
| 中央値より高い | 1.97E-04 | 中央値より高い | 1.45E-04 |
| 中央値より低い | 0.0042** | 中央値より低い | 0.0045* |

注）コントロール変数の結果を割愛．有意水準：** 5%, * 10%.
分散不均一性について頑健なWhiteの標準誤差を用いて有意水準を判断。

## 6．むすび

開業率を引き上げて地域経済を活性化することは，日本経済にとって緊急の課題とされている。そのため，「地方創生」政策の一環として，2014年から産業競争力強化法に基づく「創業支援事業計画」認定事業が実施されている。これは，市区町村が地域の官民連携によって策定する独自の「創業支援事業計画」を国が認定し，事業費の補助等によって支援する制度である。本研究は，全市区町村の５期間のパネルデータを用いて，この政策の開業率への効果を計量的に検証する。

分析結果として，「創業支援事業計画」の認定を受けた市区町村では，認定以前および他の自治体との比較において事業所の開業率が有意に上昇したことが示された。政策効果による開業率の平均上昇分は0.25%ポイントで，開業率の全体平均3.4%，標準偏差0.21%から見れば十分に大きい効果であるが，第２次安倍内閣の「日本再興戦略」にあるように開業率を英米並みの水準まで倍増する目標には遠く及ばない。また，この政策は個人経営の開業には影響しないが，既存企業の支所だけでなく独立開業も促進したことが示された。開業事業所の平均従業者規模には有意な影響はない。さらに，この政策の効果は特に創業に比較的不利と考えられる地域で見られる。市区町村レベルの創業支援政策を中央政府が支援することには，地域間格差を縮小し，地域経済を活性化する意義が認められる。

本研究にはいくつかの制約と今後の課題が残されている。第一に，2014年以降の「創業支援事業計画」に対象を限定するため，既存（従来から）の地域レベルの創業支援の有無と内容・実績を考慮していない。また，政府系金融機関による創業者への融資など，従来の施策の効果との識別や比較も必要である。第二に，各市区町村の新規開業全体を分析対象にするため，政策の直接的な効果と波及効果が十分に区別されていない。今後は直接の支援対象者に的を絞った分析も必要である。第三に，データの制約もあり，認定を受けた市区町村の「創業支援事業計画」の内容の違い，特に地域金融機関や商工会議所・商工会等の創業支援事業者の具体的な役割の違いが考慮されていない。このような地域の創業支援事業者の行動を含む研究が今後の課題である。

〈注〉

1　本稿は猿樂知史（2020年３月まで一橋大学経済学部）および阿曽友哉（2021年３月まで一橋大学経済学部）との共同研究に基づいて作成された。

2　本稿では資料やデータの出所に応じて「創業」「開業」「起業」といった用語を使い分けるが，これらは本稿では同じものを指す。

3　本節の内容は，飯塚・岡室（2018）の第２節に加筆したものである。

4　2018年７月の法改正により，創業に関する普及啓発を行う事業（創業機運醸成事業）も「創業支援事業計画」に含まれることになった。

5　「平成18年事業所・企業統計調査」（2006年10月１日付実施）では，存続・新設・廃業事業所数が市区のみについて公表されている。つまり，2004年６月から2006年９月までの期間については町村の存続・新設・廃業事業所数のデータがない。そのため，本研究ではその期間を分析対象から除外する。また，直近の「令和元年経済センサス基礎調査」の結果は本稿初稿段階（2020年11月）では公表されていないため，本研究では2016年６月以降の時期を分析対象に含めない。

6　これらの分析手法は因果識別のための標準的な分析手法として確立しているため，詳細な説明を割愛する。例えば田中隆一（2015）第９章を参照されたい。

7　「創業支援事業計画」の第１回認定（2014年３月20日）と第２回認定（同６月20日）

で計177市区町が認定を受けているが，「経済センサス」の調査時期の都合上，2014年7月以降の期間を「政策開始後」とする。これらの認定が2014年7月の直前であることから，認定された事業計画の実現までのタイムラグを考えると，2014年7月以降を「政策開始後」とすることに大きな問題はない。

8　「経済センサス」は事業所を単位とする統計調査であるため，新規開業企業でなく新規開設事業所が計上される。そのため，本研究でも企業ではなく事業所の地域別開業率を分析対象とする。

9　地域別のデータを用いた分析では説明変数の分散不均一性の問題により，標準誤差が正しく計算されない可能性があることが知られている。そのため，本稿では，標準誤差の計算において，分散不均一性に対して頑健なWhiteの標準誤差を計算し，係数の有意水準を判断する。田中（2015）第7章参照。

**〈参考文献〉**


1　中小企業庁ホームページ（http://www.chusho.meti.go.jp/keiei/chiiki/index.html）2020年8月9日閲覧.

2　中小企業庁・総務省（2017）『産業競争力強化法における市区町村による創業支援のガイドライン』（2017年5月）.

3　中小企業庁（2017）『2017年版中小企業白書』2020年8月9日閲覧（http://www.chusho.meti.go.jp/pamflet/hakusyo/index.html）.

4　中小企業庁（2020）『2020年版中小企業白書』2020年8月15日閲覧（同上）.

5　Flanagan, K., Uyarra, E. and Laranja, M. (2011) "The 'policy mix' for innovation: Rethinking innovation policy in a multi-level, multi-actor context", *ResearchPolicy* 40, pp. 702-713.

6　Hart, M. and Gudgin, G. (1991) "Spatial variations in new firm formation in the Republic of Ireland 1980-1990", *Regional Studies* 28, pp. 367-380.

7　飯塚俊樹・岡室博之（2018）「地域における創業支援策導入の要因」『日本中小企業学会論集』37号，129-142頁.

8　Masuda, T. (2006) "The determinants of latent entrepreneurship in Japan", *Small Business Economics* 26, pp. 227-240.

9　三菱UFJリサーチ＆コンサルティング（2017）『平成29年度　産業競争力強化法に基づく創業支援に係る効果等調査事業調査報告書』.

10　岡室博之・小林伸生（2005）「地域データによる開業率の決定要因分析」，*RIETI Discussion Paper Series* 05-J-14，経済産業研究所.

11　Okamuro, H. and Nishimura, J. (2015) "Local management of national cluster policies: Comparative case studies of Japanese, German, and French biotechnology clusters." *Administrative Sciences* 5(4), pp. 213-239.

12　奥山尚子（2010）「地域活性化における地域イノベーション政策の効果―クラスター政策は開業率を押し上げるか？―」，*ESRI Discussion Paper Series* No.252，内閣府経済社会総合研究所.
13　Reynolds, P. (1994) “Autonomous firm dynamics and economic growth in the United States, 1986-1990”, *Regional Studies* 28, pp. 429-442.
14　首相官邸（2013）『日本再興戦略―JAPAN is BACK―』（2013年 6 月13日）（http://www.kantei.go.jp/jp/singi/keizaisaisei/pdf/saikou_jpn.pdf.）2020年 8 月 9 日閲覧.
15　Santarellli, E. and Piergiovanni, R. (1995). “The determinants of firm start-up and entry in Italian producer services.” *Small Business Economics* 7, pp. 221-230.
16　田中智泰（2008）「産業政策によって事業所の開業は増加するのか」『地域学研究』（日本地域学会）38巻 4 号，953-965頁.
17　田中隆一（2015）『計量経済学の第一歩　実証分析のススメ』有斐閣.

（査読受理）

# 基礎自治体中小企業政策部門の実施体制の現状と課題

## ―総務省『地方公共団体定員管理調査』に基づいて―

兵庫県　近藤健一
兵庫県　武内靖貴

## 1　問題の所在と先行研究の整理

### 1．1　問題の所在

1999年の中小企業基本法の改正により地方自治体は当該地域の特性に応じた施策を策定・実施する責務を負うことが明確化されたことから，中小企業政策における自治体の役割の重要性が一層高まることとなった。自治体は都道府県と市区町村に分けられるが，中小企業の多様なニーズに対応するための地域独自の施策の立案・実施にあたっては基礎自治体である市区町村の方がきめ細やかで効果的な政策を展開することができると考えられる（河藤，2008等）。

基礎自治体の中小企業政策の強化のためには政策や施策，事業だけでなく，それらを支える実施体制（財源や職員，組織）の充実を図っていく必要があり，その現状を把握，課題を明らかにし，解決策を示していかなければならない。したがって，実施体制の１つである中小企業政策の立案・実施を担う自治体職員（以下，単に「職員」）の充実について検討していく必要がある。職員の充実は，「人材の質･量」について考えなければならないが（長谷川，1998），本稿では量（職員数）に着目する。経験則から言って職員数がより多ければ組織として余力ができ，より多くの中小企業や様々な施策に対応することが可能となると考えられ，職員数の実態を検討することは，基礎自治体の実施体制の現状を明らかにするだけでなく，その充実度を見る上でも意義がある[注1)]。

この職員を取り巻く環境は基本法改正以降大きく変動しており，地方分権によって政策機能の強化が求められた一方で，総務省の集中改革プラン（2005.4.1

～2010.4.1）では全市区町村で117,000人（政令指定都市9.4％，それ以外の市区町村8.6％）の削減が目標とされ基礎自治体の職員数は大幅に減少した[注2)]。また，市町村合併により団体数は大幅に減少している。そのような中，全国の基礎自治体の中小企業政策部門の職員数はどのように変化したのだろうか。

### 1．2　基礎自治体の職員数に係る先行研究の整理

職員数の実態を明らかにした研究はそれほど多くないが，そのなかで先行研究を見ると，①全国的状況を明らかにしたもの（工業集積研究会，2010：本多，2013），②先進的や大規模等の個別の自治体の職員数の実態を明らかにしたもの（桑原，2000：本多，2013：梅村，2019），③自治体中小企業政策において重要な役割を果たしている特定の機関の全国的状況を明らかにしたもの（植田他，2006）の３つに分けられる。

①の全国的状況を明らかにした工業集積研究会（2010）は，全国の市と特別区の591団体から回答を得たアンケート調査に基づき，工業担当部署に限定されているが，人口規模が大きい自治体ほど職員数が多く，専任化が進む傾向にあることを明らかにしている。また，本多（2013）は，大阪府内の40市町村，全国の19政令指定都市から回答を得たアンケート調査に基づき，ア．本庁の職員数は自治体の規模が大きくなるほど増加する傾向にあること，イ．外郭団体も同様だが，大規模自治体の場合は本庁の職員数よりも外郭団体の職員数が多く，自治体の規模が大きくなるほど（特に政令指定都市）商工部局と外郭団体が一体化した形で商工行政を実施していると考えられること，ウ．本庁はほぼ正規職員で構成されているのに対し，外郭団体は「ビジネス」の領域を扱うこと等から非正規職員の比率が高いと考えられるとしている。

②の個別の自治体の状況を明らかにした桑原（2000）は，基本法改正以前から独自の産業政策を行ってきた４市区（東京都墨田区，大田区，大阪府東大阪市，八尾市）を取り上げ，墨田区（85名），大田区（76名），東大阪市（約40名）の３市区はいずれも職員数が多いこと，また，墨田区，東大阪市については産業政策に取り組むなかで組織が整えられ，職員数が大幅に増加していることを明らかにしている。ただし，八尾市（６名）のように職員数が必ずしも十分でない自治体においても先進的な取組事例があることには留意しなければならない。また，本多（2013）は，大阪市を事例に実施体制を詳細に分析しており，その中で経済局

の職員数は1960年の578人から1980年の852人まで増加した後，2008年の446人まで減少傾向にあること，経営支援において重要な役割を果たしている外郭団体では，2008年時点の職員約60名のうち市の出向・ＯＢ職員は10名弱に留まり，大半の職員は民間企業出身の１年契約雇用の職員であることを明らかにしている。そして，梅村（2019）は，尼崎市の産業部門の職員数等の変化を検討する中で，1975年度に約50名であった職員が，厳しい財政事情や市民サービスの見直しなどの行財政改革の取組みにより2008年度には約30名まで削減されていることを明らかにしている。

③の特定の機関の全国的状況を明らかにした植田他（2006）は，基礎自治体以外も含め公設試験研究機関（以下「公設試」）において，業務の多様化，拡大と予算の縮小のジレンマを抱える中で，職員数は減少傾向にあり，退職者の補充や能力の継承が課題であることを指摘している。

以上より先行研究では，まず，職員数の全国的状況については，自治体規模が大きくなるほど工業担当部署や本庁，外郭団体の職員数が多くなることが明らかにされており，工業担当の専任化が進む傾向にあることとあわせて考えると，自治体規模が大きくなるほど実施体制が整うことがうかがえる。しかし，職員数の変化に関しては，一部の自治体の状況や特定の機関の全国的状況はわかるものの，基礎自治体の全国的な変化の状況はわかっておらず，課題として残っている。

### １．３　本研究で明らかにすること

本稿では，職員数の観点から見た実施体制の現状と課題を明らかにするために，総務省の「地方公共団体定員管理調査」（以下，「定員管理調査」）に基づいて中小企業政策部門の職員数の現状と2005～2019年の変化を検討する[注3)]。次に，兵庫県を事例として市町村合併が中小企業政策部門の充実に与えた効果について詳しく見ることにする。この時期を分析対象とするのは，市町村合併が落ち着く（～2005年度）とともに行財政改革が進む中での職員数の変化を検討することができるからである。

なお，大規模自治体ほど外郭団体の役割は大きく，また，公設試については独立行政法人化が進んでいるが，定員管理調査では外郭団体や特定地方独立行政法人の職員は調査対象となっていない。また，非正規職員も調査対象外であるため，これらについては把握することができない。このような資料的な限界があるが，

そもそも職員にかかる研究が進んでいない現状を踏まえると，基礎自治体の実施体制をより実効性あるものにするための議論として本研究には意義があると考える。

## 2　2019年の基礎自治体の中小部門職員数の状況

### 2．1　定員管理調査の概要と中小部門の位置づけ

定員管理調査は総務省が昭和50年以降，毎年実施しており，自治体の団体別，部門別，職種別の職員数の状況がホームページ上で公表されている。周知のとおり，自治体は多様な業務を担っており，定員管理調査における部門と2019年の職員数をまとめたのが表1である[注4]。

**表1　定員管理調査における部門と職員数（市区町村，2019年）**

（単位：人，2019年）

| | | | 大部門 | 中部門 | | | 小部門 | | |
|---|---|---|---|---|---|---|---|---|---|
| 普通会計 1,013,389 | 一般行政部門 676,555 | 福祉関係部門 301,754 | 民生部門 | 民生 | 206,616 | 30.5% | （以下省略） | | |
| | | | 衛生部門 95,138 | 衛生 | 51,165 | 7.6% | （以下省略） | | |
| | | | | 公害 | 3,397 | 0.5% | （以下省略） | | |
| | | | | 清掃 | 36,141 | 5.3% | （以下省略） | | |
| | | | | 環境保全 | 4,435 | 0.7% | （以下省略） | | |
| | | 一般管理部門 374,801 | 議会部門 | 議会 | 8,274 | 1.2% | （以下省略） | | |
| | | | 総務・企画部門 175,047 | 総務一般 | 91,334 | 13.5% | （以下省略） | | |
| | | | | 企画開発 | 18,068 | 2.7% | （以下省略） | | |
| | | | | 住民関連 | 63,951 | 9.5% | （以下省略） | | |
| | | | | その他 | 1,694 | 0.3% | （以下省略） | | |
| | | | 税務部門 | 税務 | 49,447 | 7.3% | （以下省略） | | |
| | | | 労働部門 | 労働 | 1,157 | 0.2% | （以下省略） | | |
| | | | 農林水産部門 30,302 | 農業 | 25,447 | 3.8% | （以下省略） | | |
| | | | | 林業 | 3,122 | 0.5% | （以下省略） | | |
| | | | | 水産業 | 1,733 | 0.3% | （以下省略） | | |
| | | | 商工部門（商工大部門） 19,805 | 商工（中小部門） | 11,069 | 1.6% | 商工一般 | 10,134 | 91.6% |
| | | | | | | | 中小企業指導 | 777 | 7.0% |
| | | | | | | | 試験研究養成機関 | 158 | 1.4% |
| | | | | 観光 | 8,736 | 1.3% | （以下省略） | | |
| | | | 土木部門 90,769 | 土木 | 44,754 | 6.6% | （以下省略） | | |
| | | | | 建築 | 20,427 | 3.0% | （以下省略） | | |
| | | | | 都市計画 | 24,931 | 3.7% | （以下省略） | | |
| | | | | ダム | 39 | 0.0% | （以下省略） | | |
| | | | | 下水 | 618 | 0.1% | （以下省略） | | |
| | 教育部門 245,539 | （以下省略） | | | | | | | |
| | 警察部門 0 | （以下省略） | | | | | | | |
| | 消防部門 91,295 | （以下省略） | | | | | | | |
| 公営企業等会計 233,433 | （以下省略） 233,433 | | | | | | | | |

（注）中部門の％は一般行政部門に占める割合。

（出所）総務省『地方公共団体定員管理調査』各年版に基づき筆者作成。以下，すべて同じ。

このうち本稿では，中小企業政策を主に担当する商工（中部門）を検討対象とする（網掛け部分）。これは一般行政部門の商工部門（大部門）を構成するが，区別するために以下，便宜的に商工（中部門）を「中小部門」と呼び，観光を含む商工部門（大部門）は「商工大部門」と呼ぶ。なお，一般行政部門は福祉関係と一般管理に分けられるが，これは職員の配置基準について，福祉関係は国の法令等によって定められている場合が多い部門であり，一般管理は国の法令等によって定められている場合が少なく地方公共団体が主体的に職員配置を決める余地が比較的大きい部門という違いがある。中小部門は一般管理に属しており，当該自治体の中小企業政策に対する姿勢や財政状況等に大きく影響されると考えられる。

2019年の特別区を含む基礎自治体（市区町村）は1,741団体であり，その一般行政部門職員は676,555人となっているが，そのうち中小部門職員は11,069人であり，一般行政部門の1.6％に留まる。自治体における位置づけは小さいと言わざるを得ない。以下，2019年の状況について詳しく見る。

### 2．2　2019年の基礎自治体の中小部門職員数の状況

まず，自治体の規模と中小部門職員数の関係を確認する。2019年の全市区町村について一般行政部門職員数，中小部門職員数の関係を見た図１からは，一般行政部門職員数が増加するほど中小部門職員数も増加する傾向にあることが分かる。一般的に，自治体の規模が大きくなるほど一般行政部門職員数は増加すると考えられるため，先行研究が明らかにしたとおり，自治体規模が大きくなるほど中小部門職員数が増えることが定員管理調査からも確認できる。

それでは，中小部門の規模はどうなっているのだろうか。本稿では便宜的に，中小部門職員数が０人の団体を「不在自治体」，１～10人の団体を「小規模自治体」，11～40人の団体を「中規模自治体」，41人以上の団体を「大規模自治体」とすると，2019年の内訳は不在自治体180団体，小規模自治体1,301団体，中規模自治体236団体，大規模自治体24団体となっており，不在自治体が10.3％，小規模自治体が74.7％を占めている（表４の「団体数」参照）。なお，桑原（2000）が取り上げた自治体を見ると，大田区（46人）は大規模自治体，墨田区（30人），東大阪市（25人），八尾市（15人）は中規模自治体に分類され，両類型は全体の14.9％を占めるに過ぎない。

**図１　一般行政部門職員数と中小部門職員数**

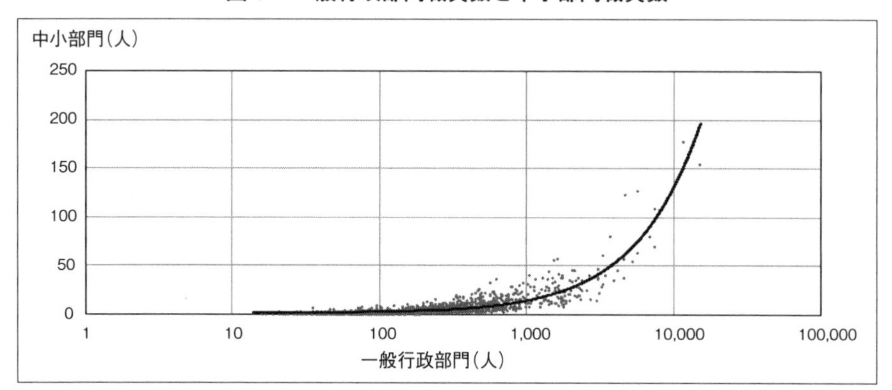


次に，中小部門職員が従事する業務内容を確認する。表１のとおり，中小部門は商工一般，中小企業指導，試験研究養成機関の３つの小部門に分けられるが，2019年の中小部門職員の内訳は商工一般が10,134人，中小企業指導が777人，試験研究養成機関が158人となっている。中小企業指導及び試験研究養成機関（以下「中小指導等」）に分類される職員は，中小企業支援に係る経営上及び技術上の専門的な分野の業務に従事していると考えられるが，全体の8.4％に過ぎない。中小部門の91.6％の職員は中小企業政策に係る予算の確保や執行，議会対応等の一般的な業務に従事していると考えられる。

それでは，どのような団体が中小指導等に職員を配置しているのだろうか（表２）。まず，中小企業指導に職員を配置しているのは238団体で全市区町村の13.7％に留まる。規模別で見ると大規模自治体の75.0％，中規模自治体の50.4％に配置されているのに対して，小規模自治体は7.8％に留まる。また，配置している１団体当たりの職員数は大規模自治体11.6人，中規模自治体3.6人，小規模自治体1.4人となっている。次に，試験研究養成機関に職員を配置しているのは16団体で全市区町村の0.9％に過ぎない。規模別で見ると配置の割合は大規模自治体25.0％，中規模自治体2.5％，小規模自治体0.3％であり，１団体あたりの職員数は大規模自治体20.5人，中規模自治体5.0人，小規模自治体1.3人となっている[注5)]。中小指導等の配置については職員数に余裕のある団体ほど比率が高く，配置されている職員数も多いことから，中小部門の規模が大きくなるほど専門的分野のサービス提供が可能となっていると言える。

表2　中小指導等の職員配置状況

（単位：団体、人）

| | 団体数 | 中小企業指導に職員を配置する自治体 | | | | 試験研究養成機関に職員を配置する自治体 | | | |
|---|---|---|---|---|---|---|---|---|---|
| | | 団体数 | | 職員数 | | 団体数 | | 職員数 | |
| | a | b | b/a | | 1団体当たり | c | c/a | | 1団体当たり |
| 大規模自治体 | 24 | 18 | 75.0% | 209 | 11.6 | 6 | 25.0% | 123 | 20.5 |
| 中規模自治体 | 236 | 119 | 50.4% | 428 | 3.6 | 6 | 2.5% | 30 | 5.0 |
| 小規模自治体 | 1,301 | 101 | 7.8% | 140 | 1.4 | 4 | 0.3% | 5 | 1.3 |
| 不在自治体 | 180 | ― | ― | ― | ― | ― | ― | ― | ― |
| 計 | 1,741 | 238 | 13.7% | 777 | 3.3 | 16 | 0.9% | 158 | 9.9 |

以上より，多くの基礎自治体においては職員数が少なく，専門的分野の業務に従事している職員も配置されていないため，中小企業施策全般に取り組もうとしてもマンパワー的に難しい。したがって，効果的な施策を展開するために事業を絞ったり，対応できていない事業が生じてもやむを得ないと考えられる。中小企業施策の支援分野・制度について都道府県がほとんど実施しているのに対し，市区町村では実施割合が全体的に低く，施策によって実施状況に大きな差があるのは，そのためと考えられる（中小企業庁，2014，p.451）。

## 3　2005～2019年の基礎自治体の中小部門職員数の変化

### 3．1　基礎自治体の中小部門職員数の推移（2005～2019年）

総務省の集中改革プラン（先述）等によって自治体職員の削減が目指され，市区町村の一般行政部門の職員数は2005～2019年に752,309人から676,555人へと75,754人（▲10.1％）も減少することになったが，この間に中小部門は776人（＋7.5％）増加している（表3）。一般行政部門の22の中部門で増加しているのは，中小部門以外では同じ商工大部門の観光部門，総務・企画部門の「住民関連」及び「その他」，衛生部門の「環境保全」，土木部門の「建築」の5部門に留まっており，中小部門は基礎自治体が力を入れてきた政策分野の1つであると言ってよい。

その内訳を見ると，2005～2019年に商工一般は1,159人（＋12.9％）増加している一方で，中小企業指導は139人（▲15.2％）の減少，試験研究養成機関は244人（▲

60.7％）の減少となっている。試験研究養成機関の大幅減は独法化による要因が大きいと考えられる[注6]。基礎自治体の大きな傾向として中小部門に力が入れられているが，それは一般事務を扱う職員の増加であり，中小指導等については職員数の減少や独法化が進んでいるのである。

**表３　基礎自治体の中小部門職員数の推移（2005～2019年）**

（単位：人）

| | 2005(a) | 2008 | 2011 | 2014 | 2017 | 2019(b) | (c/a)*100 | c=b-a |
|---|---|---|---|---|---|---|---|---|
| 商工一般 | 8,975 | 9,235 | 9,144 | 9,263 | 9,706 | 10,134 | 12.9% | 1,159 |
| 中小企業指導 | 916 | 814 | 765 | 761 | 758 | 777 | ▲15.2% | ▲ 139 |
| 試験研究養成機関 | 402 | 270 | 245 | 176 | 175 | 158 | ▲60.7% | ▲ 244 |
| 中小部門(商工中部門) 計 | 10,293 | 10,319 | 10,154 | 10,200 | 10,639 | 11,069 | 7.5% | 776 |

### ３．２　基礎自治体の中小部門の変化（2005～2019年）

このように全体で見ると職員数は増加しているが，団体毎の中小部門にはどのような変化が見られるのだろうか。2000年代にいわゆる「平成の合併」が進められ[注7]，本稿の対象期間である2005～2019年に市区町村は2,418団体から1,741団体へと減少している。2005年と2019年の規模別団体数を比較した表４からは，この間の変化として次の２点が指摘できる。

まず，団体数が減少する中で不在自治体が大幅に減少し，全体に占める割合も大幅に低下している。その地域独自の施策の立案・実施のためには当該団体に担当する職員がいることが大前提となるため，このことの意義は大きく，基礎自治体が主体的に中小企業政策に取り組む地理的範囲が拡大していると言える。

次に，小規模自治体も大幅に減少しているが，その内訳を見ると１～５人の団体が減少している一方で６～10人の団体は増加している。また，中規模自治体は39団体増加しているが，大規模自治体は総数に変化はない。このことから団体数が減少した小規模自治体でより職員数が多い団体が増加し，その中には中規模自治体へ移行した団体もあるということがわかる。中規模自治体が大規模自治体に移行するような職員数の増加はなかった。

この間に基礎自治体全体で１団体あたりの職員数は2.1人増加しており（4.3→6.4人），このことにより対応可能な施策の増加や担当業務の細分化等が可能となるため，中小部門の実施体制の充実が図られたと言える。

表４　基礎自治体の中小部門規模別団体数（2005年・2019年）

（単位：団体、人）

| | | 不在 | 小規模 | | 中規模 | | | | | | 大規模 | | | 計 | 平均職員数 |
|---|---|---|---|---|---|---|---|---|---|---|---|---|---|---|---|
| | | 0人 | 1～5人 | 6～10人 | 11～15人 | 16～20人 | 21～25人 | 26～30人 | 31～35人 | 36～40人 | 41～45人 | 46～50人 | 51人～ | | |
| 2005年 | 団体数a | 537 | 1,437 | 223 | 101 | 43 | 22 | 16 | 11 | 4 | 4 | 2 | 18 | 2,418 | 4.3 |
| | 小計 | | 1,660 | | 197 | | | | | | 24 | | | | |
| | 割合 | 22.2% | 68.7% | | 8.1% | | | | | | 1.0% | | | 100.0% | |
| 2019年 | 団体数b | 180 | 1,032 | 269 | 105 | 51 | 35 | 19 | 11 | 15 | 5 | 3 | 16 | 1,741 | 6.4 |
| | 小計 | | 1,301 | | 236 | | | | | | 24 | | | | |
| | 割合 | 10.3% | 74.7% | | 13.6% | | | | | | 1.4% | | | 100.0% | |
| 差引b-a | | ▲ 357 | ▲ 405 | 46 | 4 | 8 | 13 | 3 | 0 | 11 | 1 | 1 | ▲ 2 | ▲ 677 | 2.1 |
| | 小計 | | ▲ 359 | | 39 | | | | | | 0 | | | | |

このように2005～2019年に中小部門が充実したが，この時期に進められた市町村合併はどのように寄与したのであろうか。この点について確認するために，合併した個々の基礎自治体の職員数の変動と合併による効果の実際について，本稿では兵庫県内の基礎自治体を事例として検討する。

兵庫県は広い県土に瀬戸内海沿岸の工業地帯や中山間地域等を抱え，大都市・工業都市・地方中心都市などの多様な市町を有しており，2005～2019年に多くの団体が合併している。表４・５のとおり規模別の構成比は2005年，2019年いずれも全国とは大きく変わらず，不在・小規模自治体の大幅な減少，中小部門職員数の増加傾向，１団体当たりの職員数増加といったことが全国と同様であることから，全国の動向を探る上でも参考となると考えられる。

表５　兵庫県内基礎自治体の中小部門規模別団体数（2005年・2019年）

（単位：団体、人）

| | | 不在 | 小規模 | | 中規模 | | | | | | 大規模 | 計 | 平均職員数 |
|---|---|---|---|---|---|---|---|---|---|---|---|---|---|
| | | 0人 | 1～5人 | 6～10人 | 11～15人 | 16～20人 | 21～25人 | 26～30人 | 31～35人 | 36～40人 | 41～45人 | | |
| 2005年 | 団体数a | 14 | 31 | 9 | 4 | 0 | 0 | 1 | 0 | 0 | 1 | 60 | 5.2 |
| | 小計 | | 40 | | 5 | | | | | | 1 | | |
| | 割合 | 23.3% | 66.7% | | 8.3% | | | | | | 1.7% | 100.0% | |
| 2019年 | 団体数b | 2 | 24 | 9 | 2 | 1 | 2 | 0 | 0 | 0 | 1 | 41 | 8.1 |
| | 小計 | | 33 | | 5 | | | | | | 1 | | |
| | 割合 | 4.9% | 80.5% | | 12.2% | | | | | | 2.4% | 100.0% | |
| 差引b-a | | ▲ 12 | ▲ 7 | 0 | ▲ 2 | 1 | 2 | ▲ 1 | 0 | 0 | 0 | ▲ 19 | 2.9 |
| | 小計 | | ▲ 7 | | 0 | | | | | | 0 | | |

## ４　兵庫県内の基礎自治体の中小部門における「平成の合併」の効果

兵庫県には1999年３月31日時点で91市町あったが，1999年４月１日の篠山市（現丹波篠山市）の発足を皮切りに合併が進み，2005年４月１日には60市町となった。さらに合併特例債の特例等が認められる期限の2006年３月31日までには41市町となり，現在に至っている[注8)]。

2005年の60市町と2019年の41市町の職員数を比較したのが表６である。全市町（表６右）で見ると，１団体当たりの職員数は2.9人増加しており（5.2→8.1人／団体），その内訳を見ると，いずれの規模でも増加している。これが合併によるものか確認するために，合併した市町とそれ以外の市町についてわけて分析した。

表６左が2005年度中に合併した29市町であり，合併の結果，姫路市，加東市，多可町など10市町（以下「2005合併市町」）となった。不在自治体と小規模自治体，小規模自治体同士が合併することにより，不在・小規模自治体は大幅に減少していることがわかる。小規模自治体の合計での職員数は微増にとどまっているが団体数が半減したことにより，１団体当たりの職員数は倍増している（1.8→3.7人／団体）。これは合併による直接的な効果と考えてよい。ただし，各団体の職員数増加はそれほど大きくなく，中規模自治体へ移行した団体はない。中規模自治体（姫路市のみ）は不在・小規模自治体と合併し，2019年時点では職員数は倍増しているが（13.0→25.0人／団体），倍増と合併との因果関係は分からない。１団体当たりの職員数は2005合併市町全体においては約４倍の増加となっている（1.5→5.8人/団体）。

他方でそれ以外の市町については（表６中央），個々の団体で見ると小規模自治体から中規模自治体への移行やその逆といった変化はみられるものの，規模別の団体数の変化は大・中規模自治体は変わらず，不在自治体の１減と小規模自治体の１増である。不在自治体は減少したものの２団体残っている。１団体当たりの職員数は大規模自治体は増加したものの，小・中規模自治体は若干減少しており，全体では微増に留まっている（8.6→8.8人/団体）。

以上から，兵庫県内の不在自治体の大幅な減少は職員の新たな配置によるものもあるが，そのほとんどは合併によるものである。また，合併によって小規模自治体において１団体当たりの職員数が増加している。兵庫県内の中小部門の充実は市町村合併によるものと言って良い。兵庫県では中規模自治体の増加は見られなかったが，全国の中小部門の充実も兵庫県同様に市町村合併が寄与するところが大きいと推測される。

## 表6　兵庫県内基礎自治体の2005年と2019年の職員数の比較

【2005合併市町】　（単位:人、団体）

| | 合併前<br>～2005 | 2005 | 合併後<br>2006～ | 2019 | 2005～2019<br>増加数 | 増加率 |
|---|---|---|---|---|---|---|
| | 姫路市 | 13 | 姫路市 | 25 | | |
| | 家島町 | 2 | | | | |
| | 夢前町 | 0 | | | | |
| | 香寺町 | 0 | | | | |
| | 安富町 | 0 | | | | |
| | 1団体当たり職員数 | 3.0 | | 25.0 | 22.0 | 733.3% |
| | 洲本市 | 3 | 洲本市 | 2 | | |
| | 五色町 | 0 | | | | |
| | 1団体当たり職員数 | 1.5 | | 2.0 | 0.5 | 33.3% |
| | 西脇市 | 4 | 西脇市 | 4 | | |
| | 黒田庄町 | 1 | | | | |
| | 1団体当たり職員数 | 2.5 | | 4.0 | 1.5 | 60.0% |
| | 三木市 | 6 | 三木市 | 6 | | |
| | 吉川町 | 0 | | | | |
| | 1団体当たり職員数 | 3.0 | | 6.0 | 3.0 | 100.0% |
| | 社町 | 1 | 加東市 | 3 | | |
| | 滝野町 | 1 | | | | |
| | 東条町 | 1 | | | | |
| | 1団体当たり職員数 | 1.0 | | 3.0 | 2.0 | 200.0% |
| | 龍野市 | 3 | たつの市 | 5 | | |
| | 新宮町 | 0 | | | | |
| | 揖保川町 | 0 | | | | |
| | 御津町 | 1 | | | | |
| | 1団体当たり職員数 | 1.0 | | 5.0 | 4.0 | 400.0% |
| | 中町 | 1 | 多可町 | 5 | | |
| | 加美町 | 1 | | | | |
| | 八千代町 | 0 | | | | |
| | 1団体当たり職員数 | 0.7 | | 5.0 | 4.3 | 614.3% |
| | 神崎町 | 2 | 神河町 | 2 | | |
| | 大河内町 | 1 | | | | |
| | 1団体当たり職員数 | 1.5 | | 2.0 | 0.5 | 33.3% |
| | 佐用町 | 1 | 佐用町 | 4 | | |
| | 上月町 | 0 | | | | |
| | 南光町 | 0 | | | | |
| | 三日月町 | 0 | | | | |
| | 1団体当たり職員数 | 0.3 | | 4.0 | 3.7 | 1233.3% |
| | 浜坂町 | 1 | 新温泉町 | 2 | | |
| | 温泉町 | 1 | | | | |
| | 1団体当たり職員数 | 1.0 | | 2.0 | 1.0 | 100.0% |
| 合計 | 職員数 | 44 | | 58 | 14 | 31.8% |
| | 団体数 | 29 | | 10 | ▲ 19 | ▲65.5% |
| | 1団体当たり職員数 | 1.5 | | 5.8 | 4.3 | 286.7% |
| 不在 | 職員数 | - | | - | - | - |
| | 団体数 | 11 | | 0 | ▲ 11 | ▲100.0% |
| | 1団体当たり職員数 | - | | - | - | - |
| 小規模 | 職員数 | 31 | | 33 | 2 | 6.5% |
| | 団体数 | 17 | | 9 | ▲ 8 | ▲47.1% |
| | 1団体当たり職員数 | 1.8 | | 3.7 | 1.9 | 105.6% |
| 中規模 | 職員数 | 13 | | 25 | 12 | 92.3% |
| | 団体数 | 1 | | 1 | 0 | 0.0% |
| | 1団体当たり職員数 | 13.0 | | 25.0 | 12.0 | 92.3% |

【2005合併市町以外】　（単位:人、団体）

| | | 2005 | 2019 | 2005～2019<br>増加数 | 増加率 |
|---|---|---|---|---|---|
| | 神戸市 | 98 | 107 | 9 | 9.2% |
| | 尼崎市 | 29 | 25 | ▲ 4 | ▲13.8% |
| | 豊岡市 | 15 | 11 | ▲ 4 | ▲26.7% |
| | 明石市 | 13 | 7 | ▲ 6 | ▲46.2% |
| | 伊丹市 | 12 | 6 | ▲ 6 | ▲50.0% |
| | 西宮市 | 10 | 18 | 8 | 80.0% |
| | 宝塚市 | 8 | 7 | ▲ 1 | ▲12.5% |
| | 南あわじ市 | 8 | 5 | ▲ 3 | ▲37.5% |
| | 加古川市 | 7 | 12 | 5 | 71.4% |
| | 朝来市 | 7 | 6 | ▲ 1 | ▲14.3% |
| | 香美町 | 7 | 3 | ▲ 4 | ▲57.1% |
| | 養父市 | 6 | 5 | ▲ 1 | ▲16.7% |
| | 宍粟市 | 6 | 6 | 0 | 0.0% |
| | 川西市 | 5 | 5 | 0 | 0.0% |
| | 加西市 | 5 | 6 | 1 | 20.0% |
| | 小野市 | 4 | 2 | ▲ 2 | ▲50.0% |
| | 三田市 | 4 | 7 | 3 | 75.0% |
| | 篠山市 | 4 | 5 | 1 | 25.0% |
| | 丹波市 | 4 | 7 | 3 | 75.0% |
| | 赤穂市 | 3 | 4 | 1 | 33.3% |
| | 相生市 | 2 | 2 | 0 | 0.0% |
| | 高砂市 | 2 | 3 | 1 | 50.0% |
| | 上郡町 | 2 | 2 | 0 | 0.0% |
| | 芦屋市 | 1 | 3 | 2 | 200.0% |
| | 猪名川町 | 1 | 2 | 1 | 100.0% |
| | 稲美町 | 1 | 1 | 0 | 0.0% |
| | 福崎町 | 1 | 1 | 0 | 0.0% |
| | 淡路市 | 1 | 2 | 1 | 100.0% |
| | 播磨町 | 0 | 0 | 0 | - |
| | 市川町 | 0 | 0 | 0 | - |
| | 太子町 | 0 | 3 | 3 | - |
| 合計 | 職員数 | 266 | 273 | 7 | 2.6% |
| | 団体数 | 31 | 31 | 0 | 0.0% |
| | 1団体当たり職員数 | 8.6 | 8.8 | 0.2 | 2.3% |
| 不在 | 職員数 | — | — | — | — |
| | 団体数 | 3 | 2 | ▲ 1 | ▲33.3% |
| | 1団体当たり職員数 | — | — | — | — |
| 小規模 | 職員数 | 99 | 100 | 1 | 1.0% |
| | 団体数 | 23 | 24 | 1 | 4.3% |
| | 1団体当たり職員数 | 4.3 | 4.2 | ▲ 0.1 | ▲2.3% |
| 中規模 | 職員数 | 69 | 66 | ▲ 3 | ▲4.3% |
| | 団体数 | 4 | 4 | 0 | 0.0% |
| | 1団体当たり職員数 | 17.3 | 16.5 | ▲ 0.8 | ▲4.6% |
| 大規模 | 職員数 | 98 | 107 | 9 | 9.2% |
| | 団体数 | 1 | 1 | 0 | 0.0% |
| | 1団体当たり職員数 | 98.0 | 107.0 | 9.0 | 9.2% |

【全市町(総合計)】　（単位:人、団体）

| | | 2005 | 2019 | 2005～2019<br>増加数 | 増加率 |
|---|---|---|---|---|---|
| 合計 | 職員数 | 310 | 331 | 21 | 6.8% |
| | 団体数 | 60 | 41 | ▲ 19 | ▲31.7% |
| | 1団体当たり職員数 | 5.2 | 8.1 | 2.9 | 11.5% |
| 不在 | 職員数 | - | - | - | - |
| | 団体数 | 14 | 2 | ▲ 12 | ▲85.7% |
| | 1団体当たり職員数 | - | - | - | - |
| 小規模 | 職員数 | 130 | 133 | 3 | 2.3% |
| | 団体数 | 40 | 33 | ▲ 7 | ▲17.5% |
| | 1団体当たり職員数 | 3.3 | 4.0 | 0.7 | 21.2% |
| 中規模 | 職員数 | 82 | 91 | 9 | 11.0% |
| | 団体数 | 5 | 5 | 0 | 0.0% |
| | 1団体当たり職員数 | 16.4 | 18.2 | 1.8 | 11.0% |
| 大規模 | 職員数 | 98 | 107 | 9 | 9.2% |
| | 団体数 | 1 | 1 | 0 | 0.0% |
| | 1団体当たり職員数 | 98.0 | 107.0 | 9.0 | 9.2% |

## 5 おわりに

### 5．1 2005～2019年における基礎自治体の中小部門の充実

本稿では，定員管理調査に基づいて，基礎自治体の中小部門職員数の現状及び2005～2019年の変化について検討した。その中で明らかにしたことと，今後の示唆は以下の2点である。

1点目は，職員数の観点から見て，2005～2019年に基礎自治体において中小部門の充実が図られてきたことを明らかにした。基礎自治体が主体的に中小企業政策に取り組む地理的範囲が拡大するとともに，1団体あたりの中小部門職員数は増加し，対応可能な施策の増加や担当業務の細分化等が可能となっている。兵庫県内の基礎自治体の分析によればこれは市町村合併が寄与するところが大きく，全国でも同様ではないかと推測される。

このような職員の量の充実が進んでいることを踏まえながら，今後は職員の質（能力）の向上を図っていかなければならない。そのためには，中小部門の組織力の発揮を可能とする内部組織の編成と，組織として備えるべき能力等の明示及び管理監督職の適切なマネジメントによる職員一人一人の能力の向上，職員自身のより深い経験を蓄積する努力が必要となる（近藤，2018）。これらは今後の研究課題でもある。

### 5．2 基礎自治体中小部門の課題と残された研究上の課題

2点目は，充実したとはいえ，2005～2019年の市町村合併によっても依然中小部門の位置づけは基礎自治体において小さく，2019年時点で中小部門職員数は一般行政部門の1.6％に過ぎず，小規模自治体が約75％を占め，中小指導等の専門的分野に従事する職員は少なく，配置されている団体も規模が大きい団体に偏っているという実態を明らかにした。

以上のことは基礎自治体の中小企業政策の強化のためには，約75％も占める小規模自治体のような人的に不充分な団体においても地域独自の施策の立案・実施をできるように考えていく必要性を示唆している。限られた人材によって効果的な施策を展開するためには，市区町村はすでに実施する施策を絞っているが，さらに主体的・戦略的に選択と集中を図っていくことのできる体制づくりが重要である。

そのために必要不可欠となるのが連携先や実施しない施策・事業を補完する団体の存在であり，中小企業庁（2014）においても連携の状況が明らかにされている（pp.452～461）。しかし，限られた職員数では連携にかかる事務自体が負荷となり，本来の施策展開を阻害する可能性もある。また，有力な連携先の１つである都道府県の中小部門職員数が2005～2019年に大幅に減少しており，とりわけ中小指導等の専門的な分野の職員の減少が著しい。そのような都道府県や商工会議所・商工会等の当該地域における中小企業支援体制の変化も視野に入れながら，連携の内容とその効果を検討して小規模自治体にとって望ましい連携や補完の在り方を探っていく必要がある。これらも今後の課題である。

本研究については，自治体中小企業政策を支える中小部門職員数の実態を明らかにしたものとして意義があると考える。しかし，上述のような課題が残されているとともに，定員管理調査では分析できなかった独法化を踏まえた試験研究養成機関の変化や，重要な役割を果たしている外郭団体等の全国的な実態も明らかにしていく必要がある。これらの課題に今後取り組んでいきたい。

〈注〉

1　工業集積研究会（2010）では，工業担当部署は職員数が多いほど工業重点型，独自政策型，独自資料の整備，振興ビジョン保有，独自調査実施，常設機関設置といった工業振興にかかる先進的な取組がなされていることを明らかにしている。

2　集中改革プランについては，総務省のホームページを参照（https://www.soumu.go.jp/iken/101109.html，2020年５月６日閲覧）。

3　定員管理調査結果については，総務省のホームページを参照（http://www.soumu.go.jp/main_sosiki/jichi_gyousei/c-gyousei/teiin/，2020年５月31日閲覧）。なお，本稿で特に断っていない場合，定員管理調査に関するデータや記述はこのホームページによる。

4　職員の部門別分類は，それぞれの区分に従い職務中心に捉えられているため，必ずしも各団体の組織とは一致しない。

5　独法を含めれば団体数，職員数は増えると考えられる。

6　定員管理調査では部署は特定できないが，試験研究養成機関がたとえば，大阪市で2008年（▲95名），京都市で2014年（▲59名）に大幅減しているのは，それぞれ大阪市立工業研究所（2008年４月），京都市産業技術研究所（2014年４月）の独法化によるものと考えられる。

7　総務省合併資料集を参照（https://www.soumu.go.jp/gapei/gapei.html，2020年６月４日閲覧）。

8　（公財）兵庫県市町村振興協会の市町要覧を参照（http://www.sichouyouran.jp/document/list/03.html，2020年6月14日閲覧）。

〈参考文献〉

1　中小企業庁編（2014）『2014年版中小企業白書』
2　長谷川秀男（1998）『地域産業政策』日本経済評論社
3　本多哲夫（2013）『大都市自治体と中小企業政策』同友館
4　河藤佳彦（2008）『地域産業政策の新展開』文眞堂
5　近藤健一（2018）「自治体中小企業政策における担当職員のキャリアと専門性」日本中小企業学会編『新時代の中小企業経営』同友館，pp.143～156
6　工業集積研究会（2010）『地域産業政策に関する自治体アンケート調査報告書』
7　桑原武志（2000）「自治体産業政策」植田浩史編『産業集積と中小企業』創風社，pp.203～216
8　植田浩史・本多哲夫編著（2006）『公設試験研究機関と中小企業』創風社
9　植田浩史（2007）『自治体の地域産業政策と中小企業振興基本条例』自治体研究社
10　梅村仁（2019）『自治体産業政策の新展開』ミネルヴァ書房

（査読受理）

# 地域中小企業に関する理論的一考察

## —経営学視点の導入にむけて—

長崎県立大学　田代智治

### 1．はじめに

本研究の目的は，日本の中小企業研究史から中小企業研究の１分野として明確に位置づけられる「中小企業と地域経済・社会」研究の系譜からその動向を概観しつつ，「地域中小企業」概念規定の精緻化を進めることにある。

本研究のきっかけとなった池田（2002）は，「製造業を中心とした大田区や東大阪といった都市部に存立する中小企業が日本の中小企業の一般的な姿として議論されてきた経緯がある」とした上で，「中小企業研究における本質規定の理論化と抽象化の過程で『地域の視点』が喪失した」と指摘する。もとより，国民経済内部の「地域」とは範域が不明確で対象に曖昧さが存在する（矢田，2015）。日本の中小企業研究分野においても，中小企業を対象とした「地域」概念の共通理解などが存在しないのはもちろんのこと，概念規定に関する論争さえも活発に行われておらず十分な検討がなされているとは言い難い。また同様に，「地域中小企業」概念についても中小企業と地域社会の文脈との関連のなかで数多くの研究が存在するも概念や定義が未だ不明確であり曖昧さが存在している。そこで本研究では，そもそも「地域中小企業とは何か」という問題意識のもとで，「地域中小企業」概念の精緻化にむけた理論的考察と再検討を試みたい。

本研究を進めるにあたり次の２つの課題を設定し検討を行う。第１に，中小企業の視点からみて，その関連性から「地域」をどのように捉えて設定するかといった課題である。これは，「地域中小企業」の概念規定にも直結する課題であるともいえる。本研究では，中小企業を対象に「地域」の量的質的射程範囲を検討し明らかにしていく。第２に，「地域中小企業」概念規定に残る不確定さや曖昧性の解消といった課題である。そこで，この第２の課題は，第１の課題である「地域」の捉え方を踏まえた上で「地域中小企業」概念の再定義を試みたい。

## ２．リサーチデザイン

### ２．１　本研究の位置づけ

まずは，日本の中小企業論における研究分類と中小企業概念の研究史からみた研究アプローチを確認した上で，本研究の位置づけについて明確にしたい。

中小企業論は，従来から主流であった「中小企業存立形態論」に端を発しており，現在では，主に，中小企業の存立の現状や存立条件について検討する「中小企業存立論」，大企業との是正格差の視点から始まり中小企業存立の補充を目的とした経済政策（産業政策）について検討する「中小企業政策論」，個別中小企業における経営面・金融面・労働面・技術面などを検討する「中小企業経営論」，の３つの分野に大別される（佐竹, 2008, p.9）。また，日本の中小企業概念の研究史からみると中小企業研究視角は，主に，「問題性アプローチ」「積極的アプローチ」「地域性アプローチ」「『個』のアプローチ」といった４つのアプローチにて研究が進められてきた（平野, 2018, pp.211-212）。

本研究は，中小企業研究分野における「地域中小企業」を研究対象として，中小企業との関連から「地域」の捉え方と「地域中小企業」概念の再定義を検討することから，「中小企業経営論」に分類され，「地域性アプローチ」「『個』のアプローチ」に関連した研究であると位置づけられる。

### ２．２　研究方法

本研究の方法について触れておく。まず，本研究では，過去の中小企業論に準じた形で「中小企業」とはいわゆる日本の「中小企業基本法」に基づいた定義に一義的に基づくものではなく，大企業に比べて相対的に規模の小さい中小規模企業を「中小企業」と表すものとする（佐竹, 2008, p.16）。

続いて，具体的な研究方法について説明する。まずは，本研究で設定した２つの課題にアプローチするため必要な先行研究レビューを行う。具体的には，第１に，日本の中小企業研究史における「地域」の視点を概観する。第２に，中小企業研究分野における「地域中小企業」研究の動向を確認し代表的な「地域中小企業」研究レビューを行った上で，関連研究のレビューを行う。第3に，都市経営や経済地理学の視点から「地域」の捉え方に関連するレビューを行う。本研究では，その特性から多様な分野の研究視点の応用を必要とするため（上野，2013），中小企業研究分野に加えて関連研究レビューが含まれるものである。

以上，これら先行研究から，中小企業を対象に「地域」の捉え方を検討した上で，「地域中小企業」概念の再定義を試みる理論研究の形態をとる[注1)]。

## 3．日本の中小企業研究史における「地域」の視点

日本の中小企業研究では，研究史の整理と論点明示，今後への研究課題提起を目的に第二次世界大戦以降の各年代の研究成果とその動向がまとめられた『日本

**表1　「中小企業と地域経済・社会」研究の主な視点**

| 年代 | 「中小企業と地域経済・社会」研究の主な視点 | 参考文献 |
|---|---|---|
| 戦後－1979年 | 特定地域，特定産業の分析 | 古川（1985） |
| | 中小企業と地域特性 | |
| | 機械工業と地域経済・社会 | |
| | 地場産業の研究 | |
| | 地域主義の主張と地場産業，地域産業 | |
| | 定量的アプローチによるその他の研究 | |
| 1980－1989年 | 地場産業の役割 | 古川（1992） |
| | 環境変化と地域経済 | |
| | 技術の高度化と複合産地の形成 | |
| 1990－1999年 | 中小企業が地域経済に果たす役割 | 大西（2003）<br>石原（2003） |
| | 生産拠点の海外移転と国内産業の空洞化 | |
| | 産業集積地と地域ネットワーク | |
| | 流通政策と地域商業 | |
| | 商店街問題 | |
| | 商業集積の分析・隣接分野との接点 | |
| 2000－2009年 | 地域中小企業と地域産業集積地域 | 上野（2013） |
| | 産業集積と産業クラスター | |
| | 産地型産業集積の革新 | |
| | 中小企業と地域経済 | |

（出所）『日本の中小企業研究（各年盤）』から筆者作成

の中小企業研究』が，これまでに４回に亘って刊行されている（中小企業事業団・中小企業研究所編，1985；中小企業事業団・中小企業研究所編，1992；（財）中小企業総合研究機構編，2003；（財）中小企業総合研究機構編，2013)。この『日本の中小企業研究』のなかで，「中小企業と地域経済・社会」研究とは中小企業研究における各論研究の１分野として明確に位置づけられており，その研究数の多さ[注2)]からも中小企業研究分野における主要テーマの１つとなっている。「中小企業と地域経済・社会」における主な研究視点を時系列にまとめたものを表１に示す。これらから中小企業研究分野における「地域」研究の動向を窺い知ることができる。

「中小企業と地域経済・社会」研究では，中小企業と地域・社会における互いの連関性を前提として，外部環境変化の影響を受けつつも時代背景や政策への対応を図りながら，主に「地場産業」や「地域産業」を対象とした産業視点から積極的に研究が進められ蓄積されてきたことが解る。その反面，「地域」の概念規定に関する視座や「個」の視点に基づいて地域密着型である中小企業そのものに焦点をあてた研究成果は乏しかったといえよう。

## ４．「地域中小企業」研究について

### ４．１　「地域中小企業」研究のスタートとその動向

ここで，「地域中小企業」に関連する研究の動向をみていく。CiNii Articlesに掲載されている論文数について調査すると（表２)，検索でのヒット数が865件，このうち題名及び抄録に「地域中小企業」が明記された論文数は241件となって

表２　「地域中小企業」論文数

| 調査日 | 2020年５月13日 |
|---|---|
| CiNii Articles検索でのヒット数 | 865件 |
| ヒット数のうち，題名及び抄録に「地域中小企業」が明記された論文数 | 241件 |
| 参考：J-STAGE検索でのヒット数 | 327件 |
| 参考：CiNii Articlesで「中小企業」を検索したヒット数 | 56,305件 |

（出所）CiNii Articles（https://ci.nii.ac.jp/ 2020年５月13日閲覧）を集計

おり決して少なくない。掲載されている一番古い論文は，1955年に内田勝治が著した「国鉄労組の地域中小企業労働者支援対策」となっている。CiNii Articlesでは，「地域中小企業」という言葉が1950年代中盤より使用され，関連した論文が1978年頃より増加しており本格的に研究がスタートしていることが見て取れる。

### 4.2　中小企業研究史における「地域中小企業」研究について

次に，日本の中小企業研究史における「地域中小企業」概念の系譜をみていこう。1981年，大阪経済大学で開催された日本中小企業学会第1回全国大会の統一論題は，「国際化時代における地域経済の発展と中小企業」であった。この統一論題を集約する形で記念すべき学会論集第1巻の書名が『国際化と地域中小企業』とされたのである。ここでは，「地域中小企業」といった概念が明確にされたわけではないが「中小企業の多くが，経済の国際化時代において，しかも地域経済の発展と密接にかかわりあいつつ維持・発展を遂げつつある」とし，それら地域密着型である中小企業が「地域中小企業」と捉えられている（日本中小企業学会編，1982）。そこで，学会論集第1巻『国際化と地域中小企業』以降，中小企業研究分野における代表的「地域中小企業」研究を以下に取り上げて概観する。

#### ⑴　池田（2002）による『地域中小企業論』

池田（2002）による『地域中小企業論』とは，中小企業研究分野における中小企業の「地域性」アプローチの代表的研究として位置づけられる（平野，2018，p.211）。具体的には，1970年代以降の自治体中小企業政策の高まりや地域産業政策の重要性を背景として（清成，1986），中小企業の本質規定の理論化と抽象化の過程で喪失した「地域の視点」から概念規定の再考を試みた研究であり（池田，2002，p. i；平野，2018，p.211），政策提言を主眼とした中央政府立案施策に対する対抗軸として議論が展開されている。

池田（2002，p.1）は，「地域」を重要な分析視角とした地場産業研究（山崎，1977）との違いを説明した上で，中小企業研究に新たな地域視点を持ち込む必要性を指摘する。その上で，地域を「近接する中小企業が同質的な行動をする地理的範囲」と定義し（池田，2002，p.27），地域中小企業を「地域に根ざした地域密着型の中小企業であり，それゆえに地域性を有し地域粘着性といった特性を持つ」企業と定義している（池田，2002，pp.27-33）。

一方で，池田（2002）が中小企業研究に与えた意義は，そのような政策論的範疇を越えたところにあるといえ，地方都市に立地する地域中小企業の実態が捨象されてきた点を強調し，これまで製造業を中心とした都市部（例えば，大田区や東大阪市）に存立する地域中小企業が，日本の中小企業の一般的な姿として議論されてきた問題を指摘したことにある。池田（2002）が，日本の中小企業研究に対してこれまで明確化されてこなかった「地域中小企業」概念を整理し新たなパースペクティブを提示したことについて議論を挟む余地はない。しかしながら，池田（2002）は「地域中小企業」というコンセプトを提示するものの，必要とされる「地域」の捉え方や，そもそも「地域中小企業とは何なのか」といったような概念規定や定義の導出根拠に対する詳しい説明や言及を避けている。池田(2002)によって示された「地域中小企業」の概念規定には，曖昧性や不明瞭性が残存しており，根拠の妥当性からみても本来定義に求められる本質性の欠如が見受けられ，地域中小企業自体の設定が困難であることから具体性の欠落があるといえる。

#### ⑵ 佐竹（2008）による「地域中小企業の存立と産業集積」研究

佐竹（2008，pp.181-185）は，「地域中小企業」とは地域活性化の柱であると述べており，その代表的なものに地場産業，地域産業に属する中小企業があげられるとする。また，地場産業における産地と同様に大都市圏内に存立する産業に都市型産業があるとし，日本の代表的産業集積の事例として，機械金属工業で知られる東京の大田区や墨田区，大阪の東大阪市や八尾市をあげている。他方で産業集積は，産地型集積，都市型集積，企業城下町型集積といった類型化が一般的であるとする。その上で「地域中小企業」の成長可能性とそのメカニズム解明のための研究視点として，①地域中小企業の存立形態についての産業集積の形態である地場産業･産業クラスター視点，②存立のための集積戦略として企業間連携･産学連携の視点，③存立のための主体が持つべき要素として地域活性化・ソーシャル・キャピタルの視点，の重要性を強調する。また，実際の産業集積をみると「地域」の範囲はその企業ないし業種・業態によってさまざまであり，必ずしも一様でないと指摘している（佐竹, 2008, pp.185-186)。

佐竹（2008）の研究視点とはあくまで，従来型の中小企業研究の視点に基づいたものであるといえる。一方で当該研究の目的の違いから，そもそも「地域中小企業」がどのようなものであるかといった言及は行っていない。

#### ⑶ 池田（2012）による「地域中小企業の競争優位の源泉」研究

池田（2012, pp.102-106）は，企業はどこに立地しているか，つまり市場構造の違いで企業行動が異なり，企業行動が異なれば成果も異なってくるとする。同様に，地域によって市場構造が異なると企業行動や成果が異なるとした上で，「地域中小企業」の経営行動を産業組織論における「S-C-Pモデル」によって説明する。一方，市場構造の違いによって発生する企業行動や成果の違いから，自ずと政策も地域中小企業の実情に合ったものが求められることになると述べている。

また，池田（2012, p.100）は，地域中小企業との関連における地域形成過程について，「中小企業の同質的な行動が観察されるある一定の地理的空間があり，それを範囲とした地域が形成される」と述べている。グローバル経済下となった現在でも中小製造業行動に地域性が形成され残存する点について，大企業などの発注者の影響があるものの最大の理由は個々の企業の内的要因である技術者・技能者の「地域粘着性」にあるとしている（池田, 2012, pp.104-106）。

池田（2012）は，経営学視点から「地域中小企業」の有する地域性について説明しているが，「地域」や「地域中小企業」の概念定義などは池田（2002）と同様であるとし改めて精緻化などを行ってはいない。

### 4．3　「地域中小企業」研究に関連した研究について

続いて，中小企業研究分野以外でも「地域」に存立する企業の特徴に注目した研究が存在する。以下では，「地域中小企業」研究に関連すると思われる２つの研究を取り上げてレビューを行う。

#### ⑴　大滝他（1997）による「地域企業」概念

大滝他（1997）は，これら理論は未だ一般化されてはいないと述べながらも経営戦略論の文脈から「地域企業」といった概念を提示する。そこで「地域企業」を「本社を特定の地域に置き，主としてその地域の多様な資源を活用したり，その地域独自のニーズを持つ製品やサービスを提供したりするなど，地域に立地する優位性を活かしている企業」と定義する（大滝他, 1997, pp.267-269）。「地域企業」とは，地場産業だけでなく，特定の地域を対象に製品やサービスを提供している企業や地域に拠点を置いているがその製品やサービスを全国や世界市場に向けて供給している企業を含む概念であるとし，一般的には中小企業が多いとする。また，近年，企業のCSRや社会的貢献の問題などへの関心の高さからみても，「地域企業」の多くは，その環境である地域社会と直接的な共存共栄関係にあることから，これら問題に対して積極的に取り組んできた経緯があると述べている。

大滝他（1997）により提示された「地域企業」概念と中小企業研究分野における「地域中小企業」概念の間には，概念の生成過程における学術背景の違いや研究の目的の違いなどから細かい点についての相違が見られるものの，企業とはさまざまな意味で地域との連関性を持った社会的な存在であるといった視点には変わりがない(池田, 2002, p.27; 大滝他, 1997, pp.266-267)。他方，大きな違いとして，「地域企業」概念とは中小企業だけを想定しておらず中堅企業，大企業を含んでいる点にある。

⑵　田中（2004）による『地域企業論』

田中（2004, pp.5-7）は，主に社会学の視点から「地域」及び「地域社会」の概念規定を試みた上で，「地域企業」を「立地地域内に本社ないし本店が所在している企業」と定義する。「地域」という概念は，複雑多岐にわたり，その解釈もその時に対象とする事柄により異なってくるとし，機能的，時間的側面からも動態的な概念であると説明する。田中（2004, pp.6-10）は，「地域」の設定および「地域社会」といった概念の成立において，人々の間に共有されている地域社会の存在についての暗黙の前提や，特定の地域社会の住民としての地域社会に対する認知といった「地域的アイデンティフィケーション」の重要性を強調する。また，地域の範囲の設定については，「歴史的経緯」となる「共同体的村落としての背景を持つ集落の伝統」などを背景とした地域的アイデンティフィケーションの存在と，「住民に外在する制度的要因」である「行政的に引かれた区分」と境界線が複雑に絡み合っていると指摘している。

中小企業研究分野における「地域中小企業」概念の大きな違いについて，田中（2004, pp.57-65）により提示された「地域企業」概念は，大企業等地域外企業の別法人として地方に位置する「本社立地大企業」を含むほか，「地域中核企業」と「地域中小企業」をも含むものとなっている。

## 5.「地域」の捉え方について　―都市経営や経済地理学の視点から―

直近の『日本の中小企業研究（(財)中小企業総合研究機構編, 2013)』において，上野（2013）は，中小企業研究分野における「中小企業と地域経済・社会」研究とは学際的であることから，時に応じて経済学，経営学，経済地理学等を含めた理論検討と実態解明が望まれると指摘する。また，本研究におけるこれまでの先行研究レビューからもさまざまな「地域」の捉え方や指摘がある。そこで，上野(2013) が指摘する「学際的に多様な研究視点応用の必要性」から，本研究における「地域」の捉え方の検討にはいる前に，都市経営や経済地理学の「地域」概念についていくつかの研究を取り上げて以下に概観する。

小泉・岡崎・林編（1999, p.95）は，「地域」には多様な概念が存在しており，地理的な視点からは，EUといったヨーロッパ全体をコミュニティと称して指す大きな地域から，特定の国家までも当然１つの地域となりえるとする。例えば，日本を見ても，複数の県から構成される九州地方や中国地方，関西地方といった地方ブロックも地域，各都道府県や基礎自治体である市町村も地域，身近な地域社会や集落までも地域，といった多様な捉え方が存在しており，それぞれが多層に積み重なっているのが実態であると述べる（小泉・岡崎・林編, 1999, p.95)。

矢田（2015）は，国民経済内部の「地域」概念とは不明瞭であり，論者のあいだの共通理解などないのはもちろん，概念規定に関する論争さえも活発に行われていないとし，国民経済内部の「地域」とは範域が不明確で対象にはあいまいさが存在すると述べる。その上で，「地域経済」とは，財・サービスや所得・資金の地域的循環が形づくる「経済圏」と，これに対応した諸部門・諸機能の立地の両者を統一したものであるとする(矢田, 2015, p.67)。また，矢田(2015, p.243) は，「地域」なるものの抽出において，国民経済のなかで「地域経済」を設定しようとする時には，産業配置の論理のなかで考えなければならない一方で，伝統的地理学における地域概念を援用するのが適当であるとの見解を示している。

そこで，伝統的地理学における地域概念として，松原（2006）による地域区分を確認する。松原（2006, p.119）は，行政区域や選挙区など便宜的に設定された区画を「形式地域」，地理的事象の実態に基づいて設定された区画を「実質地域」とする。その上で，「実質地域」は，工業地帯，農業地帯，商業地区，住宅地区など各種指標の同一性･類似性をもとに地域区分された「等質地域」と，通勤圏，商圏などある中心を軸に人やモノ，情報やマネーの流動をもとに地域区分された「結節地域」に分けられるとしている。それでは，このような「地域」とはどのようなプロセスを経て形成されるものであろうか。Paasi（1991）は，地域の形成過程とは，①テリトリーが形成される段階，②地域名のような観念的シンボルがつくられ，住民の地域意識が鮮明となる段階，③地域制度が機能し，分業に基づく地域の実質的成長がみられる段階，④制度が持続され，地域意識が再生産される段階，⑤地域的アイデンティティが形成される段階，の５段階に区別できるとしている。

## ６．理論的考察

### ６．１　「地域」の捉え方　―中小企業との関連性から―

ここまでの先行研究レビューから，「地域」とは，多様な捉え方が存在しそれぞれが多層に積み重なっているのが実態であることが示されている（小泉・岡崎・林編, 1999）。そして，この「地域」という概念は，複雑多岐に亘り，その解釈もその時に対象とする事柄により異なってくる機能的，時間的側面からも動態的な概念であることが解る（田中, 2004）。そのため，国民経済内部の「地域」を抽出する場合においても範域が不明確で対象には曖昧さが存在する（矢田, 2015）。例えば，中小企業研究分野における産業集積研究をみても「地域」の範囲はその企業ないし業種・業態によってさまざまであり必ずしも一様でない（佐竹, 2008）。

「地域」とは，機能的，時間的側面からも動態的な概念であることから，何を対象とするかといった前提条件を設けない「地域」設定は不可能であり，更にいえば意味をなさない。つまり，中小企業との関連性といった前提条件を設けることで，その条件範囲内での「地域」設定が可能となる。これら「地域」の持つ特徴と前提を基に，中小企業を対象とした「地域」をどのように捉えるかを，４つの視点とともに検討していく。

まず第１に，これまでの中小企業研究における「中小企業と地域経済・社会」研究の主な視角であった地場産業・地域産業・産業集積の生成過程と地理的立地の現状把握に基づく「従来型中小企業研究の視点」が必要となる。この点は，池田（2002）による「地域」の「近接する中小企業が同質的な行動をする地理的範囲」といった定義で説明できよう。しかしながら池田（2002）による「地域」の定義では，「近接とはどこまでを指すのか」といった点や「同質的な行動」とは何かといった点が明確に説明，言及されていないために，「地域」の範囲や境界を具体的に想定することが難しい。そのため第２に，「行政区分の視点」が必要となる。これは地理的範囲のみならず，日本の中小企業を対象とした産業政策の多くにおいて，歴史的にも都道府県または政令指定都市が実施の主体となり基礎自治体である市町村が実行を担ってきた経緯や企業に影響する地域社会の文化的

表３　中小企業を対象とした「地域」の量的質的射程範囲

| 「地域」を捉える視点 | 具体的な量的質的射程範囲 |
| --- | --- |
| 従来型中小企業研究の視点 | 近接する中小企業が同質的な行動をする地理的範囲 |
| 行政区分の視点 | 地域の最小範囲：基礎自治体・市町村レベルの範囲<br>地域の最大範囲：県レベル以下の範囲 |
| 地域経済の視点 | 結節地域の１形態に区分 |
| 地域的アイデンティフィケーションの視点 | 地域的アイデンティティが形成される段階まで到達している地域 |

（出所）筆者作成

側面などを考慮する必要がある。具体的には，中小企業対象とした「地域」の最小範囲は，基礎自治体である市町村レベルの範囲を想定することが現実的であろう。そして地域の最大範囲は県レベル以下の範囲が想定される。第３に，中小企業を対象とした「地域」の設定には「地域経済の視点」が必要となる。財・サービスや所得･資金の地域的循環が形づくる「経済圏」と，これに対応した諸部門･諸機能の立地などを考慮しなければならない。具体的にこれら「地域」は，経済地理学でいう「結節地域」の中の１形態に区分できると考えられる。最後に第４として，企業に影響する地域社会の文化的側面の重要性から「地域的アイデンティフィケーションの視点」が必要となる。つまり，「地域」の形成過程レベルがどの段階にある「地域」が想定されるかということである。具体的には，Paasi (1991) が示した「地域的アイデンティティ」が形成される段階まで到達している「地域」が想定される。これらの４つの視点について，中小企業を対象とした「地域」の量的質的射程範囲をまとめたものを表３に示す。続いて，これら「地域」の捉え方を前提に「地域中小企業」概念の再定義について検討を進めていく。

### ６．２　「地域中小企業」の再定義

長らく，中小企業研究分野では「中小企業の多くが，経済の国際化時代において，しかも地域経済の発展と密接にかかわりあいつつ維持･発展を遂げつつある」とし，それら地域密着型である中小企業を「地域中小企業」と捉えてきた（日本中小企業学会編 , 1982; 佐竹 , 2008）。そこで，池田（2002, pp.27-33）は，研究の精緻化にむけ，地域中小企業を「地域に根ざした地域密着型の中小企業であり，それゆえに地域性を有し地域粘着性といった特性を持つ」と定義している。

池田（2002）の定義が抱える課題として，第1に，何をもって「地域密着型」とするのかといった具体的言及がされていない点，第2に，「地域性」についての詳細な説明がなく不明瞭である点，第3に，「地域粘着性」の根拠を製造業を中心とした「技術者，技能者の地域粘着性」に求めている点，といった曖昧性・不明瞭性・根拠の妥当性からみて，本来定義に求められる本質性の欠如が見受けられる。そのために，地域中小企業自体を設定することが難しく，これが具体性の欠落にも繋がっている。これら研究課題点を解消する必要がある。

大企業を含むなど細かい点に相違があるものの，大滝他（1997）と田中（2004）による「地域企業」概念と池田（2002）の地域中小企業の定義に共通する点は，「特定の地域に存立する中小企業」ならびに「地域密着型中小企業」を主な対象としていることである。現実的には，中小企業の本社・本店が特定の「地域」に立地する場合もあれば，工場や営業拠点など中小企業の重要な存立基盤が特定の「地域」に立地する場合もあろう。そこで，本研究では地域中小企業を「企業存立基盤を特定の地域に置き地域に根ざした地域密着型の中小企業」と定義する。

しかし，この定義だけでは，先に述べた池田（2002）の定義が抱える本質性の欠如や具体性の欠落が説明できない。そこで，池田（2002），大滝他（1997），田中（2004）を参考に，本研究における地域中小企業の定義に「4つの地域性」といったサブシステムを加え補完することでこれら課題を解消したい。「4つの地域性」について，第1は，地域の多様な資源を活用していることである。具体的に地域の多様な資源とは，有形な資源（例えば，ヒト・モノ・カネなど）や無形な資源（例えば，情報・ノウハウ・地域の伝統技術など）があると考えられる。第2は，地域独自のニーズやシーズを持つ製品やサービスを提供していることである。第3は，地域に立地する優位性を活かしていることである。したがって，これら第2，第3の視点からは，地場産業だけではなく，特定の地域を対象に製品・サービスを展開している企業ならびに，地域に拠点を置きつつも製品・サービスを全国や世界の市場にむけて展開する企業を含むことになる。最後に，第4は，前述した3点に関連，起因した地域粘着性があることである。例えば，従業員の多くを地域から雇用している場合も「地域の多様な資源」を活用していることになり，それに起因して地域密着性や地域粘着性を有することになる。これは，池田（2002）の「技術者，技能者の地域粘着性」を含むものである。この「4つの地域性」を有している数が多いといった量的側面ならびに，地域との関連が深いといった質的側面が高ければ高いほど地域性が高い企業となるといえよう。

以上の検討によって「地域中小企業」の定義とそれを補完する「４つの地域性」といったサブシステムを本研究において改めて提示するものである。

## ７．おわりに

本研究では，以下の２つの課題設定に基づいてこれまで検討を進めてきた。第１は，中小企業の視点からみて，その関連性から「地域」をどのように捉えて設定するかといった課題であった。第２は，「地域中小企業」概念規定に残る不確定さや曖昧性の解消課題である。ここで改めて本研究の貢献を確認したい。第１の課題解消にむけては，中小企業を対象とした「地域」の射程範囲を量的（主に地理的範囲），質的に提示した。第２の課題解消にむけては，「地域中小企業」の再定義によって，その本質性と具体性を提示した。経営学視点の導入にむけた本研究の検討によって，日常的かつ学術的に曖昧に使用されていた「地域中小企業」概念を一定レベルで明確にできたといえる。また，中小企業研究分野における学術的インプリケーションとの関連では，本研究の「中小企業と地域経済・社会」研究に対する理論的展開などによって更なる研究の深化が見込まれるであろう。

しかしながら本議論は，概念整理と精緻化の初期段階であるため，先行研究の妥当性や客観性についての整理，「地域中小企業の分類」等をはじめとした更なる理論的検討など，多くの取り組むべき残された課題がある。くわえて，本研究は実証を伴っていないため，理論的検討と考察の後にはそれら研究を進める必要がある。以上を踏まえて今後の「地域中小企業」研究を進めていきたい。

〈注〉

1　本来，経営学に求められる厳密性からも中小企業の存立形態や経営実態などといった現象面から理論化を試みるのが一般的であると考えられるが，本研究は実証研究を行う前の段階である点について留意願いたい。本研究は，これまでの日本の中小企業研究史における「地域中小企業」概念の精緻化を目的としており，理論的仮説生成段階の研究であると位置づけされる。

2　大阪経済大学中小企業・研究所によって整理された文献表によると2000年から2009年の中小企業関連の文献は17,000編を超えており，その内「中小企業と地域経済に関する研究」は2,300編と約13％を占めている（(財)中小企業総合研究機構編, 2013)。

**〈参考文献〉**

1　池田潔（2002）『地域中小企業論』ミネルヴァ書房
2　池田潔（2012）『現代中小企業の自律化と競争戦略』ミネルヴァ書房
3　石原武政（2003）「中小企業と地域経済・社会（商業）」（財）中小企業総合研究機構編『日本の中小企業研究1990-1999第1巻成果と課題』同友館, pp.307-324
4　上野和彦（2013）「中小企業と地域経済」（財）中小企業総合研究機構編『日本の中小企業研究2000-2009第1巻［成果と課題］』同友館, pp.257-280
5　大滝精一・金井一賴・山田英夫・岩田智（1997）『経営戦略〔新版〕：論理性・創造性・社会性の追求』有斐閣アルマ
6　大西正曹（2003）「中小企業と地域経済・社会（工業）」（財）中小企業総合研究機構編『日本の中小企業研究1990-1999第1巻成果と課題』同友館, pp.291-306
7　清成忠男（1986）『地域産業政策』東京大学出版社
8　小泉允圀・岡崎昌之・林亜夫編著（1999）『都市・地域経営』放送大学教育振興会
9　（財）中小企業総合研究機構編（2003）『日本の中小企業研究1990-1999』同友館
10　（財）中小企業総合研究機構編（2013）『日本の中小企業研究2000-2009』同友館
11　佐竹隆幸（2008）『中小企業存立論―経営の課題と政策の行方―』ミネルヴァ書房
12　田中史人（2004）『地域企業論』同文館
13　中小企業事業団・中小企業研究所編（1985）『日本の中小企業研究』有斐閣
14　中小企業事業団・中小企業研究所編（1992）『日本の中小企業研究1980-1989』同友館
15　日本中小企業学会編（1982）『国際化と地域中小企業』同友館
16　平野哲也（2018）「中小企業研究の方法的立場―中小企業概念の系譜とデザインの方法―」日本中小企業学会編『日本中小企業学会論集㊲新時代の中小企業経営―GlobalizationとLocalizationのもとで―』同友館, pp.208-221
17　古川浩一（1985）「中小企業と地域経済・社会」中小企業事業団・中小企業研究所編『日本の中小企業研究第1巻〈成果と課題〉』有斐閣, pp.267-282
18　古川浩一（1992）「中小企業と地域経済・社会」中小企業事業団・中小企業研究所編『日本の中小企業研究1980-1989第1巻〈成果と課題〉』同友館, pp.209-218
19　松原宏（2006）『経済地理学　立地・地域・都市の理論』東京大学出版社
20　矢田俊文（2015）『地域構造論《上》理論編』原書房
21　山崎充（1977）『日本の地場産業』ダイヤモンド社
22　Paasi, A.（1991）“Deconstructing Regions: Notes on the Scales of Spatial Life”, Environment and Planning A 23, pp.239-256

（査読受理）

# 情報技術を活用した中小製造業の技能承継

日本政策金融公庫総合研究所　松井雄史

## 1　はじめに（問題意識）

1947年から1949年に生まれたいわゆる団塊世代が，2007年以降に一斉に60歳の定年退職を迎えるという，「2007年問題」が今から20年ほど前に注目を集めた。企業の熟練技能が失われて，生産性が低下するのではないかと懸念されたのである。しかし，「2007年問題はほとんど深刻なかたちとなって現れはしなかった」（高木，2011，p.38）との指摘がある。「やめてもらっては困る人材については，制度があろうとなかろうと，企業はこれまでも組織に留めさせてきた」（高木，2011，p.39）ためである。一方で，こうした取り組みは，技能承継の問題を先送りするだけで，本質的な解決策ではない。経済産業省・厚生労働省・文部科学省編『2018年版ものづくり白書』によると，中小製造業において確保が課題となっている人材は，「技能人材」が59.8％と過半数を占めており，２番目に多い「設計・デザイン人材」（8.6％）や３番目に多い「営業・販売，顧客へのアフターサービス人材」（7.7％）などを大きく上回っている。

小島・森（2002）は，製造現場における技能は，①手先の器用さを主とする動作と②構想力と判断力の二つから成るとしている。このうち，手先の器用さを主とする動作は，数値制御による工作機械などで，すでに自動化できるようになったものもある。職人の構想力と判断力は，三次元画像解析やAIといった新たなIT（Information Technology：情報技術）などで，再現あるいは共有されようとしている。そこで本稿では，日本政策金融公庫総合研究所が2019年に融資先の中小企業を対象に実施したアンケートと事例調査の結果を用い，①中小企業における技能承継の実態を確認したうえで，②ITの進歩は，中小製造業において技能を技術化したり，技能承継の重要な手段になったりしていることを明らかにしたい。

本論に入る前に，本稿における用語を定義しておく。「技能」は，経済産業省・厚生労働省・文部科学省編（2019）を参考に，「人に内在する，暗黙知を基礎とする能力であり，その人を離れては存在しえず，実際の体験等を通じて人から人へと承継されるもの」とする[注1)]。「技術」は，経済産業省・厚生労働省・文部科学省（2019）の定義に従って，「図面，数式，文章などなんらかの客観的な表現によって記録され，伝えられる形式知を主体にしており，その人を離れて，伝達・伝播されるもの」とする。

本稿では，「技能の技術化」という文言を使用している。上記の定義を踏まえると，人に内在する暗黙知を基礎とする能力を，その人を離れて伝達・伝播させることととらえられることから，「技能を技術に置き換えて，誰でも作業ができるようにすること」を意味するものとする。

なお，技能と同様の言葉として「熟練技能」もよく使われる。『広辞苑（第７版）』（2018年）によると，「熟練」とは，「よく慣れていて，じょうずなこと」である。すなわち「熟練技能」とは，「長年の経験で身につけた高度な技能」と考えられる。第３節で説明するアンケートでは，設問に「熟練技能」の文言を使用しており，本稿では「長年の経験で身につけた高度な技能」を「熟練技能」ととらえることとする。

## ２　先行研究

### （１）技能承継におけるITの位置づけ

技能承継におけるITの位置づけについて，小島・森（2002）は，技能の共有や再利用，改良を目標に，IT 時代における技能の技術化が進められていると指摘している。一方で「これは目新しい課題ではない。従来から多くの現場で日常的に行われている共通基盤としての加工知識体系化の努力は技能の技術化そのものである」（小島・森，2002，p.1267）が，「IT 利用は質量とも，飛躍的に拡大しているものの，技能の技術化の視点からみるとITの存在が本質的であるという段階ではない」（小島・森，2002，p.1267）としている。

中村（2002）は，技能者がもつ熟練技能は暗黙知のかたまりであり，これをコンピュータですべてが形式知化されることはありえないと考えている。そのうえで，IT 化が効力を発揮するのは，ものづくりそのものではなく，ものづくりを支援する部分であると指摘し，その例として，技能者の熟練技能習得システム，技術者と技能者のコミュニケーション，汎用的な生産ノウハウの社会的蓄積を挙げている。

綿貫（2006）は，技術文書，ビデオライブラリ，OJTが代表的な技能伝承方法であるとしながら，技術文書は職人の動きなどの技能をうまく記述できない，ビデオライブラリは観る人の知識や力量に大きく依存するという欠点があるため，大多数の工場ではOJTを中心に技能伝承を行っているのが現状であると指摘している[注2)]。そのうえで，これからの新たな熟練技能伝承システムには，膨大な知識の中から利用者が必要としている知識を容易に探し出せること，暗黙知が伝達しやすい形で提示されていること，映像に含まれる知識が明示的に提示されていることなどが求められると述べている。

田口（2013）は，日本国内の技能伝承の取り組み方法として，技術文書，ビデオライブラリ，クドバス，OJT，Off－JT，SJT，ITを活用したシステム，コンサルティングの８つを挙げている[注3)]。このうち，ビデオライブラリについては，綿貫（2006）と同様に，映像を生かせるか否かは観る人の知識や力量に大きく依存すること，ITを活用したシステムについては特定の技能を対象としたシステムが多く，他の仕事の伝承への汎用性が低いことを短所として指摘している。

近年のAIの動向について，野村（2017）は中小企業でAIの活用が期待される分野として熟練工の技能や匠の技の継承を挙げ，「従来は人間の感覚が頼りで説明も形式知化も不能だった熟練の動きを機械が引き継げる可能性が出てきた」（野村，2017，p.103）と指摘している。

近藤（2018）は，「製造業のものづくり現場でのAIの導入と利活用が実証段階では進められてきているものの社会的実装はまだまだこれからであり，特に中小企業のものづくり現場においては実証もこれからであるといえる」（近藤，2018，p.12）としている。

### （2）研究の視点と枠組み

先行研究をみると，技能の技術化については，少なくとも2000年代には日常的に行われていたが，当時のITでできることは限定的だったと推察される。技能承継の方法としてビデオライブラリやITを活用したシステムも存在したが，欠点も多かった。この欠点を踏まえ，新たな技能承継システムに求められている要件は提示されているが，その実例はほとんど示されていない。近年のAIについては，人間の感覚による熟練の動きを機械が引き継げる可能性が出てきていることに言及しているが，中小企業では実証もこれからとしている。

以上を踏まえ本稿では，近年のITの進歩に伴い，技能の技術化が進んだか，ITが中小企業の技能承継のあり方に変化をもたらしたかを考察したい。製造現場における技能については，新たなITなどで再現あるいは共有されようとしている判断力を事例研究における中心とした。

また，研究に当たっては，野中・竹内（1996）を参考にした。野中・竹内（1996）は「暗黙知は，特定状況に関する個人的な知識であり，形式化したり他人に伝えたりするのが難しい」（野中・竹内，1996，p.88）とする。また，「形式知は，形式的・論理的言語によって伝達できる知識である」（野中・竹内，1996，p.88）とする。そして，この形式知と暗黙知の変換が双方向的にスパイラルに行われることで，組織の知識は創造されるというSECIモデルを提示した。SECIモデルとは，⑴個人の暗黙知からグループの暗黙知を創造する「共同化（Socialization）」，⑵暗黙知から形式知を創造する「表出化（Externalization）」，⑶個別の形式知から体系的な形式知を創造する「連結化（Combination）」，⑷形式知から暗黙知を創造する「内面化（Internalization）」という四つの知識変換モードを通して，知識が創造されるというものである。SECIモデルは，ナレッジ・マネジメントのフレームワークで，技能承継問題を分析するのに必ずしも当てはまるわけではないが，本稿では，暗黙知，形式知，SECIモデルを念頭に置いて分析を進めた。

## 3　技能承継の実態

### （1）使用するデータについて

本稿で使用するデータは，日本政策金融公庫総合研究所が2019年６月に行った「全国中小企業動向調査・中小企業編（2019年４－６月期特別調査）」の結果である。調査対象は，日本政策金融公庫中小企業事業の融資先の製造業5,529社である。調査票（無記名）は郵送し，2,228社から回答を得た。

### （2）熟練技能の承継状況

最近５年間に退職した従業員がもっていた熟練技能の承継状況は，「大部分を承継できている」と回答した企業の割合は22.4％，「ある程度承継できている」と回答した企業の割合は55.7％となっており，合わせて約８割の企業が比較的スムーズに熟練技能を承継できている注4)。事業を継続できている企業が回答しているため「大部分を承継できている」「ある程度承継できている」と回答した企業の割合が多くなった可能性があることに留意する必要はあるが，承継状況はおおむね良好といえる。ただし，「あまり承継できていない」「承継できていない」と回答した企業の割合も，それぞれ13.8％，2.5％ある。

ここからは熟練技能の承継状況別に特徴をみるため，最近５年間に退職した従業員がもっていた熟練技能について，「大部分を承継できている」「ある程度承継できている」と回答した企業群（以下，「ある程度承継できている企業」という）と，「あまり承継できていない」「承継できていない」と回答した企業群(以下，「あまり承継できていない企業」という）に分けて分析を行う。

### （３）技能承継のための取り組み

技能承継のため企業はどのような取り組みを行っているのだろうか。一般的に，技能承継の問題を解決するための手段として，①既存の技能者を維持する，②技能が必要な作業は外注する，③技能の技術化を行う，④どうにかして技能を技能のまま引き継ぐ，⑤失われる技能が不要な事業に転換するといった方法が考えられる。そこで，アンケートでは，「定年の延長・再雇用」「処遇の改善」「社内資格の導入」「資格手当の導入」「機械やIT技術での代替」「熟練技能の標準化・マニュアル化」「熟練技能の外注化」「他社・大学・研究機関との連携」の選択肢を設け，それぞれ最近５年間で取り組んだかどうかを尋ねた。

回答結果をみると，全体では「定年の延長・再雇用」と回答した企業の割合が83.3％と最も多かった（図１）。いわゆる「2007年問題」のときに高木（2011）が指摘したように，熟練技能をもつ従業員の雇用を継続することで，熟練技能が失われないようにする企業が多いといえそうである。また，「熟練技能の標準化・マニュアル化」が57.2％，「機械やIT技術での代替」が43.6％となっており，生産工程の標準化や機械化に取り組んだ企業も半数程度に上る。

最近５年間の技能の承継状況別にみたときに，「ある程度承継できている企業」が「あまり承継できていない企業」に比べ，取り組んでいる割合が多かったのは，「熟練技能の標準化・マニュアル化」と「機械やIT技術での代替」である。前者は，

図1　技能承継に向けた取り組み（技能の承継状況別，複数回答）

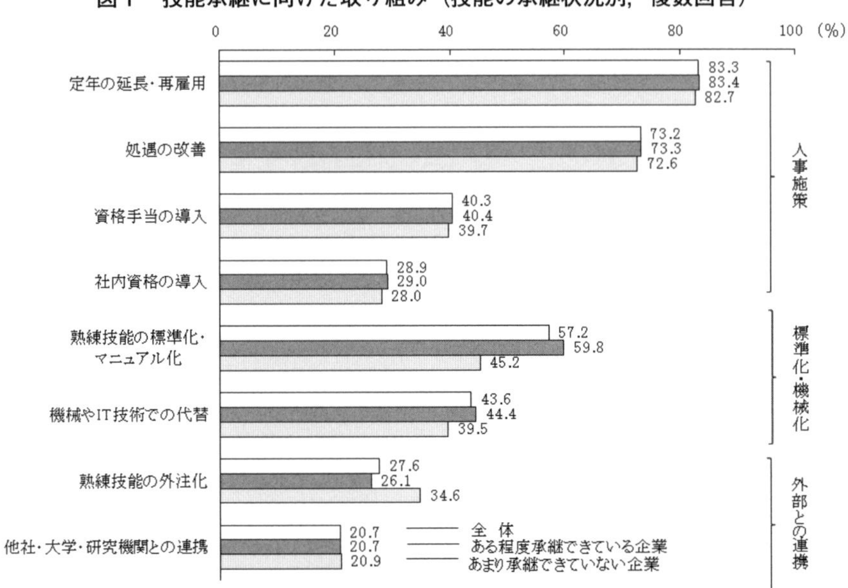


資料：日本政策金融公庫総合研究所「全国中小企業動向調査・中小企業編2019年4-6月期特別調査」
（注）1　複数回答のため、合計は100％を超える。
2　最近5年間に退職した従業員がもっていた熟練技能について、「大部分を承継できている」「ある程度承継できている」と回答した企業群を「ある程度承継できている企業」として、「あまり承継できていない」「承継できていない」と回答した企業群を「あまり承継できていない企業」として集計した。
3　サンプルサイズ（n値）は記載を省略した。

「ある程度承継できている」企業で59.8％，「あまり承継できていない」企業では45.2％が取り組んでいる。後者は，「ある程度承継できている」企業で44.4％，「あまり承継できていない」企業では39.5％が取り組んでいる。熟練技能を承継できている企業は，生産現場における標準化・機械化に取り組んでいることがわかる。

## 4　事例調査

### （1）事例企業の選定要領

事例は，日本政策金融公庫総合研究所（2019，2020）にある技能承継に取り組んでいる中小企業である。アンケートの結果を踏まえ，技能を標準化・マニュアル化したり，機械やITで代替したりしている3社を抽出し，取り組みの詳細をヒアリングした。

（2）調査結果

①Ａ社

A社（資本金7,800万円，従業者数62人）は，プラスチック射出成形用金型の製造業者である。金型に模様をつけて，プラスチックの表面に鮮やかな模様を浮き上がらせる「加飾技術」が同社の特長で，最盛期にはグループで350人の従業員がいた。しかし，2000年以降に取引先の海外移転が進んだことに加え，2008年のリーマンショックで経営危機に陥り，従業員は一時28人まで減少した。

こうしたなか，製造業向けにコンサルティング業を展開するある企業が，2014年に経営を引き継いだ。引き継いだときは従業員の高齢化が進んでおり，将来にわたって企業を維持するには，技能承継問題の解決が必須だった。技能を習得するには10年以上かかる場合もあるが，若手は続かず辞めてしまうことも多かった。そこで，三つの作業で機械学習を利用したAIを使い，ベテランの感覚的な部分や判断を技術化しようと考えた。

一つ目は，見積もり作業である。見積書を作成する際には，金型の大きさや成形品の形状などから製造にかかる工数を瞬時に判断し，コストを積算しなければならない。まさに経験と勘の世界で，以前はベテランが一手に見積書を作成していた。

そこで，AIによる見積もり作成支援システムを導入した。最初に，今までつくった見積もりの金型の形状，工程の順番，見積金額などのデータをすべて入力する。そのうえでベテランにヒアリングを行い，なぜそのような工程を選んだのかという思考や判断基準を一つずつAIに学習させた。今は，金型の仕様や製品の仕様を入力すれば，AIが最適な工程を決定して見積金額を算出する。難度の高い金型でなければ若手でも見積書を作成できるようになっている。

二つ目は，成形品の試作時に発生する，金型の不具合を修正する作業である。新しく金型をつくる場合，図面どおりに仕上げれば完成ではなく，出来上がった金型を機械設備に取りつけてみて，何度か試し打ちをして調整を行い，最終版にすることが多い。ベテランでも修正が一度や二度では完了せず，日数がかさむ作業である。

そこで同社は，金型の内部にさまざまなセンサーを設置して，成形時の金型内部の温度や圧力といったデータを蓄積した。それぞれの条件の下で，不具合がある場合にベテランがどう対応しているかをAIに記憶させた。これにより，不具合が発生した際に，そのときの加工条件と不具合の内容を入力すると，AIが的確な修正方法を提示してくれる。今は，若手でも金型を調整できるようになり，試作回数も減っている。

三つ目は，工具の使用可否を判断する作業である。工作機械に取りつける刃物の摩耗状況について，以前は顕微鏡で一つずつ目視によるチェックをしていた。そのため，ベテランと若手で継続使用の判断に大きなバラつきがあった。そこで，ベテランが判断した結果の画像をAIに記憶させた。今は，装置が自動で工具の画像を撮影し，引き続き使えるかどうかをAIが判断している。

OJTでもITを使っている。金型の磨き工程では，タブレット端末で使える市販の動画マニュアル作成ツールを活用した。タブレット端末上で動画マニュアルを作成することで，作業手順書として使うとともに，ベテランが無意識で行っている動作までを標準化し，共有している。

②Ｂ社

Ｂ社（資本金600万円，従業者数25人）は，自動車部品用金型の製造業者で，チタン，ステンレスなどの難削材を機械で削り出す事業も行っている。

金型の部品や加工が難しい素材を高精度で加工するには，工作機械を操る技能が必要である。作業者がハンドルなどを操作して加工する汎用機械はもちろん，数値制御で加工する自動機械でも，どの工具を使い，それをどう動かすか，加工スピードをどうするかといったことは，経験や勘がものをいう。無駄な作業に時間をかけず，効率的に仕上げることも技能の一つである。

金型の製造では一般的に，工作機械でつくった部品を組みつけていき，最後に金型を磨いて完成となる。ただし，設計書通りに作っても，顧客が求める1,000分の20ミリメートルといった公差は確保できない。ここでも技能者が手作業で微調整を重ねている。

同社はOJTを中心とした技能承継に取り組んできたが，同時に課題を感じていた。それは，ベテランが高齢化し，一刻も早い技能承継に迫られているにもかかわらず，技能承継には長い年月がかかることである。ベテランは自分の経験や勘といった暗黙知を，わかりやすく言語化して若手に伝えることは難しかったため，若手は経験を積むしかない。だからといって，ベテランがつきっきりで若手を指導する時間も余裕もない。また，若手に「技術は見て盗め」と指導する昔ながらの方法は通用しなくなってきている。そこで，同社は三つのデジタル技術を用いて技能承継に取り組むことにした。

一つ目は，2013年に導入した３Dスキャナーである。金型は完成したものと最初の設計データとは異なるため，完成した金型を３Dスキャナーで読み込んでデータ化し，それを蓄積するようにした。再度製造や修理が必要になったときは，以前はベテランが一から手作業で微調整していたが，微調整の記録や完成品のデータを出力できるようになったため，若手でも微調整が可能になっている。

二つ目は，「目線」を把握できる眼鏡型の情報端末であるスマートグラスで，2017年に導入した。ベテランは長年の勘で作業をしており，今までは若手に作業を言葉で説明することが難しかった。今は，作業者の視点で動画を記録することで，部品のどこを見て，それをどう判断しているか，その結果，どの工具を選択しそれをどう動かしているかといったことがわかるにようになっている。若手は，自分とベテランの作業の異なる点を認識し，作業の改善に役立てている。

三つ目は，自社で製造した手術機器の仕上げの画像を読み取り，その良否をAIに判定させるシステムである。これも導入したのは2017年である。それまで若手は自分が磨いた手術機器を見ても仕上げの良否がわからず，ベテランに判断を仰いでいた。今は自分で判定できるようになったため，どのように加工すれば良品になるかを自ら学び，それを繰り返せば経験を蓄積できるようになっている。

③Ｃ社

Ｃ社（資本金1,000万円，従業者数66人）は，貴金属のめっきを行う電気めっき業者である。耐食性と装飾性に優れ，時計や医療器具，楽器を中心に，１点物から大ロット生産品まで広く対象としている。

同社の高度なめっき加工技術を支えてきたのは，仕様の決定からめっき対象物の洗浄，めっき加工に至るまで，すべてベテランの判断にもとづいて手作業で行っていることと，状況により変化していくめっき液を，その都度適切に管理していることにある。

例えば，めっき液の管理では，めっき後の減った成分を補充し，状態を一定に保つ必要がある。どれだけ成分が減っているかは通電時間から計算するが，気温やめっき対象物の面積，形などによっては，計算以上に成分が減っている場合もある。めっき対象物の余分な成分がめっき液に混ざることもある。めっき液のにおいで状態がわかるといわれるほど感覚がものをいう世界で，以前はベテランが目分量や勘で成分を補充していた。

そこで同社は，従業員個人の記憶や能力に依存した業務の進め方から脱却するため，受注業務，生産管理業務を担う生産管理システムを2019年に刷新した。業務パッケージソフトの技術の進展で，多品種小ロットの生産体制に合わせたカスタマイズができるようになったこと，低価格化が進んだことも刷新を後押しした。そのなかで，技能承継に貢献しているのは，データベースとめっき液の管理のシステム化である。

データベースには，過去の受注品について，めっきの仕様やめっき対象物の写真などを保存している。顧客からの受注後，めっきの下地処理の方法や厚さなどを決定する際，以前は，経験豊かなベテランが検討して，顧客に提案していた。今は，被めっき物の形状や素材，めっきの種類などを入力すれば，過去の膨大な仕様データのなかから似たものを検索できる。経験の少ない若手でも，検索結果を参考に，めっきの仕様を素早く提案できるようになっている。

生産管理システムでは，めっき液の管理において通電量から補充必要量を自動で計算できるようにした。めっき液の状況を携帯端末でみられるようにして，情報を共有するようにもした。従来は，ベテランが目分量や勘でめっき後の減った成分を補充していたため，めっき液の状態は担当者以外にはわからなかった。今では，若手でも不足成分を補充可能になるとともに，担当者以外でも補充量が適切かわかるようになっている。

### （3）ITの果たす役割

#### ①形式知への変換を進める

ITが果たす一つ目の役割は，ベテランがもつ経験やノウハウをデータベースに蓄積して社内で共有化し，それを若手が活用できるようにすることである。

Ｂ社は，ベテランが行った金型の微調整の結果を，３Ｄスキャナーでデータ化し，どこをどのように微調整したのか記録した。これを参考に作業すれば若手でも金型を微調整できるようになっている。Ｃ社では，過去の受注品の仕様データを検索すれば，経験の少ない若手でも，めっきの仕様を素早く提案できるようになっている。また，めっき液の管理において通電量から補充必要量を自動で計算できるようにして，若手でも不足成分を補充することが可能になっている。

いずれも，技能者が行った微調整の結果や技能者が決定した仕様をデータ化し，それを使って作業すれば若手でも同じ結果になったり，同じ判断ができたりするという仕組みである。暗黙知を形式知化（表出化）し，それを参考に自ら真似と実践をすることで技能を自分のものにする（内面化）ということだろう。

②暗黙知の習得を支援する

技術化できない技能は，ベテランから若手に承継していく必要がある。そのためには，地道なOJTが重要になってくるのは，先行研究と変わらない。こうしたOJTの現場でも，今日のITの発展により，技能の見える化を通じた技能承継が行われている。

B社では，今までベテランの目線や作業を言葉で伝えることができなかったが，スマートグラスを導入することで，ベテランがどこを見ているのか，何を確認しているのかがわかるようになった。若手は，自分とベテランの作業の異なる点を認識し，作業の改善に役立てている。また，B社では，仕上げの良否を判断するAIを用いて，どのように加工すれば良品になるかを若手自ら学ぶことができるようにしている。従来は難しかった仕上げの良否の判断をAIで見える化することで，若手は，ベテランに判断を仰がなくても，自ら経験を蓄積できるようになったのである。A社は，金型の磨き工程で，タブレット端末で使える市販の動画マニュアル作成ツールを活用している。

いずれも，以前では言葉に表せない技能者の動きや判断といった暗黙知を，今日のITで形式知化するという取り組みである。これも，暗黙知を形式知化（表出化）し，それを参考に自ら真似と実践をすることで技能を自分のものにする（内面化）ということだろう。ただし，「①形式知への変換を進める」は，ITで技能を解析して，マニュアルや作業の根拠を作成するのに対し，「②暗黙知の習得を支援する」は，ITを使って暗黙知を習得するヒントや手掛かりを得るという点が異なる。

③暗黙知のまま利用する

ITが果たす三つ目の役割は，技能を暗黙知のまま利用できるようにすることである。特にAIは，職人の構想力や判断力の内容を解析できなくても，それを再現することを可能にする。技能のまま利用することで，従業員間で承継する技能の種類を少なくして，ベテランに依存する生産体制から脱却している。

A社は，見積もり作業，金型の不具合を修正する作業，工具を検査する作業の三つをAIから成るシステムに置き換えている。見積もり作業では，今までつくった見積もりのデータを入力したうえで，ベテランの判断をAIに蓄積し，AIで見積書を作成できるようにしている。金型の不具合を修正する作業では，成型するときの金型のデータとベテランの対応をAIに蓄積し，不良品が発生したときはAIが金型の調整方法を提示できるようにしている。工具を検査する作業では，ベテランが工具の良品と不良品の判断をして，それを画像で読み込ませてデータで蓄積することにより，AIが工具を引き続き使えるかどうかの判断をできるようにしている。

いずれも，データとそのときの技能者の判断をAIに蓄積することで，AIが技能者と同様の判断をできるようにするという取り組みである。A社は，見積もりのデータや金型内部のデータ，工具の画像を技能者の判断と結びつけたにすぎない。すなわち，技能者の暗黙知を形式知化せず，暗黙知のままAIにデータを蓄積して判断もさせている。これは，技能を暗黙知のまま組織として利用する仕組みであり，SECIモデルのどれにも当てはまらないAIならではの新たな動きといえるだろう。

## 5　研究の結論と課題

本稿では，アンケートと事例調査をもとに，①中小企業における技能承継の実態を分析したうえで，②中小製造業においてITが技能を技術化したり，技能承継のあり方に変化をもたらしたりしていることをみてきた。

アンケートの結果からは，技能承継をある程度できている企業は，熟練技能を標準化・マニュアル化したり，機械やIT技術で代替したりしている割合が多いということがわかった。この結果を踏まえ，事例にて技能を標準化したり，ITで置き換えたりしている取り組みをみると，ITの進歩は，暗黙知が形式知になる範囲の拡大を促しているということがわかった。

すなわち，データベースを使えば，作業者は技能者の蓄積した情報のなかから形式知を検索することが容易になる。OJTでも，スマートグラスなどを利用することにより，暗黙知を形式知化しやすくなり，人から人への技能承継が効率的になっている。画像認識装置，センサー，AIといった新たなITは，人から人への技能の承継を不要にすることができる。いずれも組織全体として知識を蓄積し，利用することにつながるという取り組みである。

本稿の結論は，中小企業が技能を効果的，効率的に承継していくうえでの具体的なIT活用方法であり，これから技能承継を目指す中小製造業にも応用できると考えられる。また，こうした取り組みの結果，技能を代々受け継ぎやすくなる，採用した従業員の早期戦力化につながるといった効果も見込めるだろう。

それでは，中小製造業はどのように取り組んでいけばよいのだろうか。企業の事情に合わせてITを導入するには，システムをカスタマイズしたり導入をサポートしたりしてくれる企業を選ぶ必要があるだろう。パッケージ製品を導入するのも手段の一つとなりうるだろう。導入資金は，経済産業省の「ものづくり・商業・サービス生産性向上促進補助金」「IT導入補助金」などを利用する方法が考えられる。

最後に本稿の課題を示したい。「従来技能に託されていた部分は少しずつ技術化が進み，それによって技術はより高度化する。ところが高度化された技術においても補足できない部分は残る。こうした部分は技能の技術化によって出現した新たな技能によって補われることが多い。技術と技能は決して相いれないものではなく技術の成長を補完する関係にある」（小島・森，2002，p.1267）。すなわち，技術の高度化は，技能を高度なものに変化させる。技能の高度化は，新たな形式知化をもたらし，新たな技術を生み出すという相乗効果があるということだろう。

今回のアンケートと事例では，技術の高度化に伴う技能の変化や技能の高度化に関する調査を行わなかったため，同問題には触れられなかった。今後は，以上の点を精緻化してさらなる研究を進めていきたい。

〈注〉

1　経済産業省・厚生労働省・文部科学省（2019）は，技能を「人に内在する，暗黙知を主体とする能力」としている。暗黙知は言語化できないとする考え方もある一方で，本稿の調査では，技能を言語化して承継するという事例もみられた。そのため，ここでは技能を「人に内在する，暗黙知を基礎とする能力」とした。

2 「暗黙知を暗黙知のまま伝えており」（綿貫，2006，p.47）と述べており，ITを使った形式知化は行っていないと考えられる。

3 クドバスとは「熟練者同士で保有している技能・技術が何か，優先的に伝承すべき技能・技術が何かを言葉で抽出すること」（田口，2013，p.180），SJTとは，「職場の中で同僚や上司のなどの支援を受けながら自己学習をすること」（田口，2013，p.180）である。

4 選択肢には「承継する必要がなかった」「退職者がいなかった」を設けている。「承継する必要がなかった」と回答した企業は5.7％だった。「退職者がいなかった」は集計対象外とした。

〈参考文献〉


1 経済産業省・厚生労働省・文部科学省編（2018年）『2018年版ものづくり白書』経済産業調査会

2 経済産業省・厚生労働省・文部科学省編（2019年）『2019年版ものづくり白書』経済産業調査会

3 小島俊雄・森和男（2002年10月）「加工技能のデジタル化」公益社団法人精密工学会『精密工学会誌』2002年68巻10号，pp.1267-1272

4 近藤信一（2018年12月）「製造業のものづくり現場におけるAI導入・利活用による新たな競争優位の獲得」一般社団法人機械振興協会『機械経済研究』No.49，pp.1-31

5 中村肇（2002年10月）「製造現場の技能伝承」公益社団法人精密工学会『精密工学会誌』2002年68巻10号，pp.1273-1276

6 日本政策金融公庫総合研究所（2019年）「IT活用で厳しい経営環境に立ち向かう中小金型製造業」『日本公庫総研レポート』No.2019-4

7 日本政策金融公庫総合研究所（2020年）「技能承継に取り組む中小製造業～技術と人材育成が匠の技を紡ぐ～」『日本公庫総研レポート』No.2020-3

8 野村直之（2017年11月）「中小企業における人工知能の活用可能性」日本政策金融公庫総合研究所『日本政策金融公庫論集』第37号，pp.97-120

9 野中郁次郎・竹内弘高（1996年）『知識創造企業』東洋経済新報社

10 田口由美子（2013年3月）「国内企業の技能伝承の取組みに関する一考察」湘北短期大学『湘北紀要』第34号，pp.177-187

11 高木朋代（2011年4月）「2007年問題」独立行政法人労働政策研究・研修機構『日本労働研究雑誌』2011年4月号（通巻609号），pp.38-41

12 綿貫啓一（2006年1月）「バーチャルリアリティ技術による匠の技の伝承と人材育成」公益社団法人精密工学会『精密工学会誌』2006年72巻1号，pp.46-51


（査読受理）

# 中小ソフトウェア業の受託開発における分業構造の変化

## —ニアショアの新たな可能性—

大阪経済大学（院）（発表時）　竹下　智
安田女子大学（現在）

## 1．はじめに

平成30年版ICT白書（p41）によると，アメリカでは65％のIT人材がIT産業以外（ユーザ企業）に所属しているのに対し，日本ではわずか28％しか所属していないと指摘されている。すなわち，日本では，IT人材の実に72％がIT産業に所属しており，各企業，自治体のIT化はITサービス産業へ大きく依存している状況にある。よって，ITによる競争力向上には，ITサービス産業の役割は非常に大きい。そこで，本稿では，ITサービス産業で，自治体や企業のデジタル化，IT化を担うソフトウェア業を取り上げる。ソフトウェア業は，従業者規模別の事業所数で見ると，中小企業に相当する300名未満の事業所数の割合で97-99%（サービス業の100名未満の場合で90-95%）と，大部分が中小企業で構成される業界であることが知られている[注1)]。その中でも，企業の基幹システム等の開発/運用保守を担う受託ソフトウェア業を取り上げ，ニアショアやオフショア[注2)]を活用する分業構造の新しい動きに注目し，ニアショアの可能性について検討する。

## 2．問題意識

### 2．1　多重下請構造

ソフトウェア業は，厚生労働省によると，「働き方改革ハンドブック」（2018, p4）の中で，新３K（“きつい”，“厳しい”，“帰れない”または“給料が安い”）と言われており，これは仕事の特性と多重下請構造に起因していると指摘している。この多重下請構造について高橋（2009）は，大手ソフトウェア業を元請とする多重下請構造は，場合によっては6次請けに至ることを指摘している。基幹システム領域等の開発にはウォーターフォールモデルが採用されることが一般的である。このウォーターフォールモデルは，基本的には前工程に戻ることなく，各フェーズを順に進めていく方法論である。中盤の工程であるコーディング（プログラミング）工程と単体テスト工程が最も付加価値が低いとされることから，V字モデルとして表現されることが多く，また最も工数が多くかかることから（図1a），コストダウンのためにこれら付加価値の低い下流工程を，より単価の安い下請を活用することで分業が進んできた。

## 2．2　オフショアによるニアショアの浸食

このウォーターフォールモデルの首都圏元請と下請（ニアショア，オフショア）を例とした分業構造の関係を図1bに示す。首都圏の元請が，首都圏の下請との分業を実施する場合，更なるコストダウンのために，地方の中小ソフトウェア業を下請として活用してきた。加藤（2010）は，地方の中小ソフトウェア業は，地方自治体の比較的小規模なシステム開発など，地域ニーズを汲み取り，元請としてシステムを提案・構築してきたことに加えて，首都圏大手ソフトウェア業等を

**図1a　ウォーターフォールモデルと仕事量（筆者作成）**　　**図1b　首都圏とニアショア，オフショアの分業関係（筆者作成）**

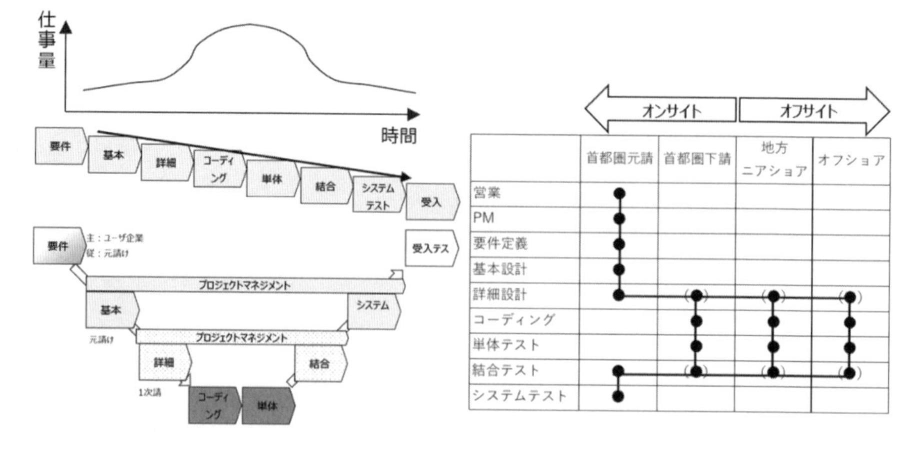

元請とした分業生産体制に加ってきたと述べている。大手にとっては，このニアショアの活用は，コスト削減等を目的とした国内遠隔地への再委託となる。

2000年代に入ると，より単価の安い中国等海外のソフトウェア業を活用することが進み，IT人材白書（2013, p235）によると，オフショア開発総額は，2002年の約200億円から，2008年には1,000億円を超えるまでに急拡大している。これより，首都圏元請―ニアショアという分業構造から，首都圏元請―オフショアという国際分業構造が拡大することとなった。

しかし，近年では，アジア諸国の成長に伴う単価高騰等から，再度ニアショアが注目され始めており，この動きは，地方中小ソフトウェア業の成長や地域活性化にも通じ，日本のIT化にとっても重要と考えられる。そこで本稿では，先行研究で多く取り上げられてきた受託ソフトウェア業における分業構造の変化について考察を加える。

## 3．オフショアと先行研究

上述したように，2000年代にオフショアが急激に拡大したこともあり，言語，文化の異なる海外企業とのソフトウェア開発の国際分業を成功させるために多くの研究が蓄積されてきた。特に，日本と同じ漢字圏で，最大のオフショア国である中国を対象とした先行研究が多く見られる。

### 3．1　仕事の進め方，言語，文化等の相違

オフショア開発の問題として，吉田（2014）は①日本側の要求仕様の曖昧さや頻繁な仕様変更，②納期や品質に対する中国側の意識の低さ，品質管理・プロジェクト管理が出来る人材の不足，③人材の流動性や知的財産保護の問題を挙げている。①については，委託企業から正確で詳細な要求仕様や資料が提示されることは稀で，そのため委託先企業には，取引特殊的な委託企業・当該業界に関する知識を持つことが必要になり，一方で，短納期化，開発費削減などが求められるため，市場取引でなく，継続的取引の形態で委託企業・当該業界に関する知識が委託先企業に蓄積され，結果として開発途中で発生した問題や改善内容を資料に反映する文書管理が徹底されず，本来形式知化するべきものが，暗黙知となる日本に特有な仕事の進め方の問題を指摘している。②，③の品質，リスクに関する点

は，後述するニアショアの強みとなっている。

### 3．2　日本のオフショアの特徴：ブリッジSE

上述のとおり，日本企業のソフトウェア開発においては，仕事の進め方による暗黙知が存在する。日本企業同士であれば，業務もある程度理解した上で，日本語ネイティブ同士でのコミュニケーションとなるため，行間を読んだコミュニケーションが可能になる。しかし，オフショア開発を実施する場合は，委託企業の開発手法や業務知識を委託先海外企業に伝達すると共に，委託企業のソフトウェア開発における暗黙知を含めて委託先海外企業に伝えることが重要となる。そのため，日本企業のオフショア開発には，米国企業等海外にはない特有の取り組みが必要となり，仕事の進め方，言語，文化等の相違を吸収するブリッジSEが生み出された。吉田（2014）は，取引特殊的（人的資源の特殊性）と言えるブリッジSEが必要で，本SE機能はこの特有の取り組みを担うことにあると，その意義，重要性を指摘している。

### 3．3　オフショアを取り巻く環境変化

オフショアの課題は，仕事の進め方，言語，文化等の相違による難しさに加えて，アジア諸国の経済成長に伴う，単価の上昇による競争力の低下である。コストダウンのためには，中国沿岸部から内陸部や，ベトナム，ミャンマー等のより人件費の低い地域を次のオフショア拠点として探して行くことになる。近藤（2014, p208）は，これについて，中国からベトナム等他の地域への移行が期待されているが，同じ漢字圏である中国でのオフショア事業が10年以上かけて現在の水準に到達したことを考慮すると，早期にその他の地域で中国のような効果を得られる可能性は低いと言えると述べている。一方で，高橋（2017）は，初めてオフショア開発を行う場合は中国ではなくベトナムを選択することが少なくないと述べており，ベトナムが注目されつつあることが分かる。

## 4．ニアショアの可能性

### 4．1　先行研究

国内ソフトウェア業については，ニアショアに関して，①沖縄でのIT産業集

積（津梁パーク）に関する報告や②ニアショアとオフショアを活用するマルチサイト・デリバリ・モデルが提案されている。①沖縄のIT産業集積に関して，税所（2019）は，ニアショアとオフショアの比較と，沖縄IT津梁パークにおける大企業ニアショア子会社の事例を基に，そのシステム開発工程における商流・役割分担をビジネスモデルとして提唱している。②マルチサイト・デリバリ・モデルに関して，西部ほか（2011）は，IBM社グループで，客先オンサイトとニアショアにて実施している保守業務にオフショアを活用した長期契約事例を報告している。その際，コストダウンを目的としたオフショア活用に際し，客先オンサイト業務をニアショアに，ニアショア業務をオフショアに移行することで，オンサイト，ニアショア，オフショアからなるマルチサイト・デリバリ・モデルの事例を提唱している。

その他，地方のソフトウェア業については，長山（2009）によるスピンオフ連鎖，林・田辺（2010）の札幌におけるヒューマンネットワークの役割など，特定地域の産業集積に関する研究が見られる。

本稿では，先行研究として，蓄積の少ないニアショアへの回帰および分業構造における変化に着目し論考する。

### 4．2　見直されるニアショアとオフショアの課題に対する優位性

大手ソフトウェア企業のSCSK[注3)]では，中国だけでなくベトナムでも人件費上昇が進み，コストメリットが出にくくなっており，企業のコストダウン戦略において，北海道，沖縄などで開発拠点の集積化が進んでいることが示された[注4)]。

実際の動きを検証すると，SCSKグループにおいてニアショア事業を担うSCSKニアショアシステムズ株式会社[注5)]は，2015年から2019年の５年間では，従業員数，売上高ともに大きく拡大していることが確認できる。従業員数および売上高は，2015年でそれぞれ207名，21.3億円，2019年で305名，43.06億円と，どちらも約1.6倍，約2.0倍に拡大し，中小企業から大企業へ成長していることが分かる。

また，海外の人件費が上昇する中，ニアショアは東京都内よりも安価で，オフショアより品質担保が可能であり，しかも短納期の要望に対応可能との指摘もなされている[注6)]。

これらから，中国沿岸部からベトナム等他の国や中国内陸部へのオフショアの

流れとは別に，再度ニアショアにも注目が集まりつつある状況にあると言えよう。もちろん，ニアショアでは，オフショアで見られた仕事の進め方，言語，文化の相違による課題も大きな問題とならず，それらの相違を吸収するブリッジSEも必要とはならない。

### ４．３　ニアショアへの回帰：東京一極集中の緩和

表１に，特定サービス産業実態調査による2010年代のソフトウェア事業従業者数と年間売上高のシェアの推移を主要なソフトウェア業の都道府県別に示す。これより，東京の従業者数，売上高ともに減少し，逆にそれ以外の都道府県は増加傾向にあり，東京一極集中の緩和と全国への分散化が分かる。

**表１　ソフトウェア業の従業者，売上高の推移**

| 区分 | ソフトウェア業務の事業従業者数（人） | | | | | | ソフトウェア業務の年間売上高（１０億円万円） | | | | | |
|---|---|---|---|---|---|---|---|---|---|---|---|---|
| | 2010 | 2013 | 2014 | 2015 | 2016 | 2018 | 2010 | 2013 | 2014 | 2015 | 2016 | 2018 |
| 全国合計 | 572,460 | 658,965 | 605,697 | 608,378 | 637,718 | 639,115 | 10,164 | 11,025 | 10,293 | 10,563 | 11,326 | 11,938 |
| 北海道 | 2.4% | 2.4% | 2.5% | 2.6% | 2.4% | 2.6% | 1.7% | 1.8% | 2.0% | 1.8% | 1.9% | 2.2% |
| 宮城 | 1.4% | 1.5% | 1.4% | 1.5% | 1.4% | 1.2% | 0.9% | 1.1% | 1.1% | 1.2% | 1.1% | 0.9% |
| 埼玉 | 0.8% | 1.6% | 1.5% | 1.5% | 1.0% | 1.3% | 0.9% | 1.6% | 1.5% | 1.3% | 0.8% | 1.1% |
| 千葉 | 1.1% | 1.7% | 1.7% | 1.6% | 1.5% | 1.6% | 1.2% | 2.2% | 1.9% | 1.5% | 1.5% | 1.5% |
| 東京 | 50.5% | 46.3% | 46.8% | 46.7% | 48.1% | 45.9% | 60.6% | 54.1% | 55.4% | 55.1% | 54.0% | 51.5% |
| 神奈川 | 9.7% | 11.1% | 11.0% | 10.4% | 11.3% | 10.3% | 7.9% | 10.1% | 10.5% | 10.3% | 13.0% | 12.5% |
| 静岡 | 1.4% | 1.4% | 1.2% | 1.7% | 1.2% | 1.5% | 0.8% | 1.1% | 0.8% | 1.1% | 0.8% | 1.1% |
| 愛知 | 4.3% | 4.7% | 5.9% | 5.3% | 5.3% | 5.8% | 5.3% | 5.1% | 5.3% | 5.1% | 5.1% | 6.1% |
| 大阪 | 11.3% | 9.8% | 9.0% | 9.8% | 10.0% | 11.6% | 9.2% | 9.0% | 8.0% | 8.6% | 8.3% | 9.5% |
| 兵庫 | 1.7% | 1.9% | 1.9% | 1.8% | 1.6% | 1.7% | 1.4% | 1.5% | 1.4% | 1.7% | 1.5% | 1.4% |
| 広島 | 1.2% | 1.4% | 1.5% | 1.4% | 1.4% | 1.0% | 0.8% | 1.0% | 1.1% | 1.0% | 1.2% | 0.8% |
| 福岡 | 4.0% | 3.4% | 3.2% | 3.4% | 3.2% | 3.8% | 3.0% | 3.0% | 2.3% | 2.7% | 2.7% | 3.1% |
| 沖縄 | 0.4% | 0.6% | 0.6% | 0.6% | 0.5% | 0.5% | 0.2% | 0.3% | 0.4% | 0.3% | 0.3% | 0.3% |
| １都３県 | 62.2% | 60.8% | 61.0% | 60.2% | 61.9% | 59.1% | 70.7% | 68.0% | 69.3% | 68.2% | 69.4% | 66.5% |
| 東海３県 | 4.7% | 5.2% | 6.5% | 5.9% | 5.9% | 6.3% | 5.5% | 5.5% | 5.7% | 5.5% | 5.5% | 6.4% |
| 近畿圏 | 13.9% | 13.0% | 12.2% | 12.8% | 12.9% | 14.4% | 11.1% | 11.6% | 10.4% | 11.1% | 10.8% | 11.9% |
| ３大都市圏以外 | 19.3% | 21.0% | 20.3% | 21.2% | 19.3% | 20.2% | 12.7% | 15.0% | 14.6% | 15.2% | 14.4% | 15.2% |

出所：経済産業省　ソフトウェア特定サービス産業実態調査より

### ４．４　ニアショアの実態と展開

ニアショアに関わる先行研究の蓄積が少ない分業構造の変化について，若干のインタビュー調査を元に，IT業界のニアショアに対する潮流を明らかにする。

#### ４．４．１．事例１：大手IT企業子会社のニアショア事業

大手IT企業Ｉ社の事例を通して，ニアショア事業の展開について検証する。

（1）I社のニアショア事業

I社は，日本における大手外資系IT企業のデリバリー子会社で，案件規模は比較的大きい。同社は北海道，北陸地域等の地元金融機関向けにITサービスを提供することで成長してきた。親会社はオフショア開発を2000年代から手掛けているが，I社はニアショア需要の高まりを受け，札幌拠点にて2014年から中途採用者を数十名確保することで新規事業としてニアショア事業を立ち上げた。翌年にはニアショア人材としての新卒採用も始め，2017年度には採用数は約10倍で新卒採用数が中途採用数を逆転するまでに事業を拡大している。更に，地場のパートナー企業とも連携することで，需要変動による要員不足を補っている。また，親会社グループの研修受講等で教育・研修を体系化し，計画的，段階的なスキル向上を図っている。同社は，ニアショア拠点の選択にあたっては，①IT人材市場の規模（IT関連人口数・学生数，就労者の地元志向性），②町の魅力度，③相対的なサラリーから各拠点を比較，評価し，新潟等その他の拠点地域ではなく，札幌を選択した。また，オフショアとの比較という点では，中国オフショアと比べて，同社ニアショアの特徴として，弱みは①要員供給力，②リモート開発実績であるが，①金融領域の業務スキルに加えて，②日本語で行間伝達が可能なコミュニケーション，③お客様サイトとのスムーズな連携，④セキュリティ（お客様のセキュリティポリシーへの対応，カントリーリスク，知財面含め）を強みとして拡大できたとのことである[注7)]。

（2）逆提案力の強化

ニアショアの強みである“行間伝達が可能な”点について考える。平井（2018）は，システム開発では，要件定義後に仕様変更を要求されるなど変更が多くなる設計工程に問題の原因となることが多いことから，設計工程における問題発見力，その解決力に加え，設計改善の提案力，設計変更による混乱の収集力等の能力が重要となると述べている。すなわち，ニアショアでのシステム開発では，業務スキルに加えて，日本文化で起こりがちな開発プロセスでの問題点を意識してユーザーに逆提案できる能力を強化することが，更なる付加価値となり顧客満足度を向上し，オフショアとの差別化に繋がると考えられる。

また，システム運用保守の場合，業務およびシステムへの影響，関連システム全体を深く把握して提案する能力が必要となってくる。すなわち，決められた業務を確実にこなす，逆に言えば決められた（ドキュメントに書かれた）業務以外はやらなくても良い文化であるオフショアよりも，行間を読む文化であるニアショアに適していると考えらえる。運用保守業務でも，ユーザーと密にコミュニケーションを取り，システムの利便性を高め，ユーザーの利用率向上や予防保全に繋がるような逆提案を実施する中で，ユーザーの顧客満足度を上げ，カスタマーエクスペリエンスを向上することが，次の開発プロジェクトの受注など長期的な取引継続，売上最大化に繋がる強みになると考えられる。

つまり，前述した大手SCSK社と同様に，大手IT企業子会社I社においても，ニアショア需要を捉え事業を拡大していることが明らかになった。

### 4.4.2　事例2：ニアショアの新たなサービス

日本ニアショア開発推進機構の事例を通して，ニアショアにかかる新たなサービス（地方ソフトウェア業と首都圏ユーザー企業とをマッチング）の拡がりについて検証する。

#### （1）日本ニアショア開発推進機構の事業

日本ニアショア開発推進機構は，2012年に設立された社団法人である。その目的は，オフショア開発に対して，日本の地方都市でのニアショア開発を推進することにより，地方のソフトウェア業の成長を通じた地域活性化の実現である。また，地方のソフトウェア業がユーザー企業から直接案件を受注すること（元請け）による，多重下請構造の問題解消への貢献である。ニアショアが見直されるとともに，着実に会員も増加し，2015年の地方ソフトウェア業の登録企業40社，登録エンジニア数6,300名が，2020年7月の時点で，それぞれ175社，17,300名となり，発注企業側も1,200社以上のユーザー企業（コンタクト先として2,500名）の登録となっている。コロナ禍までは，IT人材不足が続いており，ユーザー企業は，単価よりも調達を優先し，引き合いも強く，これは好景気に加えて，ユーザー企業側のリモート開発への理解が深まってきたことにもよると捉えられる。地方ソフトウェア業にとっては，地方の銀行等企業や自治体の案件は減少傾向にあったが，より単価の高い首都圏の案件で減少分を埋めることが可能となった。首都圏での常駐開発の場合は，人件費格差に加えて，スペース費格差（大手町では1席あたり，10-20万円/月かかるとのこと）もあり，相応分を考慮すると，ニアショアの地方ソフトウェア業にとっては，首都圏の案件に対応することは，地方の案件よりも単価が高く受注出来ることになる。ニアショア機構の役割は，単価の高い首都圏案件受注により，地方ソフトウェア業のポートフォリオを変更することにもあるということである[注8)]。

（2）ユーザー企業のリモート変革を支援

地方ソフトウェア業にとっては，首都圏案件対応は魅力的であるが，登録企業の中から選択されるには，どのような特徴を持つ必要があるかを検討する。小林代表理事によると，①開発言語や業務等に特定の強みを持っている点，②リモート開発に長けている点の二点が挙げられると思うとのことであった。特にコロナ禍にあたっては，②が重要な点になると考えられる。同機構は，発注企業のリモート活用について，次のように3段階で発展すると提唱している。第一段階は強制的にリモート開発を実施している段階，第二段階はツールを駆使して効率的な開発を実施する段階，第三段階は社員だけでなくニアショア等外注を戦略的に活用し，更に首都圏のみに依存せずITリソースを複数地域に分散させるBCP（事業継続計画）としても機能させている段階としている。同機構では，発注企業は，現時点では大部分が第一段階であるとのことであった。すなわち，地方ソフトウェア業としては，開発プロジェクトの種類に応じて，リモートワークを効率化する各種ツールを利活用することによって，ユーザー企業の第一段階から第二，第三段階への進化をサポートできる能力を強みにすることが重要と考えられる。

### 4．4．3　事例3：ニアショア拡大と地方中小ソフトウェア業の成長

イーストライズ社と社団法人ニアショアIT 協会の事例より，ニアショア拡大と地方中小ソフトウェア業の成長について検証する。

#### 4．4．3．1　イーストライズ株式会社事例

（1）イーストライズ社の事業

日本ニアショア開発推進機構“認定ニアショアベンダー”であるイーストライズ株式会社は，2013年に大手ソフトウェア業出身者により創業された岩手県盛岡市に本社を置く従業員150名のソフトウェア企業である。事業内容は，地元のソフトウェア開発，首都圏のニアショア開発等である。創業当時，地元岩手の自治体や介護保険企業の案件を元請として担うことで企業としての基盤を構築した後，現在はその経験をベースに拠点を拡大している。その特徴は，優秀なエンジニアが居れば，全国的に採用を心掛けている点であり，またUターン，Ｉターンで入社する社員も増加している。地元岩手の案件で蓄積した自治体や介護保険業務等に関するノウハウやナレッジを強みに，①優秀なエンジニアの採用と②採用するエンジニアの地元自治体や企業案件および首都圏ニアショア案件で両立が見

込める場合に，新規拠点として全国の各都市に進出しており，既に仙台，福岡，大分，京都等へ進出している。現在，一時的にコロナ禍で需要は少し厳しい環境にはあるが，トレンドとしてはニアショアが拡大していると感じており，日本のITエンジニアの底上げ，日本の地方活性化を目指しているとのことである[注9)]。

（2）エンジニアの現地採用による拠点展開

本事例は，本社所在地に拘らず優秀なエンジニアを全国で現地採用することに特徴がある。これは，ニアショア事業が，本来的にリモートの性質を持つため可能な拠点展開戦略であり，人材が主体の新しい形と考えられる。慢性的なIT人材不足の中，ライフスタイルを強制することなくエンジニアを確保する一つの有効な手段となりうる。エンジニアにとっては，本社岩手案件で蓄積したナレッジを活用，横展開する地元自治体や企業の案件，またはより単価の高い首都圏ニアショア案件に選択的に参画できる点でも長期雇用が期待できる。ユーザー企業にとっても担当エンジニアが，オフショアのように頻繁に替わるリスクはストレスとなるため，長期担当が可能な点は大きなメリットとなる。また，長期に担当することで，ユーザー企業の日々変化する業務状況やシステム全体を理解した上での逆提案も可能となるだけでなく，リモートでは難しい点でもある信頼関係の構築も期待できる。

#### 4．4．3．2　社団法人ニアショアIT協会とフロント企業事例

次に，地方貢献のためニアショアへ仕事を発注する取組みを取り上げる。

社団法人ニアショアIT協会は，2012年に種子島出身の首都圏中小ソフトウェア業の社長同士が，ニアショアを活用し，幼少期から人口が約2/3に減少した地元の経済活性化に貢献するために設立した社団法人である。ニアショアIT協会の理念に賛同する会員企業が，毎年約数社ずつ加入し，首都圏に加えて関西圏企業も含め2021年１月現在で72社まで拡大している。地方のソフトウェア業は従業員数10名未満の企業が多く[注10)]，より単価の高い大都市圏の仕事を少しでも割り振ることで，これら小企業のサポートを通じて地方の経済活性化を図ることを理念としている。ニアショアIT協会が発注企業のニーズを取りまとめ，会員フロント企業が，会員の各ニアショア企業からアサイン可能なメンバ1-3名ずつをとりまとめて契約する形態をとっており，このような地方貢献のコンソーシアムの拡大を目指しているとのことである[注11)]。本協会の取組みのように，地方小企業が大都市圏の仕事を通じて，まずはニアショア事業を展開するための力をつける

ことをサポートする地方への貢献を主とする互助的な動きも見られる。

### 4．5　分業構造の変化

Ｉ社，イーストライズ社の事例における分業構造を図２に示す。

Ｉ社は，ニアショア事業立上げ当初は，コーディングと単体テスト工程を請け負っていた。その後，教育研修制度の充実や行間伝達が可能なコミュニケーション等を強みとして，現在では基本設計以降の広い範囲を請け負うまでに業務範囲を拡大した事例となる。また，SCSKニアショアシステムズでも，親会社であるSCSKの技術者と一緒に要件定義や基本設計から担う場合もあるとの報告されており[注12]，ここからも，担当の業務範囲が拡大しつつあることが分かる。なお，親会社との関係上，IT 企業子会社の場合は，営業機能，PM，要件定義は親会社の対応となる。

一方，イーストライズ社の事例は，地方中小の独立系ソフトウェア業であり，首都圏案件を元請として獲得するためには，自ら首都圏の案件を受注する必要がある。この点を，日本ニアショア開発推進機構のようなニアショアのマッチングサービスを利用することで，首都圏案件を元請として獲得し，全ての開発工程を自社で請け負っている事例となる。

このように，ニアショアへの回帰によって，大手IT 企業子会社Ｉ社の場合は，

**図２　分業構造（Ｉ社，イーストライズ社のニアショア事例）の変化（筆者作成）**

| | オンサイト | オンサイト | リモート | リモート | オンサイト | リモート | リモート |
|---|---|---|---|---|---|---|---|
| | 首都圏元請 | 首都圏下請 | 地方ニアショア | オフショア | I社事例 親会社 | I社事例 I社 | イーストライズ社事例 |
| 首都圏ユーザー企業へのリーチ | ● | | | | ● | | ニアショアのマッチングサービス利用 |
| PM | ● | | | | ● | | ● |
| 要件定義 | ● | | | | ● | (●) | ● |
| 基本設計 | ● | | | | | ● | ● |
| 詳細設計 | ● | (●) | (●) | (●) | | ● | ● |
| コーディング | | ● | ● | ● | | ● | ● |
| 単体テスト | | ● | ● | ● | | ● | ● |
| 結合テスト | ● | (●) | (●) | (●) | | ● | ● |
| システムテスト | ● | | | | (●) | ● | ● |

（網掛け：首都圏元請～オフショア）従来の一般的な分業構造

より上流工程を請け負う範囲の拡大が見られ，また地方中小ソフトウェア業のイーストライズ社の場合は，元請として案件を担う事例が見られることから，多重下請構造がより解消される方向へ分業構造が変化していることを示しているものと考えられる。

## 5．おわりに：インプリケーション

以下に若干のインプリケーションを示してまとめとしたい。

I社のような大手IT企業子会社からすると，親会社からオフショアではなくニアショアである自社が選択される必要がある。そのためには，オフショアと比較した際の強みとなる行間の伝達が可能なコミュニケーションからの逆提案力などを強みとして，開発工程における業務範囲のほとんどの領域を請け負えるスキルをつけることが重要となる。

イーストライズ社のような，地方中小独立系ソフトウェア業の場合，首都圏のユーザー企業へのチャネルがないため，首都圏案件の場合は，首都圏大手ソフトウェア業の下請けとして案件を受注することが一般的である。しかしながら，日本ニアショア開発推進機構のようなニアショアのマッチングサービスを活用することで，地方の中小ソフトウェア業であっても，首都圏ユーザー企業に直接リーチすることが可能となる。この場合，案件獲得のためには，同サービスを活用する企業の中から自社が選択される必要がある。そのためには，地元地方案件を元請として請け負う中で，技術等何らかの領域で自社の強みを確立すると同時に，効率的なリモート対応の力を持ち，ユーザー企業のリモート変革を支援できることが有効となる。

コロナ禍により，半ば強制的にリモートワーク対応となったことは，ニューノーマルの時代には，リモートワークに対するユーザー企業のハードルが下がり，首都圏におけるオンサイトではなく，より地方のニアショアを活用する可能性が高くなると考えられる。本稿では，これまで先行研究によって明らかになっていたニアショアの分業構造モデルに，現在の企業活動からそのモデルに変化が表れてきている可能性を示した。今後は，より事例を蓄積しさらに研究を深めていきたい。

［謝辞］

インタビュー調査にご協力頂いたＩ社Ｔ氏，日本ニアショア開発推進機構小林代表理事，イーストライズ社花塚社長，社団法人ニアショアIT 協会川向理事，株式会社HTSアクト濱田社長など皆様には心より感謝の意を表したい。

〈注〉

1　例えば，竹下（2019年）「ソフトウェア業の現状と課題」『大阪経済大学論集』第70巻第２号，pp.93-120等で解説されている。
2　ソフトウェア業においては，コスト削減等を目的とし，海外のソフトウェア業を活用することをオフショアと呼び，地方ソフトウェア業を活用することをニアショアと呼ぶことが一般的である。
3　SCSK社の概要。資本金211億円，売上高3,870億円，従業員数約14,000名。
4　日刊工業新聞（2016年）「ＳＣＳＫ，ニアショア開発体制を強化—国内に２拠点開設」2016年４月13日
5　SCSKニアショアシステムズWEB　https://www.scsk-nearshore.co.jp/-about/number/（2020年２月13日アクセス）
6　日刊工業新聞（2016年）「“オフショアからニアショアへの流れは続くか—北海道，沖縄などで進む開発拠点の集積化—”」2016年９月25日
7　2019年７月24日，Ｉ社経営企画執行役員Ｔ氏へのインタビューに基づく。
8　2020年３月21日，６月11日，日本ニアショア開発推進機構小林代表理事へのインタビューに基づく。
9　2020年11月16日，イーストライズ株式会社花塚社長へのインタビューに基づく。
10　例えば，平成30年経済産業省特定サービス産業実態調査結果からは従業者規模別事業者数では，10名未満のソフトウェア業が約50%を占める。
11　2021年２月15日 社団法人ニアショアIT協会川向理事，２月22日 株式会社HTSアクトの濱田社長へのインタビューに基づく。
12　SCSKニアショアシステムズWEB　https://www.scsk-nearshore.co.jp/-works/service/（2020年２月13日アクセス）

〈参考文献〉

1　総務省編（2018）『情報通信（ICT）白書（平成30年版）』
2　厚生労働省（2017）『働き方改革ハンドブック（情報通信業（情報サービス業編））』
3　林聖子・田辺孝二（2010年）「サッポロバレーのIT 産業集積発展プロセスとヒューマンネットワークの果たした役割」『日本地域政策研究』第８号, pp.121-128
4　平井直樹（2018年）「ソフトウェア開発プロセスにおける分業構造—試行錯誤を通じた開発事例—」『日本経営システム学会全国大会講演論文集』No.60, pp.48-51

5　情報処理推進機構IT人材育成本部（2013年）『IT人材白書（2013）』
6　税所哲郎（2019）「わが国の情報システム開発におけるニアショア開発に関する一考察―沖縄の情報システム開発会社を事例にして―」『群馬大学社会情報学部研究論集』第26号, pp.35-54
7　西部芳彦，東峰二，納藤敦子，青木正則（2011）「グローバルに統合されたケーパビリティモデルへの効率的なアプローチ」『プロジェクトマネジメント学会研究発表大会予稿集』2011年春季, pp.141-146
8　長山宗広（2009年）「札幌地域のソフトウェア集積におけるスピンオフ連鎖の実態」『中小企業季報』2009 No.1, pp.12-14
9　高橋美多・高橋信弘（2009年）「ソフトウェア産業の競争力と開発モデル」『中小企業学会論集28』同友館, pp.190-202
10　高橋信弘（2017年）「日本のソフトウェア企業の海外展開：オフショア開発とアジアでのビジネス（アジアにおけるサービスの市場と産業と企業）」『産研論集』第44号, pp.9-16
11　近藤信一（2014）『丹沢安治編著：日中オフショアビジネスの展開』同友館
12　吉田勝彦（2014年）「日本企業のオフショア開発におけるブリッジSEの意義：日本企業のソフトウェア開発における暗黙知の視点から」『工業経営研究』第28号, pp.167-176
13　吉田勝彦・加藤敦（2013年）「ベトナムにおける日本企業のオフショア開発は有望か―ブリッジ人材の役割に着目して―」『創造都市研究』第９巻第１号, pp.97-114

（査読受理）

# 報　告　要　旨

# グローバルバリューチェーンにおいて成長戦略が中小企業のアップグレードに及ぼす影響

## —東アジア諸国の比較研究—

## 〈報告要旨〉

環太平洋大学（発表時）　姜　尚民
青森中央学院大学（現在）

### 1．はじめに

本研究は，グローバルバリューチェーン（Global Value Chain以下では「GVC」と略する）のサプライヤーとして位置する中小企業がどのような働きかけにより，中小企業のアップグレードをもたらすのかについて，日本と韓国の事例を中心に考察することが目的である。GVCは多国籍企業の国際的な事業展開により，多くの海外諸国に生産および販売拠点を設けられて一連の付加価値の過程がグローバルにわたって細分化されていることを意味する。そこで極めて多くの中小企業は製造工程の一部の生産ネットワークを担い，サプライヤーとして存在している。その際，中小企業は多国籍企業のガバナンス下に置かれ，中小企業にとって多国籍企業の役割は重要になる。なぜかといえば，中小企業は多国籍企業との関係から技術および経営マネジメント，知識・情報共有が行われ，そこから得られた経営資源は中小企業の技術革新をもたらすためである。その過程をアップグレーディングと表現する。

ただし，すべての中小企業がGVCに参入したとしても，企業のアップグレードまたは持続的発展が可能であるとは言い難い。従って，中小企業はGVCに参入すると同時に，グローバル市場で持続的な競争優位を確保するために，新たな価値を生み出すことが重要な課題になる。

## 2．先行研究レビュー

### 2．1．GVC（Global Value Chain）と中小企業

中小企業は国内市場だけに依存せず，グローバルに市場の多角化を追求することによって企業成長を追求することが重要である。その方案として，サプライヤーは多国籍企業の価値連鎖に参入し，間接的にでもグローバル市場で進出する必要がある。

GVCの展開は，多国籍企業がGVCの形成と付加価値の配分に中心的な役割を果たしているため（Gereffi, 1996），ほとんどのサプライヤーは多国籍企業の支配下に置かれている。多国籍企業は，グローバルソーシングを管理するため，できる限り多くの有能なサプライヤーを探し，より高い水準の価値連鎖を戦略的に促そうとしている。そのため，GVCに関する先行研究では，多国籍企業が国際分業体制においてネットワーク活動をどのようにリードし，サプライヤーをどのようにガバナンスするかといった関係の形成および構造を中心に論じられてきた（Gereffi, 1999; Humphrey and Schmidt, 2002）。それは，多国籍企業のガバナンスがサプライヤーのあり方に大きく影響を及ぼすためである。

### 2．2．アップグレードと戦略的ネットワーク

中小企業は，グローバル競争で勝ち抜けるためには希少性のある経営資源を持ち，競合他社よりも素早い技術革新が必要となる。Kaplinsky and Morris（2001），小井川（2008）は，その過程を価値連鎖のアップグレードとして強調している。実際に，中小企業はGVCをコントロールする多国籍企業との企業間関係を保持し，部品・素材や原材料の供給，ライセンシングなどを通じ，より高度な知識や技術を獲得して生産・マネジメント技術の向上が促している。こうした過程を通じて，中小企業はアップグレードが実現できる（UNCTAD, 2013）。

しかし，サプライヤーのアップグレードのプロセスに関する多国籍企業の役割は重要であるものの，その役割は明確ではないという指摘もある（Giuliani, Pietrobelli and Rabellotti, 2005）。そのため，サプライヤーのアップグレーディングのあり方を検討するためには，サプライヤーからの捉え方が不可欠となる。

## 3．研究方法

本研究は，先行研究（Gereffi and Kaplinsky, 2001; Gereffi and Fernandez-Stark 2011）の方法論に基づいて，事例分析を採用している。I社とY社がGVCのなかで，どのような働きかけによってアップグレードできたかについて考察した。具体的に，代表取締役や理事，総務部秘書室の室長，報告部の係長をキーインフォーマントとして判断し，半構造化インタビュー及びフォローアップ調査を実施してデータの構築を図った。

図1．研究フレームワーク

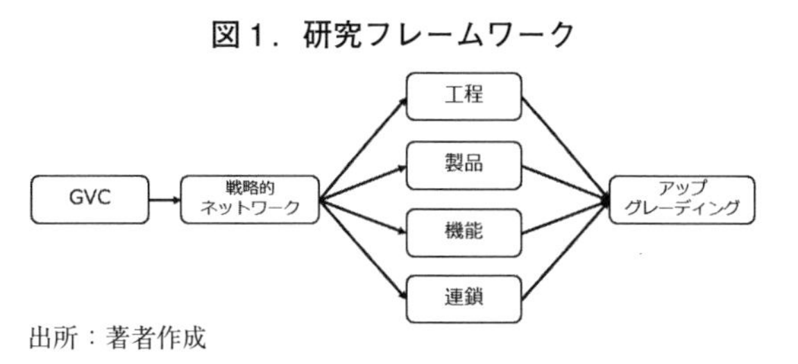


出所：著者作成

## 4．発見された事実

### 4．1．日本中小企業の事例－I社－

⑴　企業概要と事業内容

I社は，1983年に坂根勇氏が設立し，資本金8000万円，従業員数146人の中小企業である。I社では，主にガラスとフッ素樹脂の機能性複合繊維を中心に航空機，新幹線，複写機など，多様な分野に高度の技術力が必要な製品を研究開発および製造している。特に，トナー定着チューブは，極めて滑らかな表面が維持できる高機能性を持つためにプリンターなどのOA機器の中核部品・素材として広く使われ，競合他社に模倣できない技術とノウハウがI社のコアコンピダンスである。また，トナー定着パーツはグローバル市場でシェア40％を占めている。

### 4．2．韓国中小企業の事例－Y社－

⑴　企業概要と事業内容

Y社は，1987年に設立され，パクスグァンが創立して資本金5,000万ドル，従業員数200人の中小企業である。主に，Y社では多国籍企業の靴類の部品・素材の研究開発および製造している。特に，Eva Compoundは物性の調節が容易であり，軽くて弾性が優れ，衝撃吸収能力が優れて関節や足を保護でき，機能性素材として多数の多国籍企業の靴類の部品・素材として使われている。特に，Y社の製品はグローバル市場で約20％を占めている。

## 5．考察

本研究の事例から，GVCを通じたサプライヤーのアップグレーディング・プロセスの特質を表1にまとめ，注目すべき点は次の3つに集約できる。

表1．GVCにおけるI社とY社のあり方

| | I社 | Y社 |
|---|---|---|
| 国 | 日本 | 韓国 |
| 業種・産業 | 電子機器産業（部品・素材） | 製靴産業（部品・素材） |
| GVC参入の契機 | 直接的アプローチ | 能力構築型競争 |
| GVC参入の規定要因 | 研究開発能力 | 研究開発能力 |
| 多国籍企業との関係 | 長期継続的な協力関係 | 長期継続的な協力関係 |
| 戦略的ネットワーク | ①共同研究開発の知識・情報共有<br>②マーケティング・販売の委託 | ①共同研究開発の知識・情報共有<br>②企画，設計・デザインの学習 |
| リスクマネジメント | ①特許出願の多様化<br>②インフラ設備の自社設計 | ①取引システム<br>②受注先の多様化 |
| 企業戦略の方向性 | 研究開発型中小企業 | 独立メーカー |
| アップグレード | ①研究開発力の向上<br>：製品のアップグレーディング<br>②関連分野の多角化<br>：連鎖のアップグレーディング | ①研究開発力の向上<br>：製品のアップグレーディング<br>②ブランド開発<br>：機能のアップグレーディング |

出所：著者作成。

## 6．結論および残された研究課題

本研究では，GVCにおいて日本と韓国に存在するサプライヤーが戦略的ネットワークを通じていかなる働きかけを行い，それぞれの中小企業がどのようにアップグレーディングできたかを考察した。事例のI社とY社では，GVCでそれぞれ部品・素材に関する研究開発能力に基づいて，多国籍企業との長期継続的な関係を構築し，製品の改善・開発していることが確認できた。そこにはさらなる研究開発への投資や独自の技術開発の絶えず着手していることが見られると同時に，多角化や企画，マーケティングなど，高付加価値への移行を多国籍企業とのネットワークだけではなく，他の経路を通じて実現していることが考察できた。本研究の事例から，中小企業がグローバル市場で勝ち抜くためには，GVCに参入してさらなる競争優位を獲得するための企業戦略が必要であるといえる。

# 中小企業への戦略的育成支援のモデル化とその背景
## —リフテットにみるスウェーデンの取り組み—
## 〈報告要旨〉

愛知東邦大学　田村　豊

### 1　報告のねらい

本報告のねらいはスウェーデンの中小企業支援の組織的取り組みを日本との比較を念頭に検討することにある。本論が取り上げる“リフテット”はスウェーデンで進んでいる中小企業活性化プロジェクトの名称である（2006年立ち上げ）。リフテット“飛躍”を意味するこのプロジェクトは現在，スウェーデンの国レベルの研究機関，大手企業と共同で運営されている。中小企業支援のために国，大手企業，大学を労働組合がハブとなっており，この点にスウェーデン的特徴が見出されよう。報告では，リフテットの活動経過を紹介し，スウェーデンが変化する技術，経営環境にどのように立ち向かおうとしているのか，中小企業支援策としてのリフテットプロジェクトの意義，教訓を日本への示唆を含め検討を行った。

### 2　先行研究との関係

リフテットについての紹介としては田村（田村，2016）がリフテットの成立と展開経過を論じている。輸出関連製造業が多いスウェーデン中小企業においても，中小企業の競争力強化については多くの課題がある。本報告では日本のイノベーション研究や中小企業支援との理論的整理と検討は未着手であり，これらは今後の課題とし，報告ではイノベーションの視点と企業支援での育成機能に注目し，現地での取材も紹介しながら，中小企業の競争力の構築を念頭に検討を行った。

## 3　研究方法

スウェーデンでの現地調査を2019年９月２日～５日に実施し，リフテットを管轄する国の研究機関であるリセ（RISE），リフテットの研修大学となっているチャルマーシュ工科大学（Chalmars University），労働組合のスウェーデン機械・金属産業労働組合（IFMetall）とホワイトカラー労働組合である民間ホワイトカラー労働組合（UNIONEN）において実施した。

## 4　検討結果：リフテットの活動の特徴と活動の意義

報告では以下の４つの点をリフテットの活動の特徴として指摘した。

①「調整」と「連携」に基づく包括的イノベーションでの競争力構築

リフテットを組織行動という視点から見ると，中小企業の企業イノベーション促進の視点から，組織変化のインパクトを誘発するプロジェクトとなっている。スウェーデン社会での「調整」「連帯」というこれまでのスウェーデンの伝統的コンセプトを利用し，研究機関，教育機関と企業との連携を包括的に整え，企業競争力の構築を進めようという意図と姿勢が見てとれる。Edquistらはスウェーデンの研究調査機関の推移からスウェーデンのイノベーションを「知識入力」型と特徴づけている（Edquist, Charles/Hommen, Leif edis., 2008, p.269）。RISEの再編もそうした流れの証左のひとつと位置づけられるだろう。知的，知識の連帯，連携の視点はIFMetallやUNIONENでのインタビューでも指摘されており（2019年９月２－３日），スウェーデンの伝統的コンセプトである社会諸力の連携が大きく影響していると考えられよう。

②育成型支援

リフテットでのプロジェクトの位置付けと支援方法を見ると，そこには長期的視野，企業の自発性の重視により成長を促進するという，リフテットのめざす「育成」への意図が強く示されている。すなわち，産業界と協力して先端技術の研究開発を行うRISEの参加によってリフテットは，国プロジェクトとして位置付けられ国からの支援を受けつつ，研究，大学機関との連携により教育機能を内包させて活動できる。ここには先端的技術や経験を育成型支援という形で中小企業に学習・吸収させるこのプロジェクトの特徴をみることができる。こうした育成を取り込んでの長期的視点での支援のあり方は支援のモデルとして示唆にとんでいよう。

③スウェーデン社会の競争力維持と産業転換プロジェクト

現実の自動車産業での中小企業の活動を念頭におくと，中小企業が自力で競争力構築を遂げようとすれば多くの困難にぶつからざるをえない。中小企業にとって資金だけでなく知識，知恵を生む育成型支援が現実にも重要であるという実感をもつ。日本企業の内部育成型競争力構築モデルの限界は明らかである。資源が限られる中小企業にはその限界はより顕著にならざるを得ない。大企業，先端技術，教育機関との外部連携を利用したリフテットの育成型支援，研究機関との連携は，中小企業の競争力育成支援モデルとして有効な示唆を与えるものと考えられる。

④企業競争力の形成プログラム

リフテットは企業競争力形成での役割についてどのような役割を果たしているのか。実質的にこの点で成果がなければプロジェクトは継続しない。企業競争力形成上でどのような成果をあげているのか評価が必要になろう。この点で数値的な資料はとぼしいが，リフテットの基礎となっている“リーン生産の導入と実施というスキーム”自体がスウェーデン企業にとって大きな生産上の効果をあげていることはヒアリングから確かめられている。実はスウェーデン企業でのリーン生産については関心が高い。リーン生産の効果については別に論じるべきであるが，これまでのスウェーデンでのリーンの展開から言えば，多くは肯定的な評価となっている（田村，2016)。問題は，中小企業が実際どのようにリーン生産の手法を導入し成果を出すのか。リフテットはその点で中小企業に対象を絞り，リーン生産を導入するスキームと継続のためのサポートを育成という視点から支援することで成果をあげているということができよう。

最後に日本への示唆について触れておこう。企業が進める競争力構築の議論は，「自力型競争力論」と「連携型競争力論」の２つのタイプを想定させて議論が進んできた。前者「自力型」には，個別企業の能力構築を重視する藤本隆宏（藤本，2003）や労働者の知的熟練を重視する小池和男（小池，2005）が該当しほぼ従来の「日本型経営」を示している。後者「連携型」には地域資源流動化に中小企業成長の可能性をみる細谷祐二（細谷，2017）や労働力の流動化論（今野，2012）などが属す。後者は企業成長にとっての社会的レベルでの資源共通化と共通利用を重視し外部連携型成長を是とする立場である。これまで愛知での自動車部品サプライヤーへの調査（田村，2016）と2018年に実施した中部経済産業省との自動車部品メーカーへのヒアリング調査でも中小企業の自力を内部育成型で進めるには限界があることが指摘された。リフテットとスウェーデンとの関係で検討すべきは，自力型競争力形成には限界がある中小企業の競争力構築にとって，どのように社会連携型競争力構築の可能性を広げていくのか，実証的に検討すべき時期に現在日本はさしかかっている。そのことからもスウェーデンとの検討は重要な示唆を与えると考えられる。

**〈参考文献〉**


1　今野浩一郎（2012）『正社員消滅時代の人事改革―制約社員を戦力化する仕組みづくり』日本経済新聞出版社

2　加護野忠男，山田幸三，長本英杜編（2014）『スウェーデン流グローバル成長戦略』中有経済社

3　小池和男（2005）『仕事の経済学』東洋経済新報社

4　田村　豊（2015）「スウェーデン企業の生産戦略とリーン生産の広がり―Lyftetの結成と展開―」北ヨーロッパ学会『北ヨーロッパ研究』第12巻

5　田村　豊（2016）「成長をどのように維持させるのか　リーマンショック以降の愛知の自動車部メーカーの動向を振り返る」，清响一郎編著『日本自動車産業グローバル化の新段階と自動車部品・関連中小企業　１次・２次・３次サプライヤー調査の結果と地域別部品関連産業の実態』社会評論社

6　藤本隆宏（2003）『能力構築競争』中央公論新社

7　細谷祐二（2017）『地域の力を引き出す企業：グローバル・ニッチトップ企業が示す未来』筑摩書房

8　メイドナー，ルドルフ（1984）「相互調整と連帯」（下）『総評調査月報』12月号

9　Edquist, Charles/Hommen, Leif edis.（2008）*Small Country Innovation Systems: Globalization, Change and Policy in Asia and Europe*, Edward Elgar（https://charlesedquist.files.wordpress.com/2012/10/small-country-innovation-copy.pdf）

10　Lars Medbo, Dan Carlsson（2013）Implementation of Lean in SME, experiences from a Swedish national program, International Journal of Industrial Engineering and Management（IJIEM）, Vol. 4 No 4, 2013, pp.221-227

11　RISE（2018）*Teknik&tillväxt*, No.3

# 新型コロナウイルスの感染拡大による中小企業への影響について

〈報告要旨〉

信金中央金庫　品田雄志

## 1．研究の狙いと問題意識

2020年に感染が拡大した新型コロナウイルスは，世界中で多くの人命を奪うとともに，生産活動の混乱や外出自粛の高まりを通じて，わが国の企業経営にも甚大な被害を与えている。とりわけ宿泊業や飲食店，娯楽業などを中心に，営業自体ができないため売上がほぼゼロになったケースや，資金繰りに奔走するケースなどが報道されている。これまで増加し続けてきた休廃業・解散件数は，さらに増加する傾向をみせつつあり，今後の動向が懸念される。

元来，中小企業は大企業と比較し，自己資本や利益率，現預金保有割合が低位にあることから，外的なショックがあった際の事業継続体制に課題があるとされてきた。今回の新型コロナウイルスの感染拡大は，まさにこうした脆弱性をあぶりだしたといえよう。

こうした現状と問題意識を踏まえ，本稿では，中小企業における新型コロナウイルスの感染拡大（以下，「コロナショック」という。）の影響について，中小企業および小規模事業者を主な対象としたアンケート調査結果から考察することとする。

## 2．先行研究

コロナショックが中小企業に与えた影響に関しての先行研究は，いくつかの機関から出されている。東京商工リサーチ（2020）は，約２万社を対象としたアンケートをたびたび実施しているが，うち５月に公表されたデータからは，前年同月比で売上が減少した企業の割合が，２月の67.7%から，３月に74.9%，４月に83.7%と，月を経るにつれ増加していることが指摘されている。

また，2020年版中小企業白書・小規模企業白書では，３月末時点で「新型コロナウイルスに関する経営相談窓口」に30万件近い相談が寄せられていることを指摘したうえで，感染症を含むリスクの影響を可能な限り小さくするためには事前の備えも重要として，事業継続計画（BCP）の策定を推奨している。また，感染症の影響が広がる中でも，新製品開発や販路開拓，雇用など，新たな「価値創造」に取り組む事例を紹介している。なお，BCPについては，中小企業庁（2008）の「中小企業BCP（事業継続計画）ガイド」において，非常時に備えて売上の１か月分以上の現預金を常に保有することを推奨したうえで，事例として，BCPを導入していない建設業で，復旧工事の引合いがあったのにもかかわらず，手持現金がないために臨時作業員を集められず，休業状態に陥った企業を紹介している。

先行研究の範囲を新型コロナウイルスに限らず，リーマンショックなど外部からのショックによって中小企業が受けた影響にまで広げると，鹿野（2014, 2017）による分析が該当する。鹿野は，一般社団法人CRD協会が管理・運営する中小企業信用リスク情報データベースを用いて，リーマンショック前後の中小企業の変化を計測した。結果，規模の小さな企業ほど，営業利益の回復に遅れがみられるなど，リーマンショックによる負の影響を強く受けたことを示唆した。また，毛涯・品田（2011）や毛涯・吉田（2012）は，東日本大震災が中小企業の経営に与えた影響について，アンケート結果から分析を行っている。

これらの先行研究からは，新型コロナウイルスの被害が企業の規模によって異なる可能性を示唆するとともに，こういった被害に対応すべく，常日頃からの有事への備えが必要であることが示唆される。

## ３．調査の概要

そこで，上述の問題意識や先行研究の現状を踏まえて，本稿では，信金中央金庫が全国の信用金庫の協力の下で実施している「全国中小企業景気動向調査」の結果を分析する。同調査は，四半期ごとに実施しており，業況や資金繰りなどを聴き取る定例調査と，毎回，異なるテーマを聴き取る特別調査から成り立っている。

2020年６月調査においては，特別調査で「新型コロナウイルスの感染拡大による中小企業への影響について」と題した調査を実施した。同調査の概要は以下のとおりである。調査時点は2020年６月１日～５日，調査対象は信用金庫取引先15,339社（個人事業主を含む。）であり，有効回答数は13,307社，回答率 86.8%であった。調査方法は，原則として全国各地の信用金庫営業店の調査員による共通の調査表に基づく「聴取り」調査であるが，新型コロナウイルスの感染拡大を受け，今回に限り，電話やFAX，郵送等を併用して回収した。なお，回答企業の71.9%は，従業員20人未満の比較的小規模な企業である。業種別では，製造業の割合が32.7%と最も高い。

本稿では，先行研究を踏まえて，2020年９月調査までの定例調査と2020年６月調査の特別調査を用いて，以下の問題意識のもとで調査結果を分析した。１つ目は，今回のコロナショックを過去のリーマンショック時や東日本大震災時と比較した際，中小企業の被害状況に差異はあるか。２つ目は，新型コロナウイルスによる被害状況について，属性，特に企業の規模により違いがあるか。また，回復過程に差が生じうるか。３つ目は，新型コロナウイルスの影響が出る以前からの有事に備えた準備状況の度合いが，被害状況に影響を与えたか。の３つである。

## ４．調査結果と結論

上述の問題意識を念頭に分析した結果，以下の傾向が観察された。

１つ目に，コロナショックの大きさは，東日本大震災を大きく上回り，リーマンショック時に匹敵する。ただし，業況悪化の被害を受けた業種については，リーマンショックとコロナショックとでは大きく異なっており，今回のコロナショックにおいては，旅館・ホテルや飲食店などB to Cに関する業種に被害が集中している。対照的に，建設に関する業種では，落ち込みはあるものの，リーマンショック時と比較すれば被害は小さなものとなっている。

２つ目に，リーマンショック時と同様に，規模の小さい企業において，新型コロナウイルスによる被害が大きく出ている。具体的には，売上減少の比率が高いことや，業況回復の速度に遅れがみられていることが挙げられる。同じ「中小企業」のなかでも，より規模の小さい企業において被害が大きく出ていることは注目されるべきであろう。リーマンショック時に小規模企業において回復が遅れたことを踏まえると，コロナショックによる被害が小規模企業で特に顕著に表れる恐れがある。

3つ目に，コロナショック以前から現預金を有するなど，有事に備えて準備している企業においては，売上の減少幅が小さい傾向にある。これは，これまでBCPガイドなどで指摘されていた，現預金の保有の重要性を数値で示したものである。

新型コロナウイルスはいまだに収束しておらず，中小企業が受けている影響についても日々刻々と変化しており，不明な点も多い。今後の研究の課題としては，定点観測を続けるなかで，中小企業の被害の実態をより精緻に把握するとともに，必要な支援について考察することが挙げられよう。

**〈参考文献〉**

1　毛涯郷史・品田雄志（2011）「東日本大震災と中小企業 - 第144回全国中小企業景気動向調査（特別調査）より」『信金中金月報』10(9), pp.12-30
2　毛涯郷史・吉田智哉（2012）「東日本大震災から1年を経た中小企業の動向：全国中小企業景気動向調査の詳細分析」『信金中金月報』11(7), pp.13-30
3　鹿野嘉昭（2014）「リーマンショックと中小企業経営：CRDの分析結果から」『経済学論叢』66(1), pp.15-53
4　鹿野嘉昭（2017）「リーマンショック,アベノミクスと中小企業経営：CRDの分析結果から」『経済学論叢』68(4), pp.541-573
5　中小企業庁（2020）「中小企業白書・小規模企業白書2020年版」
6　中小企業庁（2008）「中小企業BCP（事業継続計画）ガイド」
7　東京商工リサーチ「第4回「新型コロナウイルスに関するアンケート」調査」
https://www.tsr-net.co.jp/news/analysis/20200515_02html/（2020年5月18日閲覧）

# 地域中小企業における承継後の存立課題

—承継者への経営支援から—

〈 報告要旨 〉

関西中小工業協議会　小田利広

## 1．はじめに

### 1－1．研究のねらい

本稿は小規模企業の承継者が，学習の機会を通じた経営力向上から自社の存立課題を考察する。小規模企業はリーマンショック以降，61万社を超え廃業を中心に減少してきた[注1)]。2020年春先，国内で発生した新型コロナウイルスによる感染拡大は，いっそう小規模企業を廃業へと追いやり，事業承継難が続いている。他方で事業承継後，自社を発展させている承継者も散見するのは何故だろうか。

### 1－2．先行研究からみた本稿の特徴

事業承継に関して，三井（2019）は,「仕事ができる人」という枠組みに２つのスキルを設けている。１つはテクニカルスキルであり，もう１つはマネジメントスキルである。後者には教育学習による習得が必要で，学習を通じた自立と主体性の確立が経営能力形成へ繋がっていくと論じている。

学習の機会に関して，久保田（2017）は，日本海信用金庫が主宰する「せがれ塾」から効果を次のように纏めている。①コミュニケーション能力の向上，②自社の経営を把握する経営力量の向上，③M&A等の新しいビジネスの発芽である。

浜田（2019）は零細事業所の事業承継に焦点を据え，承継者が技能スキルと経営的スキルをどのように習得しているのかを事例から分析している。承継の前提に，技能スキルが形成され，承継後に経営的スキルが形成されるが，両者は相互作用を伴いながら変化，発展しているのを明らかにした。

本稿の特徴は，社会人大学院で経営学を学んだ経営支援者が，モノづくり小規模企業の承継者に伴走支援した実証研究である。大阪市生野区を舞台に，同区で行なわれる学習の機会「経営塾」に参加する承継者を経営力向上の視角から考察した。本稿は上記した先行研究を２つの点から補完している。１つは承継後を焦点に，承継者が学習の機会から得た事業の成果である。２つ目はマネジメントスキル，経営的スキル取得へ素材となる学習の機会が果たした効果の分析である。

### １－３．本稿のフレームワーク

事例となる典型的な家族経営の小規模企業，製罐業Ｋ社を取り上げた。Ｋ社へ長期に渡り工場訪問した際の聞き取りを中心に，承継後の事業成長の要因を探った。

### １－４．本稿の構成

本稿は２節で学習の機会となる「経営塾」に参加する承継者の変化を観察する。３節ではＫ社の事業成長と「経営塾」との関連性を考察する。４節で，事業承継後，自社を存立発展させていく学習の概念を通じた経営力向上についての課題を整理した。

## ２．学習の機会を通じた経営力向上

### ２－１．経営塾の概要

経営資源の乏しい小規模企業では，早くから承継者を決め，計画的に経営力を向上させることは難しい。とりわけ，モノづくりに携わる承継者の多くが現場での技術習得に多くの時間を費やしている。仕事に追われる承継者が経営力向上へ定期的な学習の機会を得ることは少ない。筆者は2017年から平日の夜，年に10回程度，事業主向け勉強会「経営塾」を主宰している。目的は集団の力で承継者の経営力向上を促すことである。「経営塾」の特徴は，①自社の経営を発展させ，自立と自律，協調性のある経営者を目指す，②希望するテーマへ自由な議論と終了後に開く懇親会での交流，③専門知識を持つ税理士や社労士，行政書士，大学教員と経営支援者の参加，④時機をみて開く地域公開シンポジウムの開催である。

### 2－2．経営塾を通じた承継者の変化

「経営塾」での学習を通じ，次の変化が承継者にみられた。①承継者同士が持ち合わせている技術や役立つ情報，知識を教え合い仕事の改善，②取引企業の紹介や各種補助金の申請，社員紹介，仕事での協業など，異業種ネットワーク形成への発芽である。その結果，事業を成長させる承継者が出現した。

## 3．経営支援者からみた承継者の経営

事例となるＫ社は生野区で創業してから55年間，同区で製罐業を続けている。先代は働き詰めで過ごしてきた苦労人で，同業者から評判の高い溶接技術の熟練者である。多種多様な一品物を短納期に製作できる強みを持つ。事業承継を機に法人成りし，現在役職員合わせて８名の小規模企業である。

### 3－1．旧ビジネスモデルから脱し，経営革新を実行したＫ社

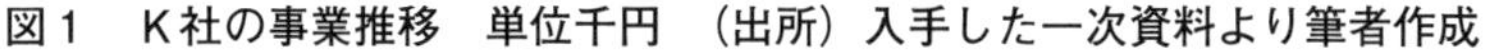

図１　Ｋ社の事業推移　単位千円　（出所）入手した一次資料より筆者作成

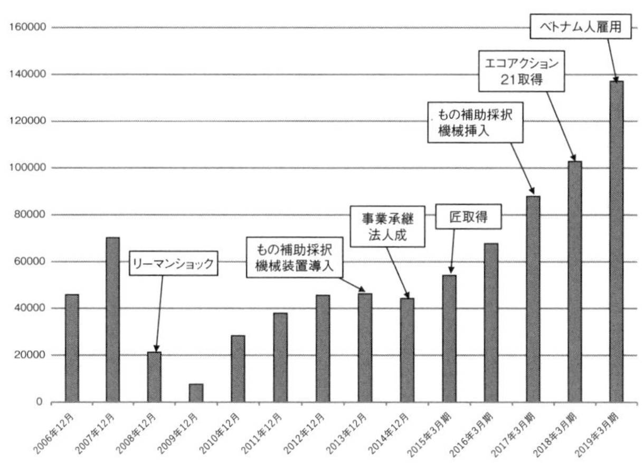


図１にあるように2008年Ｋ社はリーマンショックにより，売上が前年比３分の１へ激減した。承継者は仕事を見直し，保全補修事業に自社の存続を図り，本格参入して事業を維持した。同時に事業承継後，複数の経営支援者，異業種の承継者たちと交流を進めた。その後，「経営塾」に参加するようになり，知り合った

経営専門家や事業主たちと議論を重ね，意欲的に経営革新に乗り出した。５Ｓに始まる社員教育，日々の仕事改善，経営理念の文字化や就業規則の作成，大阪府ものづくり優良企業賞「匠」の取得，再投資となるものづくり補助金を活用した機械設備の導入，エコアクション21の取得，事業進捗に伴う正社員の採用と賃上げ，近隣の事業所へ各種認証取得や補助金活用の助言等である。

その結果，Ｋ社は増収増益を続け，二次，三次下請けから一次下請けとなり，事業成長期に入った。一方，上場企業との直接取引となると，先代の「腕と勘」によるビジネスモデルから，取引先へ正確な見積数値や経営内容の公開が求められるようになった。承継者は先代からの「人への感謝」を理念に受け継ぎながら，経営革新となる新しいビジネスモデルの構築へ，技術の上達，作業の効率化など日々，安全で働きやすい職場へ社員とともに改善を続けている。

## ４．おわりに

承継者が承継後も自社を存立させる課題について経営力向上の視角から考察してきた。承継後，自社の発展へ一助となるのが，学習の機会を事業化へ繋ぐ「経営塾」の活動であった。異業種の経営者たちと専門家，経営支援者とが融合する「経営塾」は，仕事のネットワーク形成と仕事の改善を図るなど，承継者の経営力向上を促していた。その中で事業継承後，承継者に必要なのは，Ｋ社にみられた先代のビジネスモデルを乗り越えようとする意欲と誇りである。今回，議論できなかった，技術の継承と承継者の技能形成については，今後の研究課題としていきたい。

**〈注〉**

1　中小企業庁（2020）『中小企業白書 小規模企業白書 上』pp.110～169.

**〈参考文献〉**

1　久保田典男（2017）「地方中小企業における後継者の能力形成」『日本中小企業学会論集36』同友館pp.57～69.
2　浜田敦也（2019）「事業承継時におけるスキル継承の検討」『工業経営研究 Vol33』pp.14～21.
3　三井逸友（2019）「中小企業の創業と継承・主体形成」『21世紀中小企業者の主体形成と継承』同友館pp.33～79.

# Place-basedな中小企業金融政策の原点：終戦期大阪の近代化資金融資の事例

## 〈報告要旨〉

筑波大学（院）　高野佳佑[注1)]

金融市場の発展が地域成長に果たす役割は極めて大きく，特に地域中小企業の金融アクセス改善を行う上では，政策的介入が正当化される。また，中小企業は災害や経済危機を始めとする社会経済的な混乱に対して脆弱であるという性質を踏まえれば，有事における政策金融の重要性はより一層増す。

本研究では，1950年代初頭という，戦後混乱期に大阪府が独自に展開した，中小企業向け設備近代化融資制度について，その効果を実証的に検証した。地方自治体によって独自に展開されてきた中小企業金融政策の歴史的な成り立ちやその効果を検証する実証研究や，金融アクセスの形態やその効果を決定しうる地域特有の要因を考慮した実証研究は，いずれも未だ数少ない。本研究はそれら両方に対して新たな知見を提供するという意味で貢献がある。

今回分析対象となる近代化融資制度は，1951年から1953年の期間に展開されたものであり，中央政府による設備近代化資金の直接融資制度よりも時期的に先行していた。具体的な制度の枠組みとしては，大阪府が総額16億円の資金を特定銀行に預託し，それをもとに府内中小企業の設備投資の為の資金を日歩３銭５厘以下という低利で融資するというものであった。

効果検証に際して筆者は，帝国興信所の与信調査に基づき作成された，大阪府中小企業に関する名鑑を用いて，1951年（制度実施前）・1957年（制度実施後）の２時点パネルデータを構築した。その上で，ミクロ計量経済学的な政策評価手法の１つである差分の差分法により，制度の効果検証を行った。

本研究の実証分析の結果をまとめる。まず，融資対象企業全体に関する平均的効果として，非融資対象企業に比した，生産水準の向上が実現されたことが示唆された。加えて，融資の効果は太平洋戦争や朝鮮戦争による戦時経済・特需の影響により，地域間・産業間で異なることが示唆された。特に，軍需関連産業やその集積地に立地していた融資対象企業でのより大きな生産水準向上が見られた。

〈注〉

1　本研究は現在，一橋大学経済学研究科の岡室博之氏との共同研究として進行中である。

# 中小企業基本法改正後の政策変遷と課題
## 〈報告要旨〉

日本大学　和田耕治

1999年12月に中小企業基本法の抜本的改正がなされ，20年以上が経過した。当時の基本法改正の主な狙いは，「格差是正論」から「活力論」といった政策理念の転換と理解された。理念の転換に対して，中小企業研究者は様々な議論を展開させた。

また，理念の転換以外に新中小企業基本法は，第6条において，地方公共団体と国との役割分担を示した。そこで，2000年代初頭より，多くの地域で中小企業振興条例が制定され，中小企業家同友会が中小企業振興条例制定運動において，リーダーシップを担った。さらに，これら潮流は，2010年6月の中小企業憲章の閣議決定につながり，中小企業の社会経済における重要性が認識されるようになる。

一方，国は新基本法の理念を具現化するため，実施法として，中小企業新事業活動促進法（2005年），中小企業地域資源活用促進法（2007年），農商工等連携促進法（2008年）を制定し，新連携，地域資源活用，農商工等連携といった政策を各地域経済産業局と中小企業基盤整備機構地方本部を実施機関として，展開する。いわば，国による成長する中小企業への直接支援が始まった。

中小企業基本法改正以前の中小企業政策は，国が政策企画を行い，補助金行政のもと，国と地方公共団体の予算を組み合わせ，政策を実施する方法であった。国による直接支援というこの変化は，政策実施方法の大転換であり，政策理念の転換よりも大きいといえる。

このように国による中小企業政策は，新基本法理念を具現化する方向に向かうが，中小企業憲章の閣議決定で小規模企業を含めた中小企業の社会経済における重要性を国が宣言したこともあり，小規模企業対策の検討が始まる。

実際，2012年3月から経済産業大臣と中小企業政策審議会会長を共同議長として「“ちいさな企業”未来会議」が設置され，小規模企業の重要性が議論される。同会議は同年６月に「これまでの中小企業政策を真摯に見直し，小規模企業に焦点を当てた体系へ再構築」することを示した。

同会議を受け，中小企業政策審議会およびに国会での議論を経て，2013年６月には，小規模企業活性化法が制定された。さらに，2014年６月には，小規模企業振興基本法，小規模支援法が制定され，小規模企業振興基本法に基づき，2015年より，「小規模企業白書」が刊行されるようになった。このように2010年代中頃までの中小企業政策は，1999年に改正された中小企業基本法を基軸として展開されたといえよう。

他方，2010年代以降，近年の度重なる自然災害，複合災害（東日本大震災，台風やゲリラ豪雨による風水害，コロナ禍等）やグローバル化等がもたらす問題がわが国中小企業に対して，毎年のように試練を与えている。2010年代以降，それらを念頭に置いた中小企業政策が，企画，立案，実施されるようなる。

2016年７月に施行された中小企業等経営強化法は，「労働力人口の減少，企業間の国際的な競争の活発化等の経済社会情勢の変化に対応し，中小企業・小規模事業者・中堅企業の経営強化を図るため」中小企業新事業活動促進法を改正することにより制定された。これにより，人手不足，グローバル対策等を念頭においた施策が強化されるようになった。

また，2019年７月に施行された中小企業強靱化法は，「中小企業の災害対応力を高めるとともに，円滑な事業承継を促進するため」中小企業等経営強化法の一部を改正することにより講ぜられた。これにより，近年多発する自然災害や複合災害を念頭においた対策が中小企業政策に盛り込まれるようになった。

新基本法下での実施法である中小企業新事業活動促進法の政策枠組みを用いて，近年の課題に対応した新政策の企画立案が2019年度までの潮流であったが，2020年第１四半期より，グローバルな感染症拡大となっているコロナ禍に対して，新しい切り口の政策が実施されるようになる

たとえば，中小企業庁は補正予算を組むことにより，売上が減少した中小法人や個人事業主に対して，持続化給付金を支給している。これは，近年の政策潮流が小規模企業を重要視しているあらわれであると理解できる。同様に，地代・家賃の負担を軽減することを目的として，資本金10億円未満の企業や個人事業主を対して，家賃支援給付金を支給している。

持続化給付金については，その事務委託をめぐっての問題が指摘され，経済産業省高官と民間企業経営者の癒着疑惑が世間を騒がせた。また，家賃支援給付金についても持続化給付金と同様，民間業者への委託となっている。緊急性を伴う政策実施に民間業者を活用したことについては，様々な問題を抱えている。実際，持続化給付金や家賃支援金は，受け取り側での不正受給の問題，政府と委託先とのルール作りなど解決すべき課題が山積している。いずれにせよ，政策を実施するための組織，機関についての議論は必要であろう。

他方，第２次補正予算で「中小企業向け資本性資金供給・資本増強支援事業」が盛り込まれた。日本政策金融公庫および商工組合中央金庫が，民間金融機関が資本とみなすことができる長期元本返済のない資本性劣後ローンを供給できるようになった。

また，今回のコロナ禍では，日本政策金融公庫の融資，地域労働局やハローワークが窓口になっている雇用調整助成金が大きな柱となった。そもそも中小企業政策は，コロナ禍といった感染症を想定していないので，既存の政策を援用することで当面を凌ぐしか選択肢はないからである。

日本政策金融公庫による融資は，事前相談からはじまり融資までに初回申請者に対しては一定の時間がかかること，雇用調整助成金は，提出書類が煩雑であることなどを理由に毎日のお金に困っている事業者や初めて制度活用しようとする事業者からは評判はよくない。とはいえ，日ごろの経営基盤強化や従業員の教育訓練などでそれら融資や助成金を上手く活用している事業者にとっては，極めて有効な制度となった。

以上のように1999年に実施された中小企業基本法の改正から近年におけるコロナ禍の中小企業政策まで時系列的に流れを示してきた。基本法の改正後中小企業政策の課題，論点として，以下があろう。

中小企業基本法の改正は，政策理念や政策対象の転換であったが，それ以上に国と地方公共団体の役割分担が基本法第６条で示されてことが大きな変化をもたらした。

新基本法で地方公共団体との役割分担が示されたことにより，多くの地域で中小企業振興基本条例が制定された。この運動で中小企業家同友会が民間の中小企業団体，政策提言団体として注目され，その地位を高めた。この流れは，2012年６月の中小企業憲章の閣議決定につながっていく。

政策理念が変化した国による中小企業政策は，新連携，中小企業地域資源活用，農商工等連携を地域経済産業局と中小企業基盤整備機構地方本部がダイレクトに実施するようになる。

2012年３月に設置された「“ちいさな企業”未来会議」により，小規模企業を重視する中小企業政策への検討が開始された。この議論は，中小企業政策審議会へ受け継がれ，2013年６月には小規模企業活性化法の公布となった。

そして，2014年６月には小規模企業振興基本法，小規模支援法が国会で成立し，公布された。小規模企業振興基本法に基づき，「小規模企業白書」は2015年４月に閣議決定された。そこで，中小企業に関する法定白書は，「中小企業白書」と「小規模企業白書」の二本立てになった。

2010年代後半以降，中小企業等経営強化法（2016年），中小企業強靭化法（2019年）と時代の危機的状況に対応する施策が打たれるようなった。

さらに，2020年のコロナ禍に対する中小企業政策として，国は補正予算により，持続化給付金，家賃支援給付金，資本性劣後ローンとった新基軸の緊急対策を行っている。持続化給付金，家賃支援給付金については，民間業者委託による実施になっている。緊急性を必要とする政策を民間委託することは，政策実施方法の大転換であるが，解決すべき課題が山積している。

以上指摘した以外にも論点や課題は，存在するであろう。とはいえ，ここ20年間の流れをみるのであれば，国による政策の実施方法が大きく変わっていることが，特筆できる。今後とも中小企業政策の展開について，国ばかりでなく，地域についても注視していきたい。

〈参考文献〉

1　和田耕治（2015）「小規模企業振興基本法の制定過程に関する考察」『企業環境研究年報』第20号
2　和田耕治（2014）「中小企業基本法改正後の地域中小企業政策」『中小商工業研究』第119巻
3　和田耕治（2000）「中小企業基本法の抜本的改正に関する覚書」『企業環境研究年報』第５号

# 航空機産業が先導する地域産業クラスターの創出可能性に関する考察
## —飯田・下伊那地域の取組みを中心に—

〈報告要旨〉

専修大学　河藤佳彦

## 1　目的と背景

わが国ではバブル経済の崩壊後，産業の空洞化や新興国との競合，中小企業の後継者難などにより，多くの地域産業集積で衰退が進んできた。この問題への対応策として，地域の産業特性や資源を有効活用しながら，Michael E.Poter（ポーター）のクラスター理論を活用し，具体的な先行事例を踏まえつつ検討する。

産業集積に関する近年の諸研究では，立地企業のネットワークによる連携や知識・情報の交流の重要性に着目している点が注目される。本研究では，先行研究の実績を踏まえ，地域の産業集積をクラスターへと発展させる具体的な方策について考察する。クラスターの構成主体や地域的範囲は多様に捉えられる。中堅・中小企業の小集団を中核とするクラスターが存在する一方で，大規模先端技術産業は，大企業を中核にもち世界規模で取引関係のあるクラスターを形成する場合もある（大規模先端技術産業クラスター)。その場合，地方部の小規模な産業集積であっても当該クラスターの一翼を担うことができれば，その産業集積は大きな付加価値を獲得できると考えられる。そのため，大規模先端技術産業クラスターの一部を構成するクラスターを当該集積の内部に創出することが望まれる。

本研究では，大規模先端技術産業クラスターにおいて，最終製品の一部のみを生産する産業集積であっても，ポーター理論から導かれるクラスター成立の３つの基本要件「①クラスターを構成する企業の生産性を向上させる，②構成企業群や関係産業などクラスター全体のイノベーションを強化する，③新規事業を創出しつつクラスターを拡大する潜在力を持つ」を満たせば，それを「小クラスター」と捉える。そして，「小クラスター」が牽引し，同じ基本要件を満たすよう発展した地域産業集積を「地域産業クラスター」と捉える。

本研究では，「小クラスター」および「地域産業クラスター」の成立可能性について考察する。この可能性が実証できれば，仮に衰退傾向にある産業集積であっても，蓄積された技術やノウハウ，人材，諸主体のネットワークなどの潜在的な成長能力を競争優位の源泉として活用することにより，革新的で生産性の高いクラスターに発展させる方策を見出すことができると考えられる。

そのため，成長が期待される大規模先端技術産業の典型事例として，「航空機産業」に着目する。そして，航空機装備品のクラスター（小クラスター）の創出に積極的な取組みを進めている飯田・下伊那地域（長野県の南端部の１市３町10村で構成される地域）（以下「飯田地域」とする）を採り上げ，航空機産業の装備品の小クラスターが先導する地域産業クラスターの創出可能性について検討する。飯田地域は，航空機産業の小クラスターを構成できる企業や企業グループの活動実績がある。また，小クラスターから地域産業集積全体への高付加価値化の橋渡し役を担い得る共同受注グループ「ネスク - イイダ」が活動している。

## 2　地域における航空機産業クラスターを捉える視点

航空機産業の特徴としては，部品点数が100万点単位にのぼり広い裾野を持つ産業構造となっていること，民間航空機市場は年率約５％で成長すると見込まれる成長市場であること，必要とされる主な部品・技術・業務として，一連の整備・修理業務（MRO），エンジン，装備品があり，わが国の市場では装備品製造が有望であることが挙げられる。

航空機産業クラスターの代表的な事例として，ハンブルグの航空機産業クラスターが挙げられる。エアバス，ルフトハンザ・テクニーク，ハンブルグ国際空港の３大企業が中心となり，約300社の中小企業が供給するサプライチェーンが形成されている。また，人材育成と研究開発をハンブルグ大学が担っており，エアバスの幹部がクラスターの代表者として全体をマネジメントしているという。

わが国にはこの構造を持つ航空機産業クラスターは存在しない。しかし，「自立性の高い企業や企業グループがネットワーク状に連携して複合体を形成しており，合わせてクラスター全体のマネジメントを担う組織（機関）とマネージャーが置かれていること」という要件の実現によりポーター理論に基づくクラスター成立の基本要件が充足されるなら，それを地域における航空機産業クラスター（航空機産業小クラスター）として捉え，その小クラスターが牽引する「地域産業クラスター」の成立可能性に繋げる方策を考察する。

## 3　企業アンケート調査の実施

飯田地域では，航空機部品の地域一貫生産体制を可能とする共同受注体制の確立を目指し設立された「エアロスペース飯田」（Aerospace IIDA）が注目される。そこで，その構成企業10社に対し，アンケート調査を実施した。実施時期は2018年９月17日～10月５日で，７社から回答を得た。

調査結果から，エアロスペース飯田への参画理由は，安定した受注，地域の競争力の底上げ，自社の技術を応用した適応製品調査，航空宇宙産業の知見・知己の獲得などであることが分かった。また，エアロスペース飯田への参画による収益力への積極的な効果を認識している企業は少ないが，参画企業の多くは優れた技術・組織・人材により，中長期的な視点に立ち，地域の諸主体と積極的に連携して事業展開を図っていると推察される。自由意見からも，企業相互をはじめとする地域諸主体との連携強化の必要性を認識していることが読み取れる。

## 4　企業ヒアリング調査の実施

「エアロスペース飯田」メンバー企業に2018年に実施したアンケート調査の結果を踏まえて考察を深めるため，アンケート調査の回答企業のうち，飯田地域に本社を置く企業にヒアリング調査への協力を依頼した。その結果で協力が得られた３社に対して，2018年11月及び2019年２月にヒアリング調査を実施した。その実施結果から得られた主な知見は次のとおりである。

１）参画を可能にした主要な要因として挙げられるのは，独自性の高い製品技術を保有していたこと，多摩川精機㈱との取引実績があったことである。

２）参画した主要な理由として挙げられるのは，１つは事業リスクの分散である。中長期的に安定した受注が期待できる航空機産業を，様々な産業分野への展開を図るなかの１つとして位置付けている。また，自社の独自性の高い製品技術を，より広範囲に活用する機会を増やすことが期待できる。

3）参画の自社メリットとして最も注目される点は，航空機産業の厳格な品質管理のノウハウが，航空機部門に限らず自社事業全般について品質管理のレベルを高めることに役立つことである。また，共同受注によって各メンバー企業が自社の得意分野の発注を得やすくし，航空機関係大手メーカーの１次下請け・２次下請けからの受注を可能にする。また，それによりメンバー企業は，自社の主要事業の受注においても信用力を高めることができる。航空機産業の受注は長期間継続することもメリットになる。

ヒアリング調査の結果をアンケート調査の結果も含め総合的に俯瞰すると，エアロスペース飯田の参画企業について，航空機分野での大幅な収益増などの直接成果は現時点では見られないが，共同受注の可能性の拡大，自社事業全般における品質管理レベルの向上や独自技術の応用範囲の拡大などの効果が見られる。

## 5　地域産業クラスターの創出可能性

航空機産業において飯田地域の参入が期待されるのは，装備品製造の分野である。飯田地域の装備品を主とする航空機産業小クラスターは，企業や企業グループ，支援機関，それらを総合的にコーディネートするマネジメント組織・総合マネージャーから構成されていると捉えられる。

地域産業クラスター創出のためには，「飯田ビジネスネットワーク支援センター」の登録企業により設立された共同受注グループ「ネスク - イイダ」の役割に着目する。ネスク - イイダのメンバーは，飯田航空宇宙プロジェクトやエアロスペース飯田のメンバーと重複していることから，航空機産業の小クラスターのイノベーションを地域産業全体に波及させる媒体になり得る。さらに，メンバーのグループによる製品開発の実績もある。地域企業には連携してイノベーションに取り組む潜在力があると言える。また，アンケート調査・ヒアリング調査では，飯田地域には互助の気質があるとする趣旨の意見も複数あり，その土壌のなかで飯田地域の産業集積全体が地域産業クラスターに発展できるものと期待される。

# 製茶企業の新規市場開拓と茶農家との関係構築

## ―愛知県西尾抹茶産地の事例―

## 〈報告要旨〉

名古屋市立大学（発表時）　西田郁子
愛知産業大学（現在）

本研究では，愛知県西尾市の抹茶産地を事例として取り上げ，サプライチェーンを構成する茶農家と製茶企業の長期継続的な取引関係が製茶企業の戦略に与えた影響について議論する。抹茶入りのアイスクリームや菓子は，今や国内では当たり前だが，抹茶という商品を誰も知らなかった海外においても「Matcha」として広がり始めている。この輸出拡大の牽引役が，愛知県西尾市に本社を置く「株式会社あいや」である。本研究では，主にあいやと茶農家の関係を分析対象とする。当該産地は，あいやをはじめとする中小製茶企業と家族経営の茶農家の集積であり，1960年以降，抹茶を食品加工用原料として用いることで販路を拡大し出荷額を伸ばしている。1960年当時は抹茶の需要は茶道用に限定されていた。そのようななか，食品加工原料として抹茶の新たな需要を創造し，食品業界に販路を拡大していった。あいやは1983年に北米への輸出を開始，世界に対して日本の抹茶文化の発信を始めた。その後2001年に米国に現地法人を設立後，輸出を本格的に始めた。

本研究で分析対象とした，製茶企業とその契約先の茶農家は，50年以上の長い年月をかけて顔の見える関係が形成されており，買い手である製茶企業は，自社の経営状況を説明した上で，どのような原料がなぜ必要なのかを説明する。また，製茶企業は買い取ったてん茶（原料茶葉）は必ず製品として販売していくのだという覚悟のもと，茶農家が生産したてん茶は全量買い取るという関係性が構築されてきた。

既存研究においては，日本の組立加工型産業の特徴の一つとして，組立メーカーとサプライヤーとの長期継続的な取引関係が指摘されており，長期継続的取引関係が成立する理由として，特定メーカーとの取引においてサプライヤーが形成する資源・能力，すなわち関係的能力に着目した。さらに，チャネル研究においても，チャネル管理において長期協調的な関係の構築に着目した研究が蓄積されており，そこでは取引コスト論のフレームワークに依拠し，取引関係を適切にコントロールできる制御メカニズムを設計することが，結果的に長期協調的なチャネル関係を導くと指摘している。

本研究で取り上げる中小企業や農家の集積地において長期継続的な取引関係は，大企業を中心とするサプライヤー・システムにおけるそれとは異なる何らかの役割を果たしているのではないか。そのような問題意識のもと本研究では，製茶企業と茶農家のてん茶（抹茶の原料）の取引関係について，製茶企業が海外（米国）進出する前後に着目し，以下の３つの視点で事例の分析を行った。

⑴製茶企業と茶農家の間で取引される財がどのように変化したか。

⑵製茶企業と茶農家の関係性にどのような変化が生じたのか。

⑶茶農家との長期継続的な取引関係が製茶企業の戦略（ターゲット市場の決定）にどのような影響を与えたのか。

事例分析の結果は以下のとおりである。

### ⑴　製茶企業と茶農家の間で取引される財の変化

米国は健康に気を使う国であり，米国において抹茶に求められているのは健康によいとされる成分であった。そのため，有機認証は取得しないまでも，日本の慣行栽培レベルよりはるかに農薬の使用を低減させなければ，取引が厳しい。製茶企業は契約先の茶農家に対して，可能な限り残留農薬を低減し，かつ，高品質なてん茶の生産を依頼した。そして，茶農家は，製茶企業の要求に対応し，米国向けの製品の原料とすることを目指し，茶畑における生産管理を変更した。残留農薬を低減するために，薬剤による防除だけではなく，物理的な防除による管理に取り組んでいった。このような輸出に対応した生産方法は，労力を要する。手間をかけて収穫にまで至った抹茶原料を，国内の食品会社向けに販売することも可能であるが，国内市場向けであれば農薬の低減は求められておらず，慣行栽培でも販売可能であるため，薬剤を使用しない方法で栽培した価値が失われてしまう。

特定の取引において価値をもち，他の取引に利用する場合には，その価値が非常に低下するような性質のものをWilliamson（1985）は，「取引特殊的資産」と呼んでいるが，製茶企業が海外へ販路を拡大する前と後で比較すると，相対的な資産特殊性は高まったと考えられる。

(2) 製茶企業と茶農家の関係性の変化

この輸出に対応した管理により生産した抹茶原料の取引は，輸出を目指し抹茶の製造に取り組む製茶企業と，製茶企業に原料供給を行う茶農家の双方にとって意味のある取引である。すなわち，製茶企業は，競争的な外部市場で自社が求める品質のてん茶を調達できないので，製茶企業は契約先の茶農家が輸出に対応した生産方法によりてん茶の生産をしなければ抹茶の製造ができない。茶農家にとっても，日本市場に売ったのでは意味がないわけで，当該製茶企業に販売しなければ，その価値が失われてしまう。茶農家の製茶企業への一方的な依存関係ではなく，両者は相互に依存しており，安定的な取引関係を維持していくことが合理的な方法であったと考えられる。そして，その相互依存性は，それまでの長期継続的な取引に比べて，より拮抗したものになったと推察される。

(3) 長期継続的な取引関係が製茶企業の戦略に与えた影響

製造業者が最終市場に向けてどのような性質の製品を投入し，そのためにどのような原料を必要とするかは製造業者の戦略的意図が反映される。製茶企業が海外へ販路を拡大し，原料として輸出に対応したてん茶を求めたのも，製茶企業の意思決定の結果である。長期継続的な取引関係は製茶企業が海外進出するはるか以前に存在しており，特殊的資産の形成を可能とする製茶企業と茶農家との関係性がすでに準備されていた。これらのことから，長い時間をかけて構築した両者の関係性が，特殊的資産の形成を引き出す起爆剤としての機能を有していたと考えられる。

事例企業の新事業への挑戦は，抹茶業界に大きな変革をもたらした。その革新を支え，製茶企業の戦略を後押ししていたのが，茶農家との独自の取引関係であったと考えられる。製茶企業の海外進出により，製茶企業と茶農家との間で資産特殊性の高い抹茶原料の取引が開始されたが，そのことが茶農家と製茶企業の関係の価値をさらに増大させたと考えられる。海外でのさらなる販路拡大に向けて，製茶企業と茶農家の関係性がどのような役割を担っていくのか，より詳細な分析については今後の課題としたい。

**〈参考文献〉**

1　西田郁子（2019年）「地域産業の生産財取引における関係構築戦略―愛知県西尾抹茶産地の流通システムの事例―」『企業経営研究』第22号. pp.47-61
2　西田郁子(2020年)「愛知県西尾抹茶産地の流通戦略」西田安慶『地位産業のイノベーションと流通戦略』千倉書房，第５章，pp.83-100
3　Williamson, O.E. (1985), *The Economic Institution of Capitalism*, New York, Free Press

# 編 集 後 記

『中小企業研究の継承と発展―日本中小企業学会40年間の軌跡―』（日本中小企業学会論集第40号）は、2020年10月10日（土）、11日（日）の両日、駒澤大学で開催された第40回日本中小企業学会全国大会の報告論集である。

本大会では、統一論題（40周年記念報告）７本、自由論題17本の報告があり、当論集では、統一論題（40周年記念寄稿論文：査読なし）７本に加え、自由論題の査読を受理された９本の論文と報告要旨８本が掲載されている。

少し詳細を説明しておくと、自由論題では査読を希望した論文が14本（辞退が３本）であった。２次審査で査読委員の判断が分かれた論文が４本あり、最終的に編集委員会で判断した結果、３本が掲載可となっている。

「はしがき」にも紹介されているが、本大会は40周年という記念すべき節目にあたり、「中小企業研究の継承と発展―日本中小企業学会40年間の軌跡」という統一論題のテーマが設定された。そのテーマに相応しい学会員の先生方にご登壇をお願いし、40周年記念報告をしていただいた。したがって、例年とは趣を変え、統一論題の論文に代わり、40周年記念寄稿論文を掲載している。学会をけん引してきた先生方が、それぞれの立場から中小企業研究の到達点や課題、今後の展望についての玉稿を寄稿していただいている。本論文は、中小企業を研究する者にとって、また学会にとっても大きな貴重な財産である。改めてご寄稿いただいた先生方にお礼を申し上げる。

最後になるが、初めてのオンライン開催ということもあり、編集作業を進めるにあたり、査読を引き受けていただいた会員諸氏には、例年以上に多大なご協力をいただきお礼を申し上げる。また、編集委員の先生方、特に編集担当・梅村仁幹事、編集事務担当・長谷川英伸幹事には会員とのやりとりなどで大変なご尽力をいただいた。この場をお借りしてお礼を申し上げる次第である。

また、本年度から論集編集委員に交代があり、藤川健先生（兵庫県立大学）の後任に梅村仁先生（大阪経済大学）に着任していただいていることをご報告させていただく。ここに編集作業にご尽力いただいた藤川健先生の労に対して感謝を申し上げたい。

今回の編集作業では、オンライン開催で慣れないこともあり、会員の皆様方にご迷惑やご不便をおかけしていることも多々あったことかと心配している。ご指摘いただき改善していきたいと考えている。

2021年５月

日本中小企業学会論集編集委員長　太田一樹

2021年７月30日　発行

**中小企業研究の継承と発展**
**―日本中小企業学会40年間の軌跡―**
〈日本中小企業学会論集㊵〉

編　者 ©　日本中小企業学会
発行者　脇　坂　康　弘

〒113-0033　東京都文京区本郷3-38-1
TEL.03(3813)3966
FAX.03(3818)2774
https://www.doyukan.co.jp/

発行所　株式会社 **同友館**

落丁・乱丁本はお取り替えいたします。　印刷：一誠堂　製本：松村製本
ISBN 978-4-496-05550-8　Printed in Japan